Richard
Mühlmeyer

Fallstudien und Übungen zur Betriebslehre der Banken und Sparkassen

Außenwirtschaftsverkehr

6

Eine Aufgabensammlung zum handlungsorientierten Lernen

Merkur
Verlag Rinteln

Verfasser:

Dipl.-Hdl. Willi Richard, Studiendirektor

Dipl.-Kfm. Jürgen Mühlmeyer, Studiendirektor

* * * * *

22. Auflage 2010

Gesamtherstellung:

MERKUR VERLAG RINTELN Hutkap GmbH & Co. KG, 31735 Rinteln

E-Mail: info@merkur-verlag.de
lehrer-service@merkur-verlag.de
Internet: www.merkur-verlag.de

Umschlagfoto: Markus Goetzke, Commerzbank AG

ISBN 978-3-8120-**1236-2**

Inhaltsverzeichnis

1 Lieferung und Zahlung im Außenwirtschaftsverkehr ... 5

1.1 Risiken und Sicherungsmöglichkeiten bei Außenwirtschaftsgeschäften ... 5

1.2 Lieferungsbedingungen im Außenwirtschaftsverkehr (Incoterms) ... 5
1.2.1 Ermittlung des Bezugspreises (CIF / FOB) ... 5
1.2.2 Incoterms / Übung I ... 6
1.2.3 Incoterms / Übung II ... 6
1.2.4 Incoterms / Übung III ... 8

1.3 Zahlungsbedingungen im Außenwirtschaftsverkehr ... 9
1.3.1 Arten der Zahlungsvereinbarungen ... 9
1.3.2 Vorteile der Zahlungsvereinbarungen ... 9

2 Dokumente im Außenwirtschaftsverkehr ... 10
2.1 Arten der Dokumente ... 10
2.2 Dokumente eines Exportgeschäftes ... 13
2.3 Konnossement ... 15
2.4 Internationale Spediteur-Übernahmebescheinigung ... 18

3 Zahlungsformen im Außenwirtschaftsverkehr ... 19
3.1 Dokumenten-Akkreditive ... 19
3.1.1 Abwicklung eines Importgeschäftes auf Akkreditivbasis (I) ... 19
3.1.2 Akkreditiv-Eröffnung per SWIFT ... 27
3.1.3 Akkreditivabwicklung (II) ... 28
3.1.4 Abwicklung eines Exportgeschäftes auf Akkreditivbasis ... 29
3.1.5 Akkreditivabwicklung III (Export) ... 35
3.1.6 Akkreditivklauseln ... 36
3.1.7 Test Akkreditiv ... 37

3.2 Dokumenten-Inkasso ... 38
3.2.1 Bearbeitung eines Exportinkassos I ... 38
3.2.2 Bearbeitung eines Exportinkassos II ... 40
3.2.3 Abwicklung eines Importinkassos ... 41
3.2.4 Importinkasso ... 45
3.2.5 Vergleich Dokumenten-Akkreditiv – Dokumenten-Inkasso ... 46

3.3 Nichtdokumentäre Zahlungsformen ... 46
3.3.1 Ausgehende Auslandsüberweisung (SWIFT) ... 46
3.3.2 Meldung Zahlungen im AWV (Lückentext) ... 51
3.3.3 Eingehende Auslandsüberweisung ... 52
3.3.4 SEPA-Überweisung ... 54
3.3.5 SEPA-Basislastschrift ... 59
3.3.6 SEPA-Firmenlastschrift ... 62
3.3.7 Scheckzahlung – Zahlungsausgang ... 65
3.3.8 Scheckzahlung – Zahlungseingang ... 66

4 Devisengeschäfte ... 67
4.1 Devisen- und Sortenkurse ... 67
4.2 Kursvergleich (Notierung Inland / Ausland) ... 68
4.3 Devisenhandel (Devisenkassageschäft) ... 68
4.4 Kurssicherungsgeschäfte ... 69
4.5 Berechnung von Devisenkursen ... 70
4.6 Anwendung verschiedener Devisenkurse ... 70
4.7 Kurse beim Devisentermingeschäft ... 71
4.8 Exportkalkulation ... 71
4.9 Devisenkauf (Importkalkulation) ... 72
4.10 Devisentermingeschäft / Swapgeschäft ... 73

5 Reisezahlungsverkehr 74
5.1 Reiseschecks 74
5.2 MasterCard 77
5.3 Einlösung eines Fremdwährungsschecks 83

6 Garantien 84
6.1 Abwicklung einer Garantie 84
6.2 Garantiearten 85
6.3 Euler-Hermes-Garantie 86

7 Gesamtwiederholung 88
7.1 Zusammenfassende Übung I 88
7.2 Zusammenfassende Übung II 90
7.3 Zusammenfassende Übung III 92
7.4 Test (programmierte Aufgaben) 93

8 Finanzierung des Außenhandels (Exkurs) 98
8.1 Gewährung eines Importvorschusses (Import-Anschlussfinanzierung) 98
8.2 Finanzierung eines Importgeschäftes durch Akzeptkredit 99
8.3 Finanzierung eines Importgeschäftes durch Rembourskredit 100
8.4 Gewährung eines Exportvorschusses 102
8.5 Finanzierung eines Exportgeschäfts mittels Forfaitierung 102
8.6 Finanzierung eines Exportgeschäfts durch AKA-Kredit 106

Hinweis für die Benutzer dieses Arbeitsheftes

Die vorliegende Aufgabensammlung lehnt sich in Gliederung und Aufbau an das Lehrbuch von Richard/ Mühlmeyer: „Betriebslehre der Banken und Sparkassen" (Merkur Verlag Rinteln, Best.-Nr. ISBN 978-3-8120-**0130-4**) an. Ziel der Aufgabensammlung ist es, Material für die Wiederholung und Anwendung des im Unterricht gelernten Stoffes bereitzustellen. Sie ermöglicht handlungsorientiertes Arbeiten und gibt Hilfen für die Vorbereitung auf die „Kundenberatung" in der Abschlussprüfung. Unterschiedliche Aufgabentypen sollen diesem Ziel dienen.

1 Lieferung und Zahlung im Außenwirtschaftsverkehr

1.1 Risiken und Sicherungsmöglichkeiten bei Außenwirtschaftsgeschäften

1.1.1

Risiken im Außenwirtschaftsverkehr

Politische Risiken	Wirtschaftliche Risiken		
● Transfer-/Konvertierungsrisiko des Exporteurs, Unfähigkeit bzw. Unwilligkeit des Käuferlandes, Zahlungen in der vereinbarten Währung zu leisten. ● Krieg, politische Unruhen, Streiks.	● **Erfüllungsrisiko** für den Exporteur: Abnahmerisiko und Zahlungseingangsrisiko für den Importeur: Lieferungsrisiko und Qualitätsrisiko	● **Währungsrisiko** des Exporteurs oder des Importeurs. Es liegt in den Schwankungen des Wechselkurses zwischen der in- und ausländischen Währung. Das Risiko besteht für die Vertragspartei, die in fremder Währung kontrahiert.	● **Transportrisiko** des Exporteurs oder des Importeurs. Die Ware wird auf dem Transportweg beschädigt oder geht auf dem Transportweg verloren.

Die Firma Terratherm GmbH ist Hersteller von Solarelementen. Auf der Fachmesse in Hannover haben ihre Angebote großes Interesse bei Firmen aus dem Ausland gefunden. Die Terratherm GmbH steht in Verhandlungen mit mehreren brasilianischen Importeuren. Der Geschäftsführer der GmbH, Robert Hanke, bittet die Auslandsabteilung Ihrer Bank um Auskunft über die Risiken, die mit diesen Außenhandelsgeschäften verbunden sind.

Aufgaben:

① Geben Sie als Sachbearbeiter der Bank dem Kunden Auskunft. Nehmen Sie die abgebildete Übersicht zu Hilfe!

② Welche vertraglichen Vereinbarungen sollte der Kunde treffen, um Risiken zu mindern?

1.1.2

Ihrer Bank liegen zwei Zahlungsaufträge nach Japan vor, die an einen Begünstigten gerichtet sind, der seine Kontoverbindung bei einer Korrespondenzbank Ihrer Bank in Japan hat.

a) EUR 60 000,00
b) Yen 300 000,00

Wer befindet sich jeweils im Währungsrisiko?

1.2 Lieferungsbedingungen im Außenwirtschaftsverkehr (Incoterms)

1.2.1 Ermittlung des Bezugspreises (CIF/FOB)

Die Importfirma Heilmann & Söhne, Hamburg, will Apfelsinen aus Spanien importieren. Sie steht mit einem spanischen Exporteur in Verhandlung. Die Lieferbedingung muss u. a. zwischen den Geschäftspartnern noch ausgehandelt werden. Folgender Preis und folgende Kosten werden dem Geschäft zugrunde gelegt:

80 Kisten Apfelsinen; Bruttogewicht 2 880 kg, Tara[1] 6 kg je Kiste, zu 85,00 EUR für 100 kg netto.

Verpackungskosten 54,00 EUR; Rollgeld zum Verschiffungshafen 4,50 EUR pro 100 kg/brutto; Übernahme auf das Schiff und Kaikosten 3,00 EUR pro 100 kg/brutto; Seefracht 14,82 EUR für 100 kg/brutto; Seeversicherung 1,1 % (vom FOB-Preis + Seefracht + 10 % voraussichtlicher Gewinn auf den FOB-Preis); Auslade- und Zollabfertigungskosten 10 % (vom FOB-Preis + Seefracht + Seeversicherung); Spediteurkosten in Hamburg 86,00 EUR.

Aufgabe:

Mit welchem Angebotspreis in EUR muss die Firma Heilmann & Söhne rechnen, wenn sie als Lieferungsbedingung

a) FOB Barcelona,

b) CIF Hamburg

wählt und der spanische Exporteur die anfallenden Kosten in den Angebotspreis einrechnet?

Setzen Sie als Lösungshilfe zunächst die anfallenden Kosten in die nachfolgende Übersicht ein.

1 Gewicht der Verpackung.

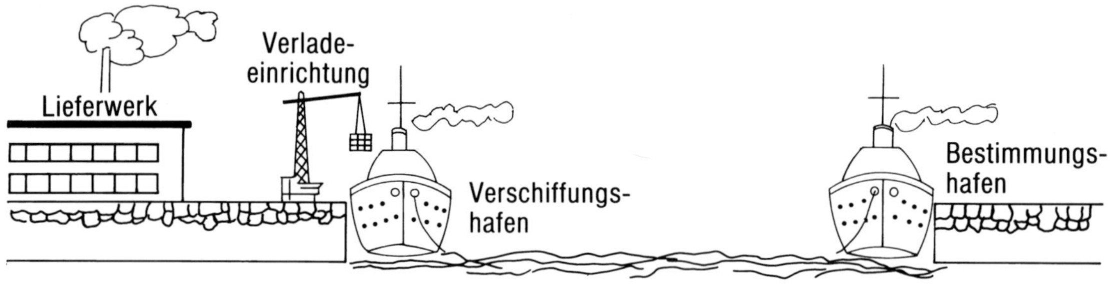

Anfallende Kosten:	Übliche Verpackung	Transportkosten z. Verschiff.-hafen	Prüf- u. Lagerkosten	Umschlags-/ Kaikosten	Seefracht	Seeversicherung	Löschkosten	Verzollung	Einfuhrkosten	Transportkosten

1.2.2 Incoterms / Übung I

Im internationalen Handel sind beim Abschluss von Kaufverträgen Handelsklauseln (Incoterms) gebräuchlich. Prüfen Sie, welche Klausel den unten stehenden Sachverhalten zuzuordnen ist!

a) Der Exporteur hat dem Importeur die Ware innerhalb der vertraglich vereinbarten Frist an Bord des Schiffes im Löschungshafen zur Verfügung zu stellen, sodass sie von Bord genommen werden kann. Die Gefahr geht auf den Importeur im Löschungshafen über.

b) Der Importeur hat alle Kosten und Gefahren für die Ware von dem Zeitpunkt an zu tragen, in dem sie tatsächlich Längsseite Schiff im benannten Verschiffungshafen zum vereinbarten Termin geliefert worden ist.

c) Der Importeur hat alle Kosten und Gefahren für die Ware von dem Zeitpunkt an zu tragen, in dem sie im vereinbarten Verschiffungshafen die Reling des Schiffes tatsächlich überschritten hat.

d) Der Exporteur trägt die Kosten in seinem Land, die Frachtkosten und die Versicherungskosten bis zum Bestimmungsort. Die Risiken gehen bei Übergabe der Ware an den ersten Frachtführer im Abgangsland auf den Importeur über.

e) Kosten und Gefahr gehen auf den Importeur über, nachdem der Exporteur die Ware an einen Frachtführer am benannten Ort übergeben hat. Der Importeur übernimmt die Frachtkosten.

f) Der Exporteur trägt die Kosten in seinem Land und die Frachtkosten bis zum Bestimmungshafen. Die Gefahr geht auf den Importeur über, wenn die Ware die Reling des Schiffes im Verschiffungshafen überschritten hat.

1.2.3 Incoterms / Übung II

Die Jansen & Co. OHG, 51103 Köln, hat mit der Morgan Motors Inc., New York einen Vertrag über die Lieferung von Autoersatzteilen abgeschlossen. Die Lieferung soll via New York über Rotterdam nach Köln erfolgen. Lieferungsbedingung: CIF.

a) Nennen Sie die englische und die deutsche Bezeichnung für die Abkürzung CIF!

b) Welche Ortsangabe ist unter Berücksichtigung des oben beschriebenen Geschäftes der Klausel „CIF" hinzuzufügen?

c) Wo sind Kosten- und Gefahrenübergang für die Ware aufgrund der vereinbarten Lieferungsbedingung?

d) Welche Institution hat internationale Handelsklauseln wie CIF formuliert?

Incoterms
International Commercial Terms

Inhalt: Regelungen über

Risikoverteilung (Zeitpunkt des **Gefahrenübergangs** vom Verkäufer auf den Käufer)

Kostenverteilung (Zeitpunkt des **Kostenübergangs** vom Verkäufer auf den Käufer)

Übergang der kaufmännischen **Sorgepflicht** (Dispositionspflicht): wer muss was zur Abwicklung des Geschäfts tun?

- Lieferung, Abnahme, Zahlung des Kaufpreises
- Transportdokumente
- Prüfung und Verpackung der Ware
- Lizenzen, Genehmigungen, Formalitäten, Liefernachweise

Eignung der Klauseln nach Transportarten:

Schiffstransport:	FAS – FOB – CFR – CIF – DES – DEQ
Lufttransport:	FCA
Eisenbahntransport:	FCA
alle Transportarten:	EXW – FCA – CPT – CIP – DAF – DDU – DDP

Generelle Pflichten:

Verkäufer:

- Lieferung vertragsgemäßer Ware
- Eigentumsübertragung
- Beibringung der Handelsrechnung (auch als elektronische Mitteilung) und aller sonstigen vertragsgemäßen Belege
- die für Zurverfügungstellung der Ware erforderlichen Prüfkosten (Qualitätsprüfung, Messen, Wiegen, Zählen) zu tragen
- auf eigene Kosten für eine für den Transport erforderliche Verpackung zu sorgen, soweit dem Verkäufer vor Vertragsschluss die Transportmodalitäten zur Kenntnis gebracht wurden – es sei denn, unverpackte Bereitstellung der Ware wäre handelsüblich
- jede Hilfe für Käufer auf dessen Verlangen, Gefahr und Kosten bei Beschaffung der Dokumente/elektronischen Mitteilungen, die im Liefer-/Ursprungsland auszustellen/abzusenden sind und zur Aus-/Ein-/Durchfuhr benötigt werden

Käufer:

- Abnahme der Ware
- vertragsgemäße Zahlung des Kaufpreises
- Erstattung aller Kosten/Gebühren aufgrund Hilfeleistung des Verkäufers

Die einzelnen Klauseln:

(1) **Ex Works (named place) = EXW**
Ab Werk (benannter Ort):

Ausfuhrfreimachen:	Käufer
Einfuhrfreimachen:	Käufer
Beförderungsvertrag:	Käufer
Lieferung:	Werk des Verkäufers
Gefahrenübergang:	Lieferort
Kostenübergang:	Lieferort

(2) **Free Carrier (named place) = FCA**
Frei Frachtführer (benannter Ort):

Ausfuhrfreimachen:	Verkäufer
Einfuhrfreimachen:	Käufer
Beförderungsvertrag:	Käufer
Lieferung:	Ort der Übergabe an den Frachtführer
Gefahrenübergang:	Lieferort
Kostenübergang:	Lieferort

(3) **Free alongside Ship (named port of shipment) = FAS**
Frei Längsseite Seeschiff (benannter Verschiffungshafen):

Ausfuhrfreimachen:	Verkäufer
Einfuhrfreimachen:	Käufer
Beförderungsvertrag:	Käufer
Lieferung:	Längsseite Schiff im Verschiffungshafen
Gefahrenübergang:	Lieferort
Kostenübergang:	Lieferort

(4) **Free On Board (named port of shipment) = FOB**
Frei an Bord (benannter Verschiffungshafen):

Ausfuhrfreimachen:	Verkäufer
Einfuhrfreimachen:	Käufer
Beförderungsvertrag:	Käufer
Lieferung:	Schiff im Verschiffungshafen
Gefahrenübergang:	Schiffsreling im Verschiffungshafen
Kostenübergang:	Schiffsreling im Verschiffungshafen

(5) **Cost and Freight (named port of destination) = CFR**
Kosten und Fracht (benannter Bestimmungshafen):

Ausfuhrfreimachen:	Verkäufer
Einfuhrfreimachen:	Käufer
Beförderungsvertrag:	Verkäufer
Lieferung:	Schiff im Verschiffungshafen
Gefahrenübergang:	Schiffsreling im Verschiffungshafen
Kostenübergang:	Bestimmungshafen

(6) **Cost, Insurance and Freight (named port of destination) = CIF**
Kosten, Versicherung und Fracht (benannter Bestimmungshafen):

Ausfuhrfreimachen:	Verkäufer
Einfuhrfreimachen:	Käufer
Beförderungsvertrag:	Verkäufer
Versicherungsvertrag:	Verkäufer
Lieferung:	Schiff im Verschiffungshafen
Gefahrenübergang:	Schiffsreling im Verschiffungshafen
Kostenübergang:	Bestimmungshafen

(7) **Carriage Paid To (named port of destination) = CPT**
Frachtfrei (benannter Bestimmungsort):

Ausfuhrfreimachen:	Verkäufer
Einfuhrfreimachen:	Käufer
Beförderungsvertrag:	Verkäufer
Lieferung:	Ort der Übergabe an 1. Frachtführer
Gefahrenübergang:	Lieferort (Übergabe an 1. Frachtführer
Kostenübergang:	Bestimmungsort

(8) **Carriage and Insurance Paid To (named point of destination) = CIP**
Frachtfrei versichert (benannter Bestimmungsort):

Ausfuhrfreimachen:	Verkäufer
Einfuhrfreimachen:	Käufer
Beförderungsvertrag:	Verkäufer
Versicherungsvertrag:	Verkäufer
Lieferung:	Ort der Übergabe an 1. Frachtführer
Gefahrenübergang:	Lieferort (Übergabe an 1. Frachtführer
Kostenübergang:	Bestimmungsort

(9) **Delivered At Frontier (named point) = DAF**
Geliefert Grenze (benannter Ort):

Ausfuhrfreimachen:	Verkäufer
Einfuhrfreimachen:	Käufer
Beförderungsvertrag:	Verkäufer
Lieferung:	Bestimmungsort an der Grenze
Gefahrenübergang:	Bestimmungsort
Kostenübergang:	Bestimmungsort

(10) **Delivered Ex Ship (named port of destination) = DES Geliefert ab Schiff (benannter Bestimmungshafen):**

Ausfuhrfreimachen:	Verkäufer
Einfuhrfreimachen:	Käufer
Beförderungsvertrag:	Verkäufer
Lieferung:	Schiff im Bestimmungshafen
Gefahrenübergang:	Zurverfügungstellung an Bord des Schiffes im Bestimmungshafen
Kostenübergang:	Zurverfügungstellung an Bord des Schiffes im Bestimmungshafen

(11) **Delivered Ex Quay (duty paid) (named port of destination) = DEQ Geliefert ab Kai (verzollt) (benannter Bestimmungshafen):**

Ausfuhrfreimachen:	Verkäufer
Einfuhrfreimachen:	Verkäufer
Beförderungsvertrag:	Verkäufer
Lieferung:	Kai des Bestimmungshafens
Gefahrenübergang:	Zurverfügungstellung am Kai des Bestimmungshafens
Kostenübergang:	Zurverfügungstellung am Kai des Bestimmungshafens

(12) **Delivered Duty Unpaid (named point) = DDU Geliefert unverzollt (benannter Ort):**

Ausfuhrfreimachen:	Verkäufer
Einfuhrfreimachen:	Käufer
Beförderungsvertrag:	Verkäufer
Lieferung:	Bestimmungsort
Gefahrenübergang:	Bestimmungsort
Kostenübergang:	Bestimmungsort

(13) **Delivered Duty Paid (named point) = DDP Geliefert verzollt (benannter Ort):**

Ausfuhrfreimachen:	Verkäufer
Einfuhrfreimachen:	Verkäufer
Beförderungsvertrag:	Verkäufer
Lieferung:	Bestimmungsort
Gefahrenübergang:	Bestimmungsort
Kostenübergang:	Bestimmungsort

1.2.4 Incoterms / Übung III

Vervollständigen Sie die folgende Übersicht, indem Sie die Incoterms FOB, CFR, CPT und FCA **vergleichend** gegenüberstellen. Benennen Sie die Klauseln, fügen Sie eine Ortsangabe hinzu (vergleiche eingetragenes Beispiel) und kennzeichnen Sie den Kosten- und Gefahrübergang bei dem jeweiligen Incoterm.

Incoterms		
Klauseln des Seetransports	**Klauseln des Luft- und Eisenbahntransports**	**Kosten- und Gefahrübergang**
CIF Cost, Insurance, Freight benannter Bestimmungshafen	**CIP** Carriage and Insurance Paid to benannter Bestimmungsort	Der Verkäufer (Exporteur) trägt die Kosten in seinem Land, die Frachtkosten und die Versicherungskosten bis zum Bestimmungshafen bzw. Bestimmungsort. Die Risiken gehen nach der Verladung bzw. nach Versand im Abgangsland auf den Käufer (Importeur) über.

1.3 Zahlungsbedingungen im Außenwirtschaftsverkehr

1.3.1 Arten der Zahlungsvereinbarungen

Im internationalen Handel sind folgende Zahlungsvereinbarungen üblich: Zahlung auf Akkreditivbasis; offenes Zahlungsziel; Vorauszahlung/Anzahlung; Kasse gegen Dokumente d/p; Dokumente gegen Akzept d/a; Zahlung gegen einfache Rechnung.
Ordnen Sie den folgenden Aussagen die entsprechende Zahlungsbedingung zu!

a) Der Exporteur versendet die Ware an den Importeur und schickt ihm lediglich eine Handelsrechnung. Der Importeur zahlt unter Inanspruchnahme von Skonto. ______________________

b) Der Verkäufer stellt einen Wechsel aus, den der Käufer bei Vorlage vertragsgemäßer Dokumente durch seine Hausbank zu akzeptieren hat. ______________________

c) Der Exporteur erhält das Zahlungsversprechen der Bank des Importeurs. Die zahlungsverpflichtete Bank zahlt gegen ordnungsgemäße Vorlage der vom Importeur verlangten Dokumente. Der Importeur bleibt bei Zahlung im Risiko einer nicht vertragsgemäßen oder zu bemängelnden Lieferung. ______________________

d) Der Exporteur erhält den Rechnungsbetrag oder Teile des Rechnungsbetrages schon vor Lieferung der Ware. Diese Zahlungsbedingung bedeutet für den Exporteur Sicherheit, Liquidität und Zinsgewinn. ______________________

e) Bei dieser Zahlungsbedingung wird die Zahlungspflicht erst durch die Vorlage der Dokumente beim Importeur ausgelöst. Der Importeur zahlt ohne Besichtigung der Ware. ______________________

f) Der Exporteur versendet die Ware an den Importeur und schickt ihm lediglich eine Handelsrechnung. Der Importeur begleicht den Rechnungsbetrag später aus dem Verkaufserlös der Importware. ______________________

1.3.2 Vorteile der Zahlungsvereinbarungen

Im Außenhandel gibt es sechs unterschiedliche Zahlungsbedingungen. Listen Sie diese Zahlungsbedingungen der Interessenlage des Importeurs entsprechend auf, beginnend mit der günstigsten Bedingung. Entscheiden Sie, bei welchen der Zahlungsbedingungen es sich um dokumentäre Zahlungsformen bzw. um nicht dokumentäre Zahlungsformen (clean payment) handelt:

Zahlungsbedingung:	Zahlungsform:

2 Richard, Mühlmeyer - ISBN 978-3-8120-1236-2

2 Dokumente im Außenwirtschaftsverkehr

2.1 Arten der Dokumente

2.1.1

Bestimmen Sie die im Folgenden beschriebenen Dokumente!

1. In diesem Dokument bescheinigt die unterzeichnete Stelle, dass die oben bezeichneten Waren ihren Ursprung in dem genannten Land haben.

   . . . .

2. Dieses Dokument dient dem Zweck, die Ware ihrem Wert entsprechend im Einfuhrland zu verzollen. Das jeweilige Konsulat bescheinigt, dass der Warenpreis dem tatsächlichen Handelswert im Lieferland entspricht. Es enthält auch weitere Einzelheiten über das Warengeschäft!

   . . . .

3. Dieses Dokument ist das Verladepapier in der Seeschifffahrt. Es stellt einmal die Bestätigung über den Empfang der zu befördernden Güter dar, zum anderen beinhaltet es dem Inhaber gegenüber ein Transport- und Auslieferungsversprechen. Es repräsentiert die Ware und ist ein Wertpapier.

   . . . .

4. Dieses Dokument dient der vertragsgemäßen Abwicklung zwischen den Geschäftspartnern und enthält alle Einzelheiten über das jeweilige Warengeschäft, z. B. Name und Anschrift des Käufers; Name, Anschrift und rechtsverbindliche Unterschrift des Verkäufers; exakte Bezeichnung der Ware mit Mengenangaben; Liefer- und Zahlungsbedingungen, Einzel- und Gesamtpreis(e); Art der Verpackung, Anzahl der Packstücke und deren Markierung; sonstige Vermerke.

   . . . .

5. Dieses Dokument enthält Einzelheiten des Warengeschäftes. In diesem Papier bestätigt der Exporteur, dass der angegebene Wert der Ware mit dem tatsächlichen Verkehrswert in seinem Lande übereinstimmt. Aufgrund dieser Wertangabe erfolgt die Verzollung im Einfuhrland.

   . . . .

6. Dieses Dokument ist das Verladepapier der Binnenschifffahrt. Es beinhaltet eine Empfangsbestätigung, verbunden mit einem Transport- und Auslieferungsversprechen. Die Auslieferung der Ware wird von der Vorlage dieses Dokuments abhängig gemacht.

   . . . .

7. Dieses Dokument repräsentiert eingelagerte Ware. Es wird von staatlich konzessionierten Lagerhaltern ausgestellt. Das eingelagerte Gut wird nur gegen Vorlage dieses Dokuments an den Einlagerer oder dessen Order ausgeliefert.

   . . . .

8. Dieses Dokument bescheinigt den Abschluss eines Frachtvertrages im grenzüberschreitenden Güterverkehr. Es wird vom Absender in mehrfacher Ausfertigung erstellt. Das Original begleitet die Ware und wird mit dieser dem Empfänger ausgehändigt. Der Absender erhält als Versandnachweis das von der Annahmestelle abgestempelte oder mit maschinellem Buchungsaufdruck versehene Doppel. Dieses gibt seinem Inhaber ein nachträgliches Verfügungsrecht (Dispositionsrecht) über die beförderten Waren, solange sie dem Empfänger noch nicht zur Verfügung gestellt wurden.

   . . . .

9. Dieses Dokument spielt im innereuropäischen Verkehr eine bedeutende Rolle. Ihm liegt ein Speditionsvertrag zugrunde, und in ihm wird bescheinigt, dass das Gut mit der unwiderruflichen Weisung zur Beförderung und zur Auslieferung an den Empfänger übernommen wurde. Durch Übergabe einer Ausfertigung kann der Verkäufer den unwiderruflich durchgeführten Versand nachweisen.

   . . . .

10. Dieses Dokument bezieht sich auf einen abgeschlossenen Transportversicherungsvertrag. Es wird ausgestellt aufgrund einer Generalpolice, die einen fortlaufenden Versicherungsvertrag zum Inhalt hat.

    . . . .

11. Dieses Dokument wird in drei Original-Ausfertigungen ausgestellt. Die erste verbleibt beim Luftfrachtführer, die zweite reist mit der Ware und ist für den Empfänger bestimmt, die dritte erhält der Absender als Empfangsbestätigung und Versandnachweis.

....

2.1.2

Stellen Sie anhand der folgenden Formularausschnitte fest, um welche Dokumente es sich handelt!

Nennen Sie den Namen des Dokuments, den Aussteller und bei den Transportdokumenten den Rechtscharakter (z. B. Traditionspapier).

a)

220 | 3512 6501 — 220-3512 6501

Shipper's Name and Address | Shipper's account Number

Werner Müller GmbH
Gralsstr. 16
68199 Mannheim

Not negotiable
Air Waybill*
(Air Consignment note)
Issued by
Deutsche Lufthansa AG,
D-5000 Köln 21, Von-Gablenz-Straße 2–6

Lufthansa
Member of International
Air Transport Association

Copies 1, 2 and 3 of this Air Waybill are originals and have the same validity

It is agreed that the goods described herein are accepted in apparent good order and condition (except as noted) for carriage **subject to the Conditions of Contract on the reverse hereof. The shipper's attention is drawn to the notice concerning carrier's limitation of liability.** Shipper may increase such limitation of liability by declaring a higher value for carriage and paying a supplemental charge if required.
Carrier maintains cargo liability insurance to protect itself against claims for which it is legally liable.

Consignee's Name and Address | Consignee's account Number

Oil and Petroleum Company
P.O. Box 44, Damman/Saudia Arabia

Issuing Carrier's Agent Name and City

Agent's IATA Code | Account No.

Airport of Departure (Addr. of first Carrier) and requested Routing
Frankfurt

to | By first Carrier \ Routing and Destination / | to | by | to | by

Airport of Destination | Flight/Date \ For Carrier Use only / Flight/Date
Dhahran

Executed on (Date) at (Place) Signature of Issuing Carrier or its Agent

Total collect Charges

220-3512 6501

* Luftfrachtbrief (nicht begebbar) – eine verbindliche Übersetzung dieses Frachtbriefformulars (einschließlich der Vertragsbedingungen) in die deutsche Sprache liegt bei allen Lufthansa Frachtbüros aus.

Original 3 (for shipper)

b)

BILL OF LADING FOR COMBINED TRANSPORT SHIPMENT OR PORT TO PORT SHIPMENT — PAGE 2

SHIPPER | CODE | B/L No.

Vereinigte Textilwerke AG
Kulmer Str. 65
28237 Bremen

SHIPPERS REFERENCE

CONSIGNEE OR ORDER | CODE

Order

Hapag-Lloyd AG
Indian Ocean Service

ABOVE PARTICULARS AS DECLARED BY SHIPPER — **ORIGINAL**

*TOTAL NUMBER OF CONTAINERS OR OTHER PACKAGES OR UNITS RECEIVED BY THE CARRIER

MOVEMENT

FREIGHT/CHARGE INDICATOR	PREPAID	COLLECT
Seafreight		
Landfreight Origin		
Landfreight Destination		
Origin LCL/THC charges		
Destination LCL/THC charges		

Appropriate columns to be market by shipper with "X"

Received by the Carrier from the Shipper in apparent good order and condition (unless otherwise noted herein) the total number or quantity of Containers or packages or units indicated*, stated by the Shipper to comprise the Goods specified above, for Carriage subject to all the terms hereof (INCLUDING THE TERMS ON THE REVERSE HEREOF AND THE TERMS OF THE CARRIER'S APPLICABLE TARIFF) from the Place of Receipt or the Port of Loading, whichever is applicable, to the Port of Discharge or thr Place of Delivery, whichever is applicable. In accepting this Bill of Lading the Merchant expressly accepts and agrees to all its terms, conditions and exceptions, whether printed, stamped or written, or otherwise incorporated, notwithstanding the non-signing of this Bill of Lading by the Merchant.

As Far as this Bill of Lading covers Combined Transport it is based on the Uniform Rules for a Combined Transport Document (I.C.C. Brochure No. 298).

PLACE AND DATE OF ISSUE
Hamburg, Nov. 15, 20..

NUMBER OF ORIGINAL B's/L
3/3

IN WITNESS of the contract herein contained the number of originals stated opposite have been issued one of which being accomplished the other(s) to be void.

FOR THE CARRIER

18 14 13 Printed in the Federal Republic of Germany

c)

Frankfurter Versicherungs-Aktiengesellschaft
Allianz Versicherungs-Aktiengesellschaft

Allianz

Certificate No

Certificate (Policy) of Marine Insurance

4235/D

Sum Insured	Place and Date of issue	Copies	Open Cover No.
EUR 26870,00	Wiesbaden, 15.Febr.20..	3	60/120018301

This is to certify that insurance has been granted under the above open cover to:

the bearer

for account of whom it may concern, on the following goods:

3 Oil Pumps; Marks and No's: OPC 5545760
KCH 33406/20.., No. 1-3 Port Damman

for the following voyage (conveyance, route)

from Mannheim via Frankfurt to Damman/Saudia Arabia

from warehouse to warehouse, in accordance with Clause 5 of the German General Rules of Marine Insurance, Special Conditions for Cargo (ADS Cargo 1973 - Edition 1984), as printed overleaf.
Claims payable to the holder of this certificate. Settlement under one copy shall render all others null and void.

For and on behalf of all insurance companies participating

Frankfurter Versicherungs-Aktiengesellschaft
Allianz Versicherungs-Aktiengesellschaft
Zweigniederlassung Frankfurt am Main
Taunusanlage 18 · Postfach 100201
D-60002 Frankfurt
Telephone (069) 71261 · Cables Frankallianz
Telex 0411376

d)

Spediteur - Übernahmebescheinigung
Forwarding Agents Certificate of Receipt

KÜHNE & NAGEL

Wir erhielten in äußerlich guter Beschaffenheit von der Firma
Received in apparent good order and condition from Messrs

Josef Krüger OHG
Spechtweg 8
48167 Münster

zur unwiderruflichen Beförderung **- Verfügungstellung **- an die Firma
for irrevocable shipment and / or placing at the disposal of Messrs.

Zeich. d. Abs. / *Sender's Ref* IK/606/20..

über unseren Korrespondenz-Spediteur
via our correspondent

N. V. Blechmann
Rotterdam/Niederlande

die nachstehend bezeichnete Sendung
the undermentioned goods

Verladedatum
shipping date

Unser Zeichen / *Our Ref*
0140-6631 E

per / *by* LKW — von / *from* Münster
via — nach / *to* Rotterdam

Zeichen u. Nummern / *Marks and numbers*	Anz./Art / *No./Kind*	Inhalt* / *Contents*	Bruttogew. kg / *Gross weight**	Besondere Angaben / *Special remarks*
IK 33406-408	3	Kisten „Ersatzteile“	3300 kgs	

Es gelten die Allgemeinen Deutschen Spediteurbedingungen (ADSp) und außerdem die Bedingungen der in Anspruch genommenen Transportanstalten oder sonstiger an der Ausführung beteiligter Dritter gemäß § 2 d der ADSp.

Versandinstruktionen können nur annulliert oder geändert werden, wenn uns die Original-Bescheinigung ausgehändigt wird, und auch dann nur unter der Voraussetzung, daß wir noch in der Lage sind, einer solchen Annullierung oder Änderung zu entsprechen.

Instruktionen, die Verfügung durch einen Dritten autorisieren, können nur annulliert oder geändert werden, wenn uns die Original-Übernahmebescheinigung ausgehändigt wird, und auch dann nur unter der Voraussetzung, daß wir noch keine Instruktionen im Rahmen der ursprünglichen Verfügung erhalten haben.

Subject to the General Conditions of German Forwarding Agents (ADSp) and to the conditions of carriers and / or other parties engaged for execution as per ADSp § 2 d.

Forwarding instructions can only be cancelled or altered if the original Certificate is surrendered to us, and then only provided we are still in a position to comply with such cancelation or alteration.

Instructions authorizing disposal by a third party can only be cancelled or altered if the original Certificate of Receipt is surrendered to us, and then only provided we have not yet received instructions under the original authority.

** Nichtzutreffendes streichen
cross out inapplicable items

KÜHNE & NAGEL (AG & Co)
ppa. Lehmann

Ort (*dated at*) Frankfurt — Datum (*this*) — Unterschrift / *Signature*

0-35-09 Ffm 1985

e)

weiß - Exemplar für Tarifkontrolle | blanc - Exemplaire pour contrôle tarifaire | hvid - Exemplaar voor tariefcontrole | buanco - Essemplare per controllo tarifaro | white - Copy for tariffcontrol | wit - Exemplar for tarifkontroller
rosa - Exemplar für Absender | rose - Exemplaire de l´expéditeur | rosa - Exemplaar voor Afzender | rosa - Essemplare per mittente | pink - Copy for sender | rosa - Exemplar for Afsender
blau - Exemplar für Empfänger | blau - Exemplaire du destinataire | blau - Exemplaar voor Geadresseerde | blu - Essemplare per destinataro | blue - Copy for consignee | blau - Exemplar for Modtager
grün - Exemplar für Frachtführer | vert - Exemplaire du transporteur | grön - Exemplaar voor vervoerder | verde - Essemplare per transportatore | green - Copy for carrier | groen - Exemplar for befordrer

1 **Absender** (Name, Anschrift, Land)
Expéditeur (nom, adresse, pays)

Max Hanke OHG
Junkerstr. 65
42699 Solingen

INTERNATIONALER FRACHTBRIEF
LETTRE DE VOITURE INTERNATIONAL

Diese Beförderung unterliegt trotz einer gegenteiligen Abmachung den Bestimmungen des Übereinkommens über den Beförderungsvertrag im internat. Straßengüterverkehr (CMR)

Ce transport est soumis nonobstant toute clause contraire a la Convention relative au contrat de transport international de marchandises par route (CMR)

2 **Empfänger** (Name, Anschrift, Land)
Destinataire (nom, adresse, pays)

Mc Donald u. Co.
Tivoli 15
Neapel/Italien

16 **Frachtführer** (Name, Anschrift, Land)
Transporteur (nom, adresse, pays)

Hans Leder GmbH
Kasinostr. 3
42651 Solingen

6 Kennzeichen und Nummern / Marques et numèros	7 Anzahl der Packstücke / Nombre des colis	8 Art der Verpackung / Mode d´emballage	9 Bezeichnung des Gutes* / Nature de la marchandise*	10 Statistiknummer / No statistique	11 Bruttogewicht in kg / Poids brut kg	12 Umfang in m³ / Cubage m³
MDC 1-2	2	cases			54 kg	
Neapel/Italien			Pocket Knives			

CMR

21 **Ausgefertigt in** / **Etabile à** Solingen am / le November 16, 20.. 19

24 **Gut empfangen** / **Reception des marchandises** Datum / Date am / le ______ 19 ___

22 Hanke
Unterschrift und Stempel des Absenders
(Signature et timbre de t´expéditeur)

23
Unterschrift und Stempel des Frachtführers
(Signature et timbre du transporteur)

Unterschrift und Stempel des Empfängers
(Signature et timbre du destinataire)

2.2 Dokumente eines Exportgeschäftes

Ein deutscher Exporteur bereitet eine Warenlieferung nach Uruguay vor. Der uruguayische Importeur möchte bescheinigt haben, dass die Waren ihren Ursprung in Deutschland haben und dass die in Rechnung gestellten Preise handelsüblich sind. Zwischen Käufer und Verkäufer wurde als Lieferbedingung „CIF Montevideo" vereinbart.

Benutzen Sie für die Lösung der Aufgaben folgenden Textauszug!

Kosten, Versicherung, Fracht (CIF)

(Cost, insurance and freight)
(… benannter Bestimmungshafen)

„Kosten, Versicherung, Fracht" bedeutet, dass der Verkäufer die gleichen Verpflichtungen wie bei der CFR-Klausel hat, jedoch zusätzlich die Seetransportversicherung gegen die vom Käufer getragene Gefahr des Verlusts oder der Beschädigung der Ware während des Transports abzuschließen hat. Der Verkäufer schließt den Versicherungsvertrag ab und zahlt die Versicherungsprämie.

Der Käufer sollte beachten, dass gemäß dieser Klausel der Verkäufer nur verpflichtet ist, eine Versicherung zu Mindestbedingungen abzuschließen.

Die CIF-Klausel verpflichtet den Verkäufer, die Ware zur Ausfuhr freizumachen.

Diese Klausel kann nur für den See- oder Binnenschiffstransport verwendet werden. Hat die Schiffsreling keine praktische Bedeutung, wie bei Ro-Ro[1] oder Containertransporten, ist die CIP-Klausel geeigneter.

A Der Verkäufer hat:

1. Lieferung vertragsgemäßer Ware

Die Ware in Übereinstimmung mit dem Kaufvertrag zu liefern sowie die Handelsrechnung oder die entsprechende elektronische Mitteilung und alle sonstigen vertragsgemäßen Belege hierfür zu erbringen.

2. Lizenzen, Genehmigungen und Formalitäten

Auf eigene Gefahr und Kosten die Ausfuhrbewilligung oder andere behördliche Genehmigung zu beschaffen sowie alle Zollformalitäten zu erledigen, die für die Ausfuhr der Ware erforderlich sind.

3. Beförderungs- und Versicherungsvertrag

a) Beförderungsvertrag

Auf eigene Rechnung den Vertrag über die Beförderung der Ware auf dem üblichen Weg in der üblichen Weise bis zum benannten Bestimmungshafen in einem Seeschiff

1 Ro-Ro = Roll on/Roll off

(bzw. gegebenenfalls einem Binnenschiff) der Bauart, die normalerweise für die Beförderung der im Vertrag genannten Ware verwendet wird, abzuschließen.

b) Versicherungsvertrag

Auf eigene Kosten die im Vertrag vereinbarte Transportversicherung zu beschaffen, die den Käufer ... berechtigt, direkt beim Versicherer Ansprüche geltend zu machen, und dem Käufer die Versicherungspolice oder einen sonstigen Nachweis über den Versicherungsschutz zu übermitteln. Die Versicherung ist bei zuverlässigen Versicherern oder Versicherungsgesellschaften abzuschließen und muss mangels ausdrücklicher Vereinbarung von etwas Gegensätzlichem mit der Mindestdeckung der Institute Cargo Clauses (Institute of London Underwriters) oder einem ähnlichen Bedingungswerk übereinstimmen. Die Dauer der Versicherung muss B.5 und B.4 entsprechen. Auf Verlangen des Käufers hat der Verkäufer auf Kosten des Käufers eine Versicherung gegen die Gefahren Krieg, Streik, Aufruhr und bürgerliche Unruhen zu beschaffen, sofern dies möglich ist. Die Mindest-Versicherung muss den Kaufpreis zuzüglich 10% (d.h. 110%) decken und in der Währung des Kaufvertrags genommen werden.

4. Lieferung

Die Ware an Bord des Schiffs im Verschiffungshafen in dem vereinbarten Zeitpunkt oder innerhalb der vereinbarten Frist zu liefern.

5. Gefahrenübergang

Vorbehaltlich der Bestimmungen von B.5, alle Gefahren des Verlusts oder der Beschädigung der Ware so lange zu tragen, bis sie die Schiffsreling im Verschiffungshafen überschritten hat.

6. Kostenteilung

Vorbehaltlich der Bestimmungen von B.6

- alle die Ware betreffenden Kosten so lange zu tragen, bis sie gemäß A.4 geliefert worden ist, sowie die Fracht- und alle anderen aus A.3 entstehenden Kosten sowie die Kosten der Verladung der Ware an Bord und alle Ausladungskosten im Entladungshafen zu tragen, sofern sie von regulären Schifffahrtsgesellschaften beim Abschluss des Beförderungsvertrags erhoben werden;
- die Kosten der für die Ausfuhr notwendigen Zollformalitäten sowie alle Zölle, Steuern und andere öffentliche Abgaben zu tragen, die bei der Ausfuhr der Ware anfallen.

7. Benachrichtigung des Käufers

Den Käufer in angemessener Weise zu benachrichtigen, daß die Ware an Bord des Schiffs geliefert worden ist, sowie jede andere Nachricht zu geben, die der Käufer benötigt, um erforderliche Maßnahmen zur Übernahme der Ware treffen zu können.

8. Liefernachweis, Transportdokument oder entsprechende elektronische Mitteilung

Mangels anderer Vereinbarung auf eigene Kosten dem Käufer unverzüglich das übliche Transportdokument für den vereinbarten Bestimmungshafen zu beschaffen.

Dieses Dokument (z.B. ein begebbares Konnossement, ein nichtbegebbarer Seefrachtbrief oder ein Dokument des Binnenschiffstransports) muss über die vertraglich vereinbarte Ware lauten, ein innerhalb der für die Verschiffung vereinbarten Frist liegendes Datum tragen, den Käufer berechtigen, die Herausgabe der Ware am Bestimmungsort von dem Frachtführer zu verlangen, und mangels anderer Vereinbarung dem Käufer ermöglichen, die Ware während des Transports an einen nachfolgenden Käufer durch Übertragung des Dokuments (begebbares Konossement) oder durch Mitteilung an den Frachtführer zu verkaufen.

Besteht ein solches Transportdokument aus mehreren Originalausfertigungen, muss dem Käufer der vollständige Satz übergeben werden. [...]

Wenn sich Verkäufer und Käufer auf elektronische Datenkommunikation geeinigt haben, kann das in den vorstehenden Absätzen erwähnte Dokument durch eine entsprechende Mitteilung im elektronischen Datenaustausch (EDI message) ersetzt werden.

9. Prüfung – Verpackung – Kennzeichnung

Die Kosten der Prüfung (wie Qualitätsprüfung, Messen, Wiegen und Zählen) zu tragen, die für die Lieferung der Ware gemäß A.4 erforderlich ist.

Auf eigene Kosten für eine Verpackung zu sorgen (sofern es nicht handelsüblich ist, die in dem Vertrag beschriebene Ware unverpackt zu verschiffen), die für den von ihm besorgten Transport der Ware erforderlich ist. Die Verpackung ist in geeigneter Weise zu kennzeichnen.

10. Sonstige Verpflichtungen

Dem Käufer auf dessen Verlangen, Gefahr und Kosten bei der Beschaffung aller anderen als in A.8 genannten Dokumente oder entsprechender elektronischer Mitteilung, die im Verschiffungs- und/oder Ursprungsland ausgestellt oder abgesendet werden und die der Käufer zur Einfuhr der Ware und gegebenenfalls zur Durchfuhr durch ein drittes Land benötigt, jede Hilfe zu gewähren.

B Der Käufer hat:

1. Zahlung des Kaufpreises

Den Preis vertragsgemäß zu zahlen.

2. Lizenzen, Genehmigungen und Formalitäten

Auf eigene Gefahr und Kosten die Einfuhrbewilligung oder andere behördliche Genehmigungen zu beschaffen sowie alle erforderlichen Zollformalitäten für die Einfuhr der Ware und gegebenenfalls für ihre Durchfuhr durch ein drittes Land zu erledigen.

3. Beförderungsvertrag

Keine Verpflichtung.

4. Abnahme

Anzuerkennen, dass die Ware in Übereinstimmung mit A.4 übergeben wird und die Ware dem Frachtführer im Bestimmungshafen abzunehmen.

5. Gefahrenübergang

Alle Gefahren des Verlusts oder der Beschädigung der Ware von dem Zeitpunkt an zu tragen, in dem sie die Schiffsreling im benannten Verschiffungshafen überschritten hat. [...]

6. Kostenteilung

Vorbehaltlich der Bestimmungen von A.3, alle die Ware betreffenden Kosten von dem Zeitpunkt an zu tragen, in dem sie gemäß A.4 geliefert worden ist und, sofern diese Kosten nicht von regulären Schifffahrtsgesellschaften beim Abschluss des Beförderungsvertrags erhoben worden sind, alle während des Transports bis zur Ankunft im Bestimmungshafen anfallenden, die Ware betreffenden Kosten einschließlich der Kosten für die Löschung und die Leichterung sowie die Kaigebühren zu tragen. [...]

Alle Zölle, Steuern und andere öffentliche Abgaben sowie die Kosten der Zollformalitäten, die bei der Einfuhr der Ware und gegebenenfalls bei der Durchfuhr durch ein drittes Land anfallen, zu tragen.

7. Benachrichtigung des Verkäufers

Wenn er berechtigt ist, den Zeitpunkt für die Verschiffung der Ware und/oder den Bestimmungshafen festzulegen, den Verkäufer in angemessener Weise davon zu benachrichtigen.

8. Liefernachweis, Transportdokument oder entsprechende elektronische Mitteilung

Das Transportdokument gemäß A. 8 anzunehmen, wenn es mit dem Kaufvertrag übereinstimmt.

9. Prüfung der Ware

Mangels anderer Vereinbarung die Kosten von Warenkontrollen vor der Verladung (pre-shipment inspection) zu tragen, mit Ausnahme behördlich angeordneter Kontrollen des Ausfuhrlands.

10. Sonstige Verpflichtungen

Alle Kosten und Gebühren für die Beschaffung der in A. 10 genannten Dokumente oder entsprechender elektronischer Mitteilungen zu tragen und diejenigen des Verkäufers zu erstatten, die diesem bei der Hilfeleistung hierfür entstanden sind. Dem Verkäufer sind auf dessen Verlangen die für die Versicherung der Ware erforderlichen Auskünfte zu erteilen.

Aufgaben:

① Welche Dokumente sind vom Exporteur zu beschaffen bzw. vorzulegen?

② Wer trägt die Kosten für die Beschaffung der entsprechenden Dokumente?

③ Welchen Inhalt sollte eine gut aufgemachte Handelsfaktura haben?

④ Was bestätigt eine Konsulatsfaktura und welchen Zweck erfüllt sie?

2.3 Konnossement

Eines der wichtigsten Dokumente im Außenwirtschaftsverkehr ist das Konnossement.

Aufgaben:

① Ordnen Sie die im Gesetz genannten Bestandteile des Konnossements (§ 643 HGB) dem abgebildeten „Bill of Lading" zu! Schreiben Sie die Ziffer auf die entsprechende Linie!

HGB § 642 Konnossement. Der Verfrachter hat, sobald die Güter an Bord genommen sind, dem Ablader unverzüglich gegen Rückgabe des etwa bei der Annahme der Güter erteilten vorläufigen Empfangsscheins oder Übernahmekonnossements ein Konnossement in so vielen Ausfertigungen auszustellen, als der Ablader verlangt (Bordkonnossement).

§ 643 Das Konnossement enthält:

1. den Namen des Verfrachters;
2. den Namen des Kapitäns;
3. den Namen und die Nationalität des Schiffes;
4. den Namen des Abladers;
5. den Namen des Empfängers;
6. den Abladungshafen;
7. den Löschungshafen oder den Ort, an dem Weisung über ihn einzuholen ist;
8. die Art der an Bord genommenen oder zur Beförderung übernommenen Güter, deren Maß, Zahl oder Gewicht, ihre Merkzeichen und ihre äußerlich erkennbare Verfassung und Beschaffenheit;
9. die Bestimmungen über die Fracht;
10. den Ort und Tag der Ausstellung;
11. die Zahl der ausgestellten Ausfertigungen.

BILL OF LADING FOR COMBINED TRANSPORT SHIPMENT OR PORT TO PORT SHIPMENT

SHIPPER REIKU-Maschinen GmbH Alte Landstraße 10 48157 Münster	B/L No. 2 SHIPPERS REF. e-jap-567
CONSIGNEE order of shipper	**ANDREW WEIR SHIPPING LIMITED** DEXTER HOUSE, 2 ROYAL MINT COURT, LONDON EC3N 4XX
NOTIFY PARTY AND ADDRESS (it is agreed that no responsibility shall attach to the Carrier or his Agents for failure to notify the Consignees of the arrival of the goods (see clause 20 on the reverse.)) German Food Co. 2 Nishiki 3-chome, Naka-ku Tokyo, Japan	

Voyage No.	Place of receipt *	Agent:
Vessel Münsterland	Port of Loading Hamburg	
Port of Discharge Yokohama	Place of Delivery * Tokyo	

MARKS AND Nos. CONTAINER Nos.	NUMBER AND KIND OF PACKAGES; DESCRIPTION OF GOODS	GROSS WEIGHT Kg	MEASUREMENT M³
PPM no. 22336	1 Potato-Pancake Machine	7002	
1 Container KAMU 444066-5			

FREIGHT PREPAID

SHIPPED ON BOARD DATE 08.02.20.. FOR THE CARRIER

ABOVE PARTICULARS AS DECLARED BY SHIPPER BUT NOT ACKNOWLEDGED BY THE CARRIER (SEE CLAUSE 11)

*TOTAL No. OF CONTAINERS/PACKAGES RECEIVED BY THE CARRIER
1 Container

MOVEMENT
FCL/FCL

FREIGHT AND CHARGES (indicate whether prepaid or collect)

Origin Inland Haulage Charge

Origin Terminal Handling/LCL Service Charge

Ocean Freight

Destination Terminal Handling/LCL Service Charge

Destination Inland Haulage Charge

Received by the Carrier from the Shipper in apparent good order and condition (unless otherwise noted herein) the total number or quantity of Containers or other packages or units indicated in the box opposite entitled "* Total No. of Containers/Packages received by the Carrier" for Carriage subject to all the terms and conditions hereof (INCLUDING THE LAW & JURISDICTION CLAUSE SET OUT IN CLAUSE 24 ON THE REVERSE SIDE AND THE GENERAL TERMS AND CONDITIONS ALSO SET OUT ON THE REVERSE HEREOF TOGETHER WITH THE TERMS AND CONDITIONS OF THE CARRIER'S APPLICABLE TARIFF) from the Place of Receipt or the Port of Loading, whichever is applicable, to the Port of Discharge or the Place of Delivery, whichever is applicable, One original Bill of Lading must be surrendered, duly endorsed, in exchange for the Goods. In accepting this Bill of Lading the Merchant expressly accepts and agrees to all its terms and conditions whether printed, stamped or written, or otherwise incorporated, notwithstanding the non-signing of this Bill of Lading by the Merchant.

NUMBER OF ORIGINAL BILLS OF LADING
3/3

PLACE AND DATE OF ISSUE
HAMBURG, 08.02.20..

IN WITNESS of the contract herein contained the number of originals stated opposite have been issued, one of which being accomplished, the other(s) to be void
FOR ANDREW WEIR SHIPPING LTD. AS CARRIER:

VAN OMMEREN HAMBURG GMBH
as agent of
above named carrier
gez. Unterschrift As agents for the carrier.

ICS CT B/L

* APPLICABLE ONLY WHEN DOCUMENT USED AS A COMBINED TRANSPORT BILL OF LADING

② Aus welchem Grund wurden für den Warentransport drei Originalkonnossemente ausgestellt?

③ Welche Bedeutung hat der unten rechts im Konnossement enthaltene Vermerk „Received by the Carrier from the Shipper …"?

④ Nach Ausstellung des Konnossements soll das Eigentum an der Ware auf die Hausbank des Importeurs übertragen werden. Durch wen muss die Eigentumsübertragung vorgenommen werden, und welche Rechtshandlungen sind hierfür erforderlich?

⑤ a) Vergleichen Sie das folgende Dokument mit dem Seekonnossement, und stellen Sie die Besonderheiten heraus! (→ Ausgebende Stelle, Aussteller, Art des Dokuments)

b) Welche Verpflichtung des Ausstellers enthält der Text:

„Taken ... at the place of receipt for transport and delivery as mentioned above"?

Geben Sie konkret an, was das im vorliegenden Fall bedeutet!

Consignor
Textilmaschinen AG
Roonstr. 27
30161 Hannover

BSL

FBL No 16758 **DE**
NEGOTIABLE FIATA COMBINED TRANSPORT BILL OF LADING
issued subject to ICC Uniform Rules for a Combined Transport Document (ICC publication 298).

ICC

Consigned to order of
Machine Company
Washington St.
Brooklyn 4 N. Y.

Notify address

	Place of receipt Hannover
Ocean vessel Elsa Behrens	**Port of loading** Hamburg
Port of discharge New York,	**Place of delivery** New York

Marks and numbers;	Number and kind of packages;	Description of goods	Gross weight	Measurement
F/S	1 Box No. 1230 relating			
	1 Knitting Machine Model Charles		210	

FIATA

according to the declaration of the consignor

The goods and instructions are accepted and dealt with subject to the Standard Conditions printed overleaf.

Taken in charge in apparent good order and condition, unless otherwise noted herein, at the place of receipt for transport and delivery as mentioned above.

One of these Combined Transport Bills of Lading must be surrendered duly endorsed in exchange for the goods. In witness whereof the original Combined Transport Bills of Lading all of this tenor and date have been signed in the number stated below, one of which being accomplished the other(s) to be void.

Freight amount	**Freight payable at** New York	**Place and date of issue** Hannover, 20. Febr. 20..
Cargo Insurance through the undersigned ☒ not covered ☐ Covered according to attached Policy	**Number of Original FBL's** 3/3	**Stamp and signature** Spedition Schlenker GmbH
For delivery of goods please apply to:		ppa. [signature]

3 Richard, Mühlmeyer - ISBN 978-3-8120-1236-2

2.4 Internationale Spediteur-Übernahmebescheinigung

Lieferanten bzw. Auftraggeber des Spediteurs
Suppliers or Forwarders Principals

Exim GmbH
Alte Landstr. 10
Münster

FIATA FCR
Forwarders
Certificate of Receipt
ORIGINAL Ref. No.

No 1526/94 **D**

BSL

Empfänger
Consignee

August Test + Cie.

SOLOTHURN

Zeichen und Nummern, *Marks and numbers;*	Anzahl/Verpackungsart *Number and kind of packages*	Inhalt *Description of goods*	Bruttogewicht *Gross weight*	Maß *Measurement*
LB Münster 1 - 20	20 Cartons	Light wood board	108,96 kg	

laut Angaben des Versenders
according to the declaration of the consignor

SVS/RVS **Wert/Value**
(§§ 39 ff ADSp) DM

Die Durchführung des Auftrages erfolgt auf Grund der umseitig abgedruckten Allgemeinen Bedingungen.
The goods and instructions are accepted and dealt with subject to the General Conditions printed overleaf.

Wir bescheinigen hiermit die oben bezeichnete Sendung in äußerlich guter Beschaffenheit übernommen zu haben

We certify having assumed control of the above mentioned consignment in external apparent good order and condition

mit der unwiderruflichen Weisung*
with irrevocable instructions*

zur Verfügung des Empfängers
at the disposal of the consignee ☒

zum Versand an den Empfänger
to be forwarded to the consignee ☐

*** Die Weisung zur Beförderung kann nur gegen Rückgabe der Original-Bescheinigung widerrufen oder abgeändert werden, und nur soweit und solange als der ausstellende Spediteur noch ein Verfügungsrecht über die bezeichnete Sendung besitzt.**

Die Weisung zur Verfügungsstellung an den angegebenen Dritten kann nur gegen Rückgabe der Original-Bescheinigung widerrufen oder abgeändert werden, und nur solange, als die Verfügung, des begünstigten Dritten noch nicht beim ausstellenden Spediteur eingegangen ist.

**** Forwarding instructions can only be cancelled or altered if the original Certificate is surrendered to us, and then only provided we are still in a position to comply with such cancellation or alteration.***

Instructions authorizing disposal by a third party can only be cancelled or altered if the original Certificate of Receipt is surrendered to us, and then only provided we have not yet received instructions under the original authority.

(falls erforderlich, Angaben über den Transportweg und Transportmittel)
Besondere Angaben
Special remarks

Frankatur- und Spesenvorschrift
Instructions as to freight and charges

Ort und Datum / *Place and date of issue*
Münster, 5. Mai 20..

Stempel und rechtsgültige Unterschrift
Stamp and authorized signature
Spedition Kaerger GmbH

Aufgaben:

① Was beinhaltet das FCR?

② Am 6. Mai 20. . wird die Exim GmbH vom Empfänger angewiesen, die Sendung nach Bern umzuleiten. Was muss veranlasst werden?

3 Zahlungsformen im Außenwirtschaftsverkehr

3.1 Dokumenten-Akkreditive

3.1.1 Abwicklung eines Importgeschäftes auf Akkreditivbasis (I)

Die Hans Niemand OHG, Grünstr. 28, 33378 Wiedenbrück, hat mit der Noebbeling S.A., Sacramento 415, Buenos Aires/Argentinien, die Lieferung von Baumwolle im Werte von USD 100 000,00 vereinbart.

Folgender Geschäftsabschluss liegt zugrunde!

HANS NIEMAND OHG

– Importabteilung –

Telefon: +49-05252-498132
Telefax: +49-05242-868803

Grünstr. 28, 33378 Wiedenbrück

E-Mail: imp@niemand.de
Internet: http://www.niemand.de

CONTRACT

No. RPC 4738/88

VERTRAG

No. RPC 4738/88

Seller: Verkäufer:	Noebbeling S.A., Sacramento 415, Buenos Aires / Argentinien
Buyer: Käufer:	Hans Niemand OHG, Grünstr. 28, 33378 Wiedenbrück / Germany
Quantity: Menge:	2 000 metric tons argentine raw cotton (1 metric ton = 1 000 kg) 2 000 Tonnen argentinische Rohbaumwolle
Quality: Qualität:	raw cotton as per sample No. 35 Rohbaumwolle wie Probe No. 35
Description: Beschreibung:	as above wie oben
Price: Preis:	USD 50,00 (fifty) per 1 metric ton USD 50,00 (fünfzig) pro 1 Tonne
Conditions: Bedingungen:	CIF-Rotterdam CIF-Rotterdam
Payment: Zahlung:	By irrevocable unconfirmed Documentary Credit to be opened and available with the Bank of South America, Buenos Aires, negotiable against presentation of the following documents: Durch unwiderrufliches unbestätigtes Dokumentenakkreditiv, das bei der Bank of South America, Buenos Aires, eröffnet und benutzbar ist und gegen Vorlage folgender Dokumente bezahlt wird: 1. Full set of clean on board Ocean bills of Lading made out to order and blank endorsed showing shipment from Buenos Aires to Rotterdam, latest 30. September 20. . without transshipment and partial shipments. Notify: Spedition „Express", Am Rheinufer 12, 50999 Köln. Voller Satz rein gezeichneter „An-Bord"-Seekonnossemente, ausgestellt an Order und blanko indossiert mit dem Ausweis der Verschiffung von Buenos Aires nach Rotterdam, spätestens am 30. September 20. ., ohne Umladung, ohne Teilverladung. Notifyadresse: Spedition „Express", Am Rheinufer 12, 50999 Köln. 2. Insurance police or -certificate for 110 % of CIF value covering: institute war clauses, institute cargo clauses (all risks), institute strike, riots and civil commotions clauses. Versicherungs-Police oder -Zertifikat, Versicherungswert 110 % des CIF-Wertes, folgende Risiken deckend: institute war clauses, institute cargo clauses (all risks), institute strike, riots and civil commotions clauses. 3. Inspection certificate issued by Messrs. Inspector S.A., Buenos Aires Inspektionszertifikat, ausgestellt von Messrs. Inspector S.A., Buenos Aires 4. Weight certificate Gewichtszertifikat 5. Certificate of origin certified by Chamber of Commerce, country of origin: Argentinia Ursprungszeugnis, beglaubigt von der Chamber of Commerce, Ursprungsland: Argentinien

6. Signed Commercial invoice, 3-fold, covering: 2000 metric tons argentine raw cotton, unit price of USD 50,00 as per contract No. RPC 4738/88, dated July 15, 20.. - CIF Rotterdam -. Documents must be presented within 15 days after date of shipment.
   Unterzeichnete Handelsrechnung, 3fach, über Lieferung von 2000 Tonnen argentinischer Rohbaumwolle, Preis pro Tonne USD 50,00, gemäß Vertrag Nr. RPC 4738/88 vom 15. Juli 20.., CIF-Rotterdam.
   Die Dokumente müssen innerhalb von 15 Tagen nach dem Verladedatum des Transportdokuments vorgelegt sein.

Wiedenbrück, 15th July 20..

Accepted:
Angenommen:

Noebbeling S.A.

Seller (Verkäufer)

Hans Niemand OHG

Buyer (Käufer)

Anmerkungen zur Versicherungspolice:

Institute Cargo Clauses

Bedeutende englische Versicherungsgesellschaften haben schon vor langer Zeit ein »Institute of London Underwriters« gegründet, das bestimmte Versicherungsklauseln ausgearbeitet hat, die in erster Linie das Seetransport-Risiko betreffen. In Kaufverträgen sowie auch in Dokumenten-Akkreditiven wird auf diese Instituts-Klauseln häufig dahingehend Bezug genommen, dass diese in der Versicherungspolice oder im Versicherungszertifikat als Bestandteil des Transportversicherungs-Kontraktes genannt sein müssen.

Klauseln:

(1) Institute Cargo Clauses (all risks): Versicherung gegen alle üblichen Risiken mit Leistungspflicht auch bei Bagatellschäden

(2) Institute War Clauses: Versicherung gegen Kriegsgefahren

(3) Institute Strike, Riots and Civil Commotions-Clauses: Versicherung gegen Gefahren durch Streik, Aufruhr und Unruhen.

Aufgaben:

① Die Hans Niemand OHG erteilt ihrer Hausbank, der Commerzbank AG Wiedenbrück, am 10. August 20.. gemäß Contract (No. RPC 4738/88) einen Auftrag zur Akkreditiv-Eröffnung. Füllen Sie für die Hans Niemand OHG das Formular aus (vgl. Seite 21)!
(Fehlende Angaben nach eigener Wahl)

② Dem Auftrag zur Akkreditiv-Eröffnung sind die abgedruckten Textauszüge (vgl. Seite 22) entnommen. Erläutern Sie diese! Bei 2 a) ordnen Sie die Begriffe Importeur, Exporteur, Akkreditivauftraggeber, Begünstigter, eröffnende Bank, avisierende Bank und benannte Bank zu! Nehmen Sie hierzu auch den Artikel 2 der *"Einheitlichen Richtlinien und Gebräuche für Dokumenten-Akkreditive"*, Revision 2007, (ERA), zu Hilfe.

Einheitliche Richtlinien und Gebräuche für Dokumenten-Akkreditive, Revision 2007, ICC[1]-Publikation Nr. 600 („ERA“)

Artikel 2 (Auszug)

Definitionen

Im Sinne dieser Regeln bedeutet:

- **avisierende Bank** die Bank, die das Akkreditiv im Auftrag der eröffnenden Bank avisiert;
- **bestätigende Bank** die Bank, die einem Akkreditiv aufgrund Ermächtigung oder im Auftrag der eröffnenden Bank ihre Bestätigung hinzufügt;
- **benannte Bank** die Bank, bei der das Akkreditiv benutzbar gestellt ist, [...];
- **Auftraggeber** die Partei, in deren Auftrag das Akkreditiv eröffnet wurde;
- **Begünstigter** die Partei, zu deren Gunsten das Akkreditiv eröffnet ist;
- **eröffnende Bank** die Bank, die ein Akkreditiv im Auftrag des Auftraggebers oder in eigenem Interesse eröffnet.

1 Internationale Handelskammer.

Auftrag zur Akkreditiv-Eröffnung	**Bitte zweifach einreichen**
An die **COMMERZBANK** AKTIENGESELLSCHAFT	Ich/Wir bitte(n) Sie, für meine/unsere Rechnung nachfolgendes Akkreditiv zu eröffnen: ☐ übertragbar ☐ brieflich ☐ per Telekommunikation ☐ mit Voravis per Telekommunikation
Name und Adresse des Auftraggebers	Datum und Ort des Verfalls:
Konto-Nr. / Telefon-Nr. / Sachb./Ref.	Name und Anschrift des Begünstigten
Bankverbindung des **Begünstigten (falls bekannt)**	Akkreditiv-Betrag ☐ über ☐ über circa (gewünschtes ankreuzen)
Sie sind berechtigt, das Akkreditiv dem Begünstigten auch über eine Korrespondenzbank Ihrer Wahl zuzuleiten	Akkreditiv benutzbar bei ☐ Ihrer Korrespondenzbank ☐ Ihnen durch
Teilverladung ☐ gestattet ☐ nicht gestattet / Umladung ☐ gestattet ☐ nicht gestattet	☐ Sichtzahlung ☐ hinausgeschobene Zahlung per ☐ Akzeptleistung ☐ Negoziierung gegen Einreichung der nachstehend genannten Dokumente
Verladung an Bord / Versendung / Übernahme in / von nach nicht später als	☐ und der Tratte(n) des Begünstigten per gezogen auf: (Name der Bank)

Ergänzen Sie bitte die folgenden Positionen durch weitere Einzelheiten (gewünschte Dokumente ankreuzen):

☐ Handelsrechnung .... fach

☐ Voller Satz An-Bord-Seekonnossemente ausgestellt an Order und blanko indossiert

Notifyadresse: ....

☐ mit dem Vermerk „Fracht bezahlt" ☐ mit dem Vermerk „Fracht zahlbar am Bestimmungsort"

☐ Eisenbahn-Duplikatfrachtbrief ☐ Internationaler Frachtbrief CMR (Exemplar für Absender) ☐ Posteinlieferungsschein/ Postversandbescheinigung

addressiert an uns / adressiert an ....

☐ Luftfrachtbrief (Original for shipper) ☐ Multimodales Transportdokument (voller Satz) ☐ Kurierempfangsbestätigung

addressiert an uns / adressiert an ....

☐ anderes Transportdokument (zu spezifizieren) ☐ Spediteur-Übernahmebescheinigung (FCR) ausweisend die Übernahme der Ware zum unwiderruflichen Versand

☐ Versicherungs-Police oder –Zertifikat (voller Satz Satz) folgende Risiken deckend:
(Risiken oder Klauseln, bitte genau angeben) adressiert an uns / adressiert an ....

☐ Ursprungszeugnis, beglaubigt von Ursprungsland:

☐ Packliste ...... fach

☐ andere Dokumente (zu spezifizieren, insbesondere Aussteller und Inhalt)

Warenart und –Menge, evtl. Einzelpreise: Lieferbedingungen (z. B. CIF, CFR, FOB, DAF u.s.w.)

Die Dokumente sind innerhalb von .... Tagen nach dem Verladedatum des Transportdokuments vorzulegen, jedoch innerhalb der Gültigkeitsdauer des Akkreditivs.
Fremde Bankspesen gehen ☐ zu meinen / unseren Lasten ☐ zu Lasten des Begünstigten; falls das Akkreditiv nicht ausgenutzt wird, zu meinen / unseren Lasten.

Das Akkreditiv ist durch Ihre Korrespondenzbank zu avisieren ☐ per Telekommunikation ☐ brieflich

☐ ohne Bestätigung ☐ mit Bestätigung ☐ mit Bestätigung auf Wunsch des Begünstigten

☐ Zusätzliche Anweisungen oder Bedingungen (ggf. unter Angabe des vorzulegenden Dokuments) sind auf der Rückseite vermerkt

Die Einlösung der Dokumente ist zu Lasten ☐ EUR-Konto ☐ Währungskonto Nr. .... vorzunehmen.

Ich / Wir erkläre(n) mich / uns damit einverstanden, dass die Behandlung des vorstehenden Akkreditivauftrages aufgrund der seitens der Internationalen Handelskammer veröffentlichten „Einheitlichen Richtlinien und Gebräuche für Dokumenten-Akkreditive" (Revision 2007) ICC Publikation Nr. 600 erfolgt, soweit für den Zahlungsort nicht anderes ausländisches Recht oder andere Usancen maßgebend sind. Ergänzend gelten die allgemeinen Geschäftsbedingungen Ihrer Bank, die in jeder Filiale eingesehen werden können und die auf Wunsch zugesandt werden.
Die gem. § 59 AWV notwendige Meldung wird von uns erstattet.

.... (Ort, Datum) .... (Stempel und Unterschrift)

a)

An die **COMMERZBANK** AKTIENGESELLSCHAFT Wiedenbrück

Name und Anschrift des Begünstigten: Noebbeling S.A. Sacramento 415 Buenos Aires / Argentinien

Name und Anschrift des Auftraggebers: Hans Niemand OHG Grünstr.28 33378 Wiedenbrück

Bankverbindung des Begünstigten: Bank of South America Buenos Aires / Argentinien

b) Die *„Einheitlichen Richtlinien und Gebräuche für Dokumenten-Akkreditive"*, Revision 2007, ICC (International Chamber of Commerce)-Publikation 600 („ERA"), sind Regeln, die für jedes Dokumenten-Akkreditiv gelten, wenn der Wortlaut des Akkreditivs ausdrücklich besagt, dass es diesen Regeln unterliegt. Sie sind für alle Beteiligten bindend, soweit sie im Akkreditiv nicht ausdrücklich geändert oder ausgeschlossen sind.

Artikel 2 der „ERA" definiert das Akkreditiv als eine Vereinbarung, die unwiderruflich ist. Was bedeutet diese Unwiderruflichkeit?

c)

Akkreditiv-Betrag [X] über [ ] über circa (Gewünschtes ankreuzen) USD 100.000,00
Akkreditiv benutzbar bei [X] Ihrer Korrespondenzbank [ ] Ihnen durch [X] Sichtzahlung [ ] hinausgeschobene Zahlung per [ ] Akzeptleistung per [ ] Negoziierung gegen Einreichung der nachstehend genannten Dokumente [ ] und der Tratte(n) des Begünstigten per gezogen auf: (Name der Bank)

d) Lieferbedingungen (z. B. CIF, CFR, FOB, DAF usw.) CIF-Rotterdam

e) voller Satz An-Bord-Seekonnossemente ...

... ausgestellt an Order und blanko indossiert

f) Notifyadresse: Spedition "Express", Am Rheinufer 12, 50999 Köln

[X] mit dem Vermerk „Fracht bezahlt" [ ] mit dem Vermerk „Fracht zahlbar am Bestimmungsort"

g) [X] Versicherungs-Police oder -Zertifikat folgende Risiken deckend: 110 % vom CIF-Wert;
(Risiken oder Klauseln bitte genau angeben)

h) Das Akkreditiv ist durch Ihre Korrespondenzbank zu avisieren [ ] per Telekommunikation [X] brieflich

[X] ohne Bestätigung [ ] mit Bestätigung [ ] mit Bestätigung auf Wunsch des Begünstigten

③ Der Sachbearbeiter prüft den Akkreditiveröffnungsauftrag der Firma Niemand OHG.

Erläutern Sie,

a) auf welche Punkte sich die Prüfung erstreckt,
b) warum die Prüfung im Interesse der Bank erforderlich ist!

Die Commerzbank AG ist bereit, das Akkreditiv der Hans Niemand OHG bei der Bank of South America zu eröffnen. Sie versendet das folgende Akkreditiveröffnungsschreiben an die Akkreditivstelle.

Ausfertigung für die avisierende Bank / Advice for the advising bank / Avis destiné à la banque notificatrice

NAME DER ERÖFFNENDEN BANK / NAME OF ISSUING BANK / NOM DE LA BANQUE EMETTRICE

COMMERZBANK

Unwiderrufliches Dokumenten-Akkreditiv / Irrevocable Documentary Credit / Crédit Documentaire Irrévocable

Nummer / Number / Numéro: 86.4738/88

Ort und Datum der Eröffnung / Place and date of issue / Lieu et date d'émission: 33615 Bielefeld, 11th Aug. 20..

Datum und Ort des Verfalls / Date and place of expiry / Date et lieu de validité: 15th October 20.. in Buenos Aires

Auftraggeber / Applicant / Donneur d'ordre: 633 3240280
Hans Niemand OHG
Grünstr. 28
33378 Wiedenbrück

Begünstigter / Beneficiary / Bénéficiaire:
Noebbeling S.A.
Sacramento 415
Buenos Aires / Argentinien

Avisierende Bank / Advising bank / Banque notificatrice — Ref.-Nr. / Ref. No. / No. Ref.
Luftpost / By airmail / par avion
▶ Bank of South America
Buenos Aires / Argentinien

Betrag / Amount / Montant: USD 100.000,00 (onehundredthousand)

Akkreditiv benutzbar bei / Credit available with / Crédit utilisable auprés de: yourselves

durch / by / par
- [X] Sichtzahlung / sight payment / paiement à vue
- [ ] hinausgeschobene Zahlung per / deferred payment at / paiement différé au
- [ ] Akzeptleistung / acceptance / acceptation
- [ ] Negoziierung / negotiation / negociation

gegen Einreichung der nachstehend genannten Dokumente / against presentation of the documents detailed herein / contre présentation des documents précisés ci-après
- [ ] und Tratte(n) des Begünstigten per / and of the beneficiary's draft(s) at / et de la (des) traite(s) du bénéficiaire à

gezogen auf / drawn on / tirée(s) sur

Teilverladungen / Partial shipments/ Expéditions fractionnés: [ ] gestattet / allowed / autorisées — [X] nicht gestattet / not allowed / non autorisées

Umladung / Transhipment / Transbordement: [ ] gestattet / allowed / autorisées — [X] nicht gestattet / not allowed / non autorisées

Verladung an Bord/Versendung/Übernahme von/in / Loading on board/dispatch/taking in charge from/at / Embarquement/expédition/prise en charge de/à: Buenos Aires, latest 30th Sept. 20..

zur Beförderung nach / for transportation to / à destination de: Rotterdam

1) Full set of on board Ocean bills of Lading made out to order and blank endorsed showing shipment from Buenos Aires to Rotterdam, latest 30. September 20.. without transhipment.
Notify: Spedition "Express", Am Rheinufer 12, 50999 Köln
2) Insurance police or-certificate for 110 % of cif value covering: Institute war clauses, Institute cargo clauses (all risks), Institute strike, riots and civil commotions clauses.
3) Inspection certificate issued by Messrs. Inspector S.A., Buenos Aires
4) Certificate of origin certified by Chamber of Commerce country of origin: Argentinien
5) Weight certificate
6) Signed Commercial invoice, 3-fold, covering:
2000 metric tons argentine raw cotton
unit price of USD 50,00 as per contract
No. RPC-4738/88 dated July 15, 20.. -CIF-Rotterdam-

All your banking charges are to be borne by the beneficiary.

Bitte senden Sie die Dokumente an / Please forward documents to / Veuillez bien envoyer les documents à **COMMERZBANK AG** Wiedenbrück mit erster und zweiter Einschreib-Luftpost unter Angabe unserer Akkreditiv-Nr. / by first and second registered airmail, quoting our credit-number. / par première et deuxième courrier avion registré citant notre crédit numéro.

Die Dokumente sind innerhalb von / Documents to be presented within / Documents à présenter dans les 15 Tagen nach dem Verladedatum des (der) Transportdokumente(s) vorzulegen, jedoch innerhalb der Gültigkeitsdauer des Akkreditives / days after the date of shipment but within the validity of the credit / jours après la date d'émission du (des) document(s) de transport mais dans la période de validité du crédit

Wir haben das Dokumenten-Akkredtiv mit den oben angegebenen Einzelheiten eröffnet. Es unterliegt den **Einheitlichen Richtlinien und Gebräuchen für Dokumenten-Akkreditive (Revision 2007, ICC Publikation Nr. 600)**. Wir bitten Sie, den Begünstigten von dieser Akkreditiveröffnung zu unterrichten.
We have issued the documentary credit as detailed above. It is subject to the **Uniform Customs and Practice for Documentary Credits (2007 Revision, International Chamber of Commerce, Publication No. 600)**. We request you to notify the credit to the beneficiary.
Nous avons émis le crédit documentaire décrit ci-dessus. Il est soumis aux **Règles et Usances Uniformes relatives aux Crédits Documentaires (Révision 2007, Publication No. 600 de la Chambre de Commerce Internationale)**. Nous vous prions de notifier le crédit au bénéficiaire.

- [X] ohne Hinzufügung Ihrer Bestätigung / without adding your confirmation / sans ajouter votre confirmation
- [ ] unter Hinzufügung Ihrer Bestätigung / adding your confirmation / en ajoutant votre confirmation
- [ ] und ermächtigen Sie zur Bestätigung dieses Akkreditives / and authorize you to add your confirmation / et vous autorisons à ajouter votre confirmation

Nummer und Eröffnungsdatum sowie der Name unserer Bank sind auf allen geforderten Tratten anzugeben. Wir bitten um Empfangsbestätigung.
The number and the date of the credit and the name of our bank must be quoted on all drafts required. Please acknowledge receipt.
Le numèro et la date du crédit ainsi que le nom de notre banque devront être mentionnés dans toute traite requise. Veuillez accuser réception.

REMBOURS / REIMBURSEMENT / REMBOURSEMENT: For your negotiation please reimburse yourselves on our account with Commerzbank AG., New York Branch, 55 Broad Street, New York N. Y. 10004/USA under airmail advice to us.

Dieses Dokument besteht aus / This document consists of / Ce document consiste en 1 unterschriebenen Seite(n) / signed page(s) / page(s) signée(s)

1

Mit freundlichen Grüßen / Yours faithfully, / Vos devoués
COMMERZBANK Aktiengesellschaft

1 511/00/2
HD0684

④ Zeigen Sie anhand der nachstehenden Skizze, welche Rechtsverhältnisse durch die Eröffnung dieses Akkreditivs begründet werden! Beschriften Sie die eingezeichneten Pfeile!

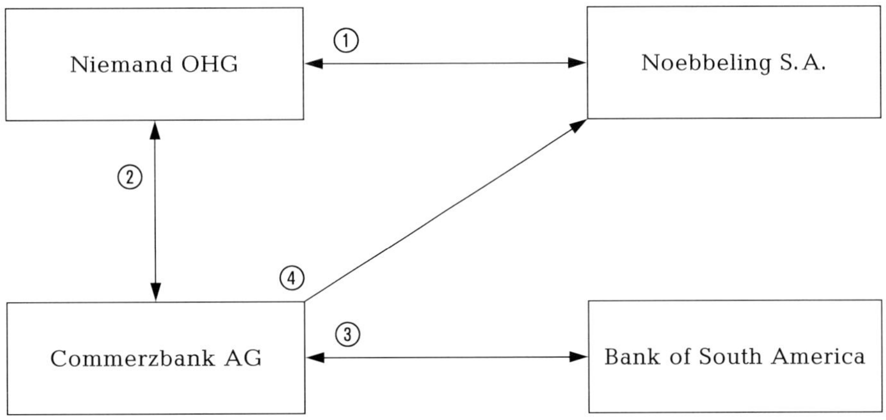

⑤ Der Kunde Niemand OHG braucht den Betrag nicht im Voraus anzuschaffen. Er hat aber eine Eröffnungsgebühr von 3‰ vom EUR-Gegenwert sofort zu zahlen (Devisengeldkurs EUR/USD: 1,4017). Berechnen Sie den Betrag, mit dem das laufende Konto des Kunden belastet wird!

⑥ Die Firma Noebbeling S.A. reicht bei der Bank of South America die im Akkreditiv geforderten Dokumente im Gegenwert von USD 100 000,00 ein.

a) Welche Prüfungen nimmt die Bank vor?

b) Wie erfolgt die Verrechnung des Akkreditivgegenwertes?

Am 23. Okt. 20.. übersendet die Commerzbank AG der Firma Hans Niemand OHG die bei ihr eingegangenen und geprüften Dokumente mit folgendem Anschreiben:

COMMERZBANK
Filiale Wiedenbrück

Import-Dokumente

Sachbearbeiter Mayer
Phone 0542/4011-46

w/Filiale [redacted]

Firma
Hans Niemand OHG
Grünstr. 28

33378 Wiedenbrück

Wiedenbrück, 23. Oktober 20..
(Ort/Datum)

Akkreditiv-Nr.	Ihre Zeichen/Nachricht vom	Betrag der Dokumentensendung
86.4738/08	08.10.20.. bh/lü	USD 100.000,00
Lieferant/Begünstigter		

Wir erhielten von unserem Korrespondenten folgende Dokumente:

Dokumente		Faktura	Konnossement	Luftfrachtbrief	Spediteur-Beschein.	Duplikat-Frachtbr.	Versich.-Pol./Zert.	Urspr.-Zeugnis	Spezifikation	Inspekt.-Zertifikat	Weight Cert.
Erstpost	☒ anbei ☐ liegt uns vor	1/3	2/3				1/2	1/4	1/4	1/4	1/3
Zweitpost	☒ avision ☐ anbei										

Über 2000 metric tons argentine raw cotton unit price of USD 50,00
S.S.
per Berta Voss am 10.09.20.. von Buenos Aires nach Rotterdam

☒ Die Dokumente wurden aufgenommen (im Akkreditiv nicht vorgeschriebene Dokumente wurden von uns nicht geprüft. Wir geben sie daher ohne unsere Verantwortung weiter).

4 Richard, Mühlmeyer - ISBN 978-3-8120-1236-2

⑦ Erstellen Sie im Auftrag der Commerzbank Wiedenbrück die Belastungsanzeige für die Niemand OHG!
Kurs USD am Abrechnungstag: USD: 1,4125 Geld – 1,4185 Brief
Eröffnungsgebühr bereits bezahlt. Für Porti und Spesen werden 4,80 EUR in Rechnung gestellt.

Gebühren im Auslandsgeschäft

Dokumenten-Akkreditive	Gebührenart	Nichtbankenkundschaft
Import **Akkreditiveröffnung** Laufzeit bis zu 3 Zeitmonaten	Eröffnungsgebühr	3‰, mind. 50,00 EUR
Zahlung bei Dokumenten-Vorlage	Dokumentenaufnahmegebühr	3‰, mind. 75,00 EUR

Abrechnung:

Währungsbetrag ________________ Kurs __________ .... EUR

Gebühren:

__________ Dokumentenaufnahmegebühr .... EUR

Porto und Spesen .... EUR

Valuta 23.10.20.. EUR

⑧ Stellen Sie die Abwicklung des Akkreditivs im folgenden Schaubild dar! Beschriften Sie die eingetragenen Pfeile und nummerieren Sie diese entsprechend der Akkreditivabwicklung!

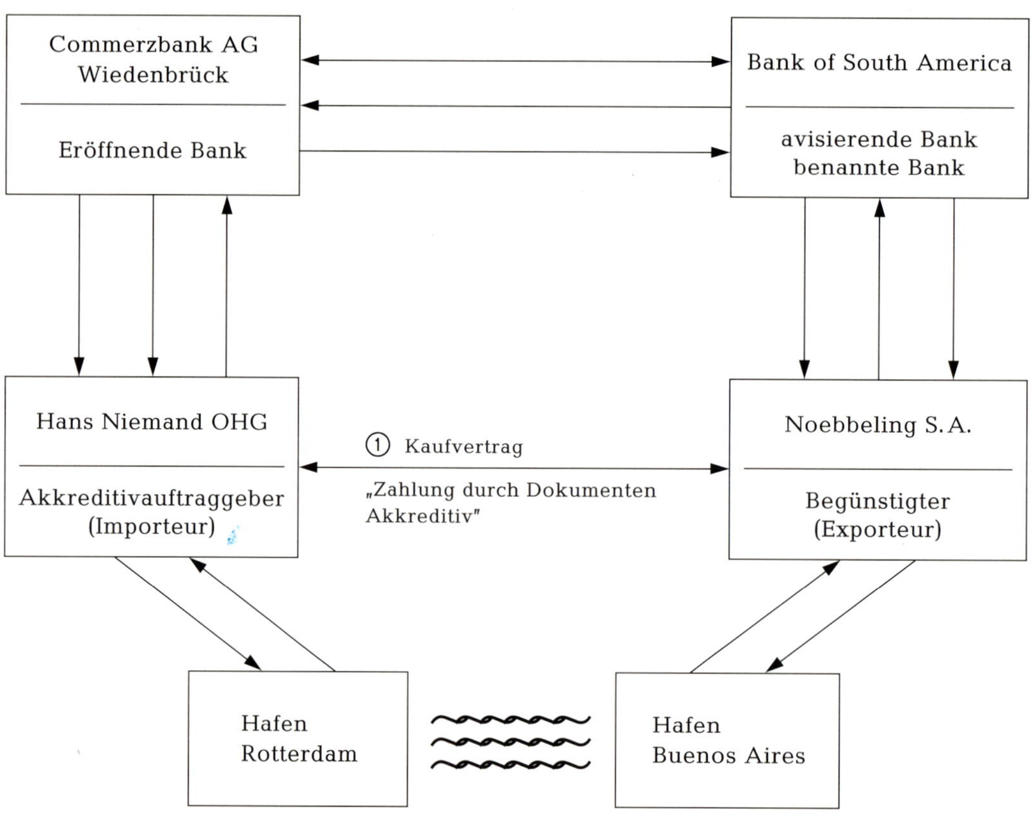

3.1.2 Akkreditiv-Eröffnung per SWIFT

```
S.W.I.F.T.-NACHRICHT - MT 700 -          *********B A N K B E L E G********
GESANDT DURCH:                           **********************************

WGZ BANK AG WESTDEUTSCHE                 DATUM         20..-03-14  BLATT  1
GENOSSENSCHAFTS-ZENTRALBANK
MUENSTER


          I S S U E   O F   A   D O C U M E N T A R Y   C R E D I T

                 ( A K K R E D I T I V E R O E F F N U N G )

                  NACHRICHTEN-ART  700  /  TEIL  1  VON  1


             SOFERN NICHT AUSDRUECKLICH ETWAS ANDERES BESTIMMT IST, GELTEN
             FUER DIESES DOKUMENTEN-AKKREDITIV DIE 'EINHEITLICHEN RICHTLINIEN
             UND GEBRAEUCHE FUER DOKUMENTEN-AKKREDITIVE' DER INTERNATIONALEN
             HANDELSKAMMER IN DER JEWEILS GUELTIGEN FASSUNG.


      RECEIVING BANK  (EMPFANGENDE BANK)  MANUFACTURERS HANOVER TRUST CO.
                                          NEW YORK, N.Y.
_SEQUENCE OF TOTAL    *27   : 1/1
_FORM OF DOC. CREDIT  *40 A : IRREVOCABLE
_DOC. CREDIT NUMBER   *20   : LCSPEC.440-BE
_DATE OF ISSUE         31 C : DATE 20..0314
_EXPIRY               *31 D : DATE 20..0511 PLACE NEW YORK,N.Y.
_APPLICANT            *50   : EXIM GMBH
_                             ALTE LANDSTRASSE 10
_                             MUENSTER
_BENEFICIARY          *59   : J.P. MORGAN MOTORS INC.
_                             115,JAMAICA FREEWAY, IND.ESTATES W.
_                             JAMAICA, N.Y. 11428
_AMOUNT               *32 B :            CURRENCY USD AMOUNT 12.500,
_AVAILABLE            *41 D : MANUFACTURERS HANOVER TRUST CO. NEW YORK
_                             BY PAYMENT
_DRAFTS AT/DRAWN ON    42   : AT SIGHT/
_                             EXIM GMBH,
_                             ALTE LANDSTRASSE 10
_                             MUENSTER
_PARTIAL SHIPMENTS     43 P : NOT ALLOWED
_TRANSSHIPMENT         43 T : ALLOWED
_SHIP./DISP./TAKING    44   :
_             DISPATCH FROM J.F.KENNEDY-AIRPORT, NEW YORK, N.Y.
_             FOR TRANSPORTATION TO FRANKFURT/MAIN-AIRPORT
_             LATEST ON MAY 01, 20..
_SHIPMENT              45 A :
_             SPARE PARTS FOR MOTOR CARS AS PER PROFORMA INVOICE
_             098765 DD. 20../02/15
_             FCA NEW YORK
_DOCUMENTS REQUIRED    46 A :
_             +SIGNED COMMERCIAL INVOICES, 5-FOLD,
_             +AIR WAYBILL, ORIGINAL FOR SENDER,SHOWING GOODS CONSIGNED TO
_              EXIM GMBH, ALTE LANDSTRASSE 10, MUENSTER, MARKED FREIGHT
_              COLLECT
_             +ORIGINAL AND DUPLICATE OF CERTIFICATE OF USA ORIGIN, ISSUED
_              AND/OR SIGNED BY US CHAMBER OF COMMERCE AND INDUSTRY,
_             +PACKINGLIST, 3-FOLD.
_CHARGES               71 B : ALL CHARGES AND COMMISSIONS OUTSIDE
_                             CREDIT OPENING BANK ARE FOR ACCOUNT
_                             OF BENEFICIARIES.
_PRESENTATION PERIOD   48   : WITHIN 10 DAYS AFTER AIR WAYBILL DATE
_
_CONFIRMATION         *49   : WITHOUT
_INSTRUCTIONS          78   :
_             FOR YOUR NEGOTIATION PLEASE REIMBURSE
_             YOURSELVES ON OUR ACCOUNT WITH YOUR
_             BANK.
_             DOCUMENTS TO BE AIRMAILED-REGISTERED-TO US IN
_             ONE LOT TO OUR ADDRESS:
_             WGZ BANK, P.O. BOX 6167, MUENSTER/W.GERMANY
_'ADVISE THROUGH'      57 D : JAMAICA SAVINGS BANK
_                             P.O. BOX 160019
_                             JAMAICA, N.Y.11426
_TRAILER                    :
_                           >
```

Aufgaben:

① Prüfen Sie anhand der folgenden Checkliste, welche Bezeichnungen für das abgedruckte, per SWIFT eröffnete Akkreditiv zutreffen! Kreuzen Sie an!

☐ widerruflich	☐ unwiderruflich
☐ bestätigt	☐ unbestätigt
☐ Zahlung per Sicht	☐ hinausgeschobene Zahlung
☐ Teilverladung gestattet	☐ Teilverladung nicht gestattet
☐ Umladung erlaubt	☐ Umladung nicht erlaubt
☐ frei negoziierbar	☐ benutzbar bei einer bestimmten ausländischen Korrespondenzbank
☐ Bankgebühren außerhalb der eröffnenden Bank zu Lasten des Auftraggebers	☐ Bankgebühren außerhalb der eröffnenden Bank zu Lasten des Begünstigten

② Kreuzen Sie an, und ergänzen Sie!

Geforderte Dokumente:

☐ unterschriebene Handelsrechnung, fach,

☐ voller Satz Combined Transport Bills of Lading ☐ ausweisend „An-Bord"-Verladung

☐ voller Satz „An-Bord"-Seekonnossemente

- ☐ ausgestellt an Order und blanko indossiert ☐ ausgestellt an Order von
- ☐ Notify-Adresse (Name und Anschrift)

mit Vermerk ☐ Fracht bezahlt ☐ Fracht zahlbar am Bestimmungsort ☐ Spediteur-Konnossemente nicht erlaubt

☐ Spediteur-Übernahmebescheinigung, ausweisend

☐ Eisenbahn-Duplikatfrachtbrief bahnamtlich abgestempelt

☐ Luftfrachtbrief, Original für Absender, adressiert an:

- ☐ mit Angabe Flugtag u. -Nr. ☐ mit dem Vermerk „Fracht einzuziehen"
- ☐ mit dem Vermerk „Fracht bezahlt"

☐ Versicherungspolice/-zertifikat über % des CIF-Wertes, markiert „Prämie bezahlt" deckend folgende Risiken:
in facher Ausfertigung.

☐ Ursprungszeugnis, Original und Duplikat, bestätigend den Ursprung der Ware ausgestellt von:

☐ andere Dokumente:

③ Handelt es sich – aus deutscher Sicht – um ein Import- oder Exportakkreditiv?

④ Nennen und erklären Sie das von den Vertragspartnern vereinbarte INCOTERM!

⑤ Erläutern Sie die Funktion von S.W.I.F.T. bei der Ausführung von Zahlungen im Außenwirtschaftsverkehr.

3.1.3 Akkreditivabwicklung (II)

Die Auslandsabteilung der Commerzbank AG, Filiale Dortmund, empfängt am 21. Dezember 20.. folgendes FAX (ins Deutsche übersetzt):

> „Bank of China, Kowloon Branch, Hongkong.
>
> Im Auftrag und für Rechnung von Ka Hung Industrial Co., 396 Kwun Tong Road, Kowloon, Hongkong, eröffnen wir ein unwiderrufliches Dokumenten-Akkreditiv zugunsten Maruk Import Export GmbH, Heideweg 13, 44267 Dortmund, über
>
> USD 27000, benutzbar gegen Einreichung folgender Dokumente:
>
> Versicherungspolice 2/2,
> Faktura 2/2,
> Konnossemente 3/3,
>
> über 500 Kartons Werkhandschuhe. Teilverschiffung nicht erlaubt.
>
> Dieses Akkreditiv ist gültig bis zum 30. Januar 20.. zur Vorlage zwecks Zahlung. Bitte benachrichtigen Sie den Begünstigten von der Eröffnung dieses Akkreditivs unter Beifügung Ihrer Bestätigung. Dokumente sind zu richten an: Bank of China, Kowloon, Hongkong."

Aufgaben:

① Wie kann man das vorliegende Akkreditiv bezeichnen? Geben Sie die verschiedenen Namen (mit Erklärungen) an!

② Welche wesentlichen Bestandteile muss ein Akkreditiv enthalten? Zählen Sie diese in Anlehnung an das vorliegende Beispiel auf!

③ Erklären Sie die Zahlenangaben hinter den Dokumenten!

④ Am 25. Januar 20.. nimmt die Commerzbank Dortmund die Dokumente auf und leistet Zahlung. Welchen Weg nehmen die Dokumente, und wie erfolgt die Verrechnung des USD-Betrages?

⑤ Warum legt die Maruk Import Export GmbH Wert auf eine Bestätigung des Akkreditivs?

3.1.4 Abwicklung eines Exportgeschäftes auf Akkreditivbasis

Bei der WGZ Bank AG Münster geht am 06.03.20.. folgende SWIFT-Nachricht ein:

SWIFT-Nr.: Akkreditiveröffnung

```
                                           *********B A N K B E L E G********
                                           **********************************
S.W.I.F.T.-NACHRICHT - MT 700 -            SRN:      1704 05.    JP    NGY
EMPFANGEN DURCH:                           ORN:      0905 05 GENODEMS XXX
                                           PRI:      02
WGZ BANK AG WESTDEUTSCHE
GENOSSENSCHAFTS-ZENTRALBANK
MUENSTER                                   DATUM     20..-03-06        BLATT  1

         I S S U E   O F   A   D O C U M E N T A R Y   C R E D I T

               ( A K K R E D I T I V E R O E F F N U N G )

                   NACHRICHTEN-ART  700  /  TEIL  1

         DIESES DOKUMENTEN-AKKREDITIV BESTEHT AUS   1  TEILEN,

         SOFERN NICHT AUSDRUECKLICH ETWAS ANDERES BESTIMMT IST, GELTEN
         FUER DIESES DOKUMENTEN-AKKREDITIV DIE 'EINHEITLICHEN RICHTLINIEN
         UND GEBRAEUCHE FUER DOKUMENTEN-AKKREDITIVE' DER INTERNATIONALEN
         HANDELSKAMMER IN DER JEWEILS GUELTIGEN FASSUNG.

        ISSUING BANK  (EROEFFNENDE BANK)

             Industrial Bank of Ginza, Ltd., The
             Tokyo

_SEQUENCE OF TOTAL   *27    : 1/1
_FORM OF DOC. CREDIT *40 A  : IRREVOCABLE
_DOC. CREDIT NUMBER  *20    : 001-02
_DATE OF ISSUE        31 C  : DATE20.. 0305
_EXPIRY              *31 D  : DATE20.. 0315 PLACE MUENSTER
_APPLICANT           *50    : COMPUTER SALES LTD.
-                             2 NIHONBASHI, DOZI-MAG
-                             P.O.BOX 104
                              TOKYO 105
_BENEFICIARY         *59    : EXIM GMBH
-                             ALTE LANDSTRASSE 10
-                             MUENSTER
_AMOUNT              *32 B  :        CURRENCY EUR AMOUNT 25.500,
_AMOUNT SPECS         39    : NOT EXCEEDING
_AVAILABLE           *41 D  : WGZ BANK AG
-                             MUENSTER
-                             BY PAYMENT
_PARTIAL SHIPMENTS    43 P  : NOT ALLOWED
_TRANSSHIPMENT        43 T  : NOT ALLOWED
_SHIP./DISP./TAKING   44    :
-            SHIPMENT FROM GERMAN NORTHSEA-PORT
             FOR TRANSPORTATION TO YOKOHAMA
-            LATEST ON MARCH 14, 20..
_SHIPMENT             45 A  :
-            COMPUTER SPARE PARTS AS PER ORDER
-            CONFIRMATION DD. 20../03/01 NO. 125-78
-            CIF YOKOHAMA
_DOCUMENTS REQUIRED   46 A  :
-            +SIGNED COMMERCIAL INVOICES, 2 FOLD,
-            +FULL SET CLEAN ON BOARD MARINE BILL OF LADING MADE OUT TO
-             ORDER AND BLANK ENDORSED, MARKED FREIGHT PREPAID,
              NOTIFY APPLICANT AS INDICATED ABOVE,
-            +INSURANCE POLICY/CERTIFICATE FOR 110 PCT. OF CIF-VALUE
-             IN NEGOTIABLE FORM, MARKED PREMIUM PAID COVERING
              INSTITUTE CARGO CLAUSES 'A',INSTITUTE WAR CLAUSES,
-             INSTITUTE STRIKE, RIOTS AND CIVIL COMMOTIONS CLAUSES
-            +ORIGINAL OF CERTIFICATE OF GERMANY ORIGIN ISSUED
-             AND/OR SIGNED BY LOCAL CHAMBER OF COMMERCE.
_ADD.AL CONDITIONS    47 A  :
-            FORWARDER BILLS OF LADING NOT ACCEPTABLE.
_CHARGES              71 B  : ALL YOUR CHARGES ARE FOR BENS.
-                             ACCOUNT.
_PRESENTATION PERIOD  48    : WITHIN 10 DAYS AFTER BILL OF LADING DATE
-                             BUT WITHIN
-                             CREDITS VALIDITY
_CONFIRMATION        *49    : WITHOUT
_REIMBURSEMENT BANK   53 D  : /12345600
-                             WGZ BANK AG
-                             MUENSTER
_INSTRUCTIONS         78    :
-            YOU ARE AUTHORIZED TO DEBIT OUR EUR A/C VALUE
-            2 BUSINESS DAYS AFTER YR. SWIFT-ADVICE TO US.
-            DOCUMENTS TO BE AIRMAILED-REGISTERED-TO US
-            IN TWO SUBSEQUENT LOTS.
-            OUR ADDRESS: ATTN. L/C OPERATIONS DEPT.
-                         P.O. BOX 215-77
-            TOKYO 116 /JAPAN
_BANK TO BANK INFO    72    : PLEASE PHONE ADVISE BEN. UPON
-                             RECEIPT OF L/C.
-                             PHONE NO. 0251897766
-                             +ACKNOWLEDGE RECEIPT BY MT 730+
-TRAILER
```

Verfall 15.03.20..

Auftraggeber

Begünstigter

Höchstbetrag

Verladung, Versendung, Übernahme von

mit Vermerk „Prämie bezahlt"

Spediteurkonnossemente

Remboursbank

unser EUR-Konto zu belasten

in zwei nacheinander folgenden Sendungen

Die WGZ Bank AG Münster avisiert der Firma Exim GmbH die Akkreditiv-Eröffnung mit folgendem Schreiben:

WGZ Bank AG Westdeutsche
Genossenschafts-Zentralbank
Düsseldorf · Koblenz · Münster

Münster 20..-03-06
Postfach / P.O.B. / B.P. 6167
Tel. 0251/70600

Unsere Zeichen **Auslands-Abteilung**
440-be

Firma
Exim GmbH
Alte Landstraße 10

Münster

~~Industrial Bank of Ginza Ltd.~~
~~P.O. Box 102006~~
~~Tokyo 105~~
~~Japan~~

Betrifft: Dokumenten-Akkreditiv

Uns. Akkr.Nr.: EX 0987/20..   Nr. der Ausl. Bank: 001-02/20..   vom: 20..-03-05

Betrag: EUR 25.500,00   unwiderruflich gültig bis: 20..-03-15 in Münster

auftrags: Computer Sales Ltd., 2 Nihonbashi, Dozi-Mag, P.O.Box 104, Tokyo 105

Hierdurch teilen wir Ihnen mit, dass uns ein Eröffnungsschreiben für obengenanntes Dokumenten-Akkreditiv vorliegt.
Wir sind mit der Abwicklung des Akkreditives beauftragt und gestatten uns, Sie laut Anlage über die Bedingungen dieses Akkreditivs

[X] ohne unsere Verbindlichkeit in Kenntnis zu setzen.

[ ] verbindlich für uns in Kenntnis zu setzen. Wir verpflichten uns daher, akkreditivgemäße Dokumente innerhalb der Gültigkeitsdauer des Akkreditives einzulösen.

Da selbst geringfügige Abweichungen von den Akkreditivbedingungen die Einlösung der Dokumente in Frage stellen können, empfehlen wir, den Text des Akkreditivs genau zu beachten, insbesondere wörtliche Aufnahme der im Akkreditiv angeführten Warenbezeichnung in allen Einzelheiten in Ihre Faktura und wörtliche Übernahme der Versicherungsbedingungen in die Versicherungsdokumente. Sollte eine der Bedingungen von Ihnen nicht erfüllt werden können, bitten wir, eine rechtzeitige Änderung durch den ausländischen Auftraggeber zu veranlassen.

Die Abwicklung des Akkreditivs erfolgt nach den seitens der Internationalen Handelskammer veröffentlichten „Einheitlichen Richtlinien und Gebräuchen für Dokumenten-Akkreditive" (neueste Fassung), soweit nicht ausländisches Recht oder andere Usancen maßgebend sind.

Der fristgerechten Einreichung der Dokumente – unter Angabe unserer Referenz-Nr. – sehen wir entgegen.

Bemerkungen: **Anlage**

Den Eingang des Akkreditivs haben wir Ihnen bereits vorab telefonisch avisiert. Für zusätzliche Informationen zu diesem Akkreditiv stehen wir Ihnen gern telefonisch unter der Nr. 025170600 zur Verfügung.

Mit vorzüglicher Hochachtung

WGZ BANK AG
WESTDEUTSCHE GENOSSENSCHAFTS-ZENTRALBANK

Am 15. März 20.. reicht die Exim GmbH der Auslandsabteilung der WGZ Bank AG folgende Unterlagen mit Begleitformular ein:

WGZ Bank AG Westdeutsche
Genossenschafts-Zentralbank
48147 Münster

AUSLANDSABTEILUNG
Sie erhalten anbei folgende Wechsel und/oder Dokumente mit der Bitte, gemäß den angekreuzten Weisungen zu verfahren:

A [XX] Inanspruchnahme Dokumenten - Akkreditiv   [ ] Die Akkreditivspitze wird nicht mehr [ ] wird noch in Anspruch genommen

B [ ] Inkasso- und / oder Akzepteinholungsauftrag   für Vermerke der WGZ - Bank

Nr. der WGZ - Bank	Fälligkeit	Betrag
EX 0987/20..	Sicht	EUR 25.500,00

Wechsel-Quittung	Faktura	Spezifikation	Ursprungszeugnis	Versich. XX/Zert.	Konnossement	Duplikatfrachtbr.	Spediteur-Beschein.	Luftfrachtbrief	Warenverkehrsbescheinigung
	1		1	1	2/2				

Nur bei Inkassoaufträgen ausfüllen!

Bezogener   [ ] Plus Spesen im Inland
[ ] Plus Spesen im Ausland
Inkassobank   [ ] Auf Zahlung der Spesen darf nicht verzichtet werden.

über die Verladung von   Empfänger
per   am   von   nach

[ ] Liefern Sie die Dokumente aus gegen Zahlung   [ ] Liefern Sie die Dokumente aus gegen Akzeptierung.
[ ] Verwahren Sie das Akzept zum Einzug bei Fälligkeit und teilen Sie uns den Verfalltag per Luftpost mit.   [ ] Protest bei Nichtzahlung/Nichtakzeptierung.
[ ] Senden Sie das Akzept an uns zurück.   [ ] Kein Protest bei Nichtzahlung/Nichtakzeptierung.
[ ] Im Falle der Nichteinlösung erbitten wir Nachricht   [ ] Wir erbitten Empfangsbestätigung.

Vertreter
Befugnisse (mangels anderer Weisungen nur zur Intervention berechtigt)
Vom Inkassoerlös sind an den Vertreter zu zahlen   Bankkonto

Sonstige Weisungen
Überweisung des Inkasso - Erlöses durch Ihre Korrespondenzbank soll erfolgen   [ ] per Luftpost   [ ] per Kabel Kosten zu unseren Lasten

Wir erbitten um Gutschrift auf unser [XX] EUR-Konto [ ] Fremdwährungskonto   Nr. 467 89 99   nach Eingang des Erlöses

Exim GmbH
20..-03-15 ppa. Schmitz
(Datum)   (Stempel und Unterschriften des Exporteurs)

Der Ausführung dieses Auftrages sind die Einheitlichen Richtlinien und Gebräuche für Dokumenten-Akkreditive bzw. Einheitlichen Richtlinien für Inkassi der Internationalen Handelskammer, Paris, zugrunde zu legen – in der jeweils gültigen Fassung –, sowie diese anwendbar sind.

Certificate (Policy) of Marine Insurance

Sum Insured	Place and Date of Issue	Copies	Open Cover No.	Certificate No.
EUR 28.050,00	Muenster, 20..-03-12	-1-	78966	15

This is to certify that insurance has been granted under the above Open Cover to

HOLDER

for account of whom it may concern, on the following goods:

1 case Computer spare parts as per order confirmation
dd. 20../03/01 no. 125-78

Marks: CSP/125-78
Made in Germany

for the following voyage (conveyance, route):
'Vessel 'SKYBIRD/023' from Hamburg to Yokohama

from warehouse to warehouse, in accordance with Clause 5 of the German General Rules of Marine Insurance, Special Conditions for Cargo (ADS Cargo 1973 - Edition 1984), as printed overleaf.

Claims payable to the holder of this certificate. Settlement under one copy shall render all others null and void.

Conditions:

1. German General Rules of Marine Insurance (ADS), Special Conditions for Cargo
2. Terms and conditions of the above Open Cover.
3. Form of cover (see overleaf):
4. Clauses (see overleaf):

+ Institute Cargo Clauses 'A'
+ Institute War Clauses
+ Institute Strike, Riots and Civil Commotions Clauses

See overleaf for Instructions to be followed in case of loss or damage.

Claims Survey Agent:

Overlooking Ltd.
P.O. Box 23456
Yokohama 107
phone:8977-7786

For and on behalf of all insurance companies participating:

TRANSPORTVERSICHERUNGS
KG aA

Sump Madel

Premium Paid

Tr. 411/84

E X I M GmbH

Münster, Germany
Alte Landstrasse 10
Tel.:+49-0251 897766

Computer Sales Ltd.
2 Nihonbashi, Dozi-Mag
P.O. Box 104
Tokyo 105/
Japan

Ihre Zeichen	CS-av-EUROPE
	vom 20..-01-15 Nr. 2455
unsere Zeichen	EXP/G.B./440
Zahlungsbedingungen	against L/C 001-02/86 Industrial Bank of Ginza Ltd.
Versandart	by seafreight

I N V O I C E Nr. 19.8064 DATUM 20..-03-10

Pcs.	Menge	Gegenstand	Lfg.	Preis Stück	Preis Gesamt
	1	Computer spare parts as per order confirmation dd. 20../03/01 no. 125-78 CIF Yokohama payment by irrevocable documentary credit no. 001-02 of Industrial Bank of Ginza Ltd., Tokyo			EUR 25.500, ========== EUR 25.500, ==========

Preisstellung CIF Yokohama

Vert.	Spediteur: Sped. Dampfhammer, Hamburg					
OF	Gewicht kg		Packstück			
PR	Brutto	Netto	Anz.	Art	Größe	Signum
AB	900	760	1	case	136 x 136 x 124 cm	CSP/125-78-86
RE					2,294 cbm	Made in Germany

E X I M GmbH

ppa. Schmitz

Shipper
Exim GmbH
Alte Landstrasse 10
Muenster

BILL OF LADING
for Combined Transport or Port to Port Shipment

B/L No. -2-
Reference No. AB/EUR

ScanCarriers

Shipper
Exim GmbH
Alte Landstrasse 10
Muenster

BILL OF LADING
for Combined Transport or Port to Port Shipment

B/L No. -1-
Reference No. AB/EUR

ScanCarriers

Consignee or order
to order

Notify address
Computer Sales Ltd.
2 Nihonbashi, Dozi-Mag
P.O. Box 104
Tokyo 105

Accepted by the Carrier from the Shipper in apparent good order and condition (unless otherwise noted herein) the total number or quantity of Containers or other packages or units indicated below, stated by the Shipper to comprise the Goods specified below, for Carriage from the place of acceptance or the port of loading, whichever applicable to the port of discharge or the place of delivery, whichever applicable subject to all the terms hereof (including the terms on the reverse side hereof and the terms of the Carrier's applicable tariff). On presentation of this document (duly endorsed) to the Carrier, by or on behalf of the Holder, the rights and liabilities arising in accordance with the terms hereof shall (without prejudice to any rule of common law or statute rendering them binding upon the Shipper, Holder and Carrier) become binding in all respects between the Carrier and Holder as though the contract contained herein or evidenced hereby had been made between them.

Place of acceptance +

Vessel/voyage: 'SKYBIRD'/023
Port of loading: **Hamburg**
Port of discharge: Yokohama
Place of delivery +: Tokyo

Marks and Nos. Container No. ++	Quantity and type of packages. Description of goods	Gross weight	Measurement
CSP/125-78 Made in Germany	1 case : said to contain: Computer spare parts as per order confirmation dd. 20../03/01 no. 125-78	900 KG	2,294 cbm

Particulars declared by the Shipper.

'FREIGHT PREPAID'

Shipped on board
March 13,20..

gez: Unterschrift

ORIGINAL

+ Applicable only when document used as Combined Transport B/L. Place of delivery always to be an address if Notify address not applicable.
++ Container No(s) to be inserted only in respect of containers supplied by or on behalf of the Carrier.

In Witness whereof Two (2) original Bs/L have been signed, if not otherwise stated below, one of which being accomplished the other(s) to be void.

+++ If same place of payment not applicable for total freight this box to be filled in.
Origin zone charges: pd
Ocean sector charges: pd
Destination zone charges

Freight payable at +++: Hamburg
Number of original Bs/L: two (2)
Place and date of issue: **Hamburg** 20..-03-13
for SCANCARRIERS A/S
As Agents only: Dampfhammer GmbH & Co.KG
I. Vollm. gez.Unterschriften

As far as this Bill of Lading covers Combined Transport it is based on the uniform rules for a Combined Transport document (ICC Brochure No. 298).

025 947/8 82 300 000

Co.KG

---

1 Absender · Consignor · Expéditeur · Expedidor
Exim GmbH
P.O.Box 1567
Alte Landstrasse 10
Münster

A 194681

ORIGINAL

EUROPÄISCHE GEMEINSCHAFT
EUROPEAN COMMUNITY · COMMUNAUTE EUROPEENNE · COMUNIDAD EUROPEA

URSPRUNGSZEUGNIS
CERTIFICATE OF ORIGIN · CERTIFICAT D'ORIGINE · CERTIFICADO DE ORIGEN

2 Empfänger · Consignee · Destinataire · Destinatario
Computer Sales Ltd.
2 Nihonbashi, Dozi-Mag
P.O. Box 104
Tokyo 105

3 Ursprungsland · Country of origin · Pays d'origine · Pais de origen
Federal Republic of Germany

4 Angaben über die Beförderung · means of transport · expédition · expedición
by vessel 'SKYBIRD/023'
on/abt. 20..-03-14
fm Hamburg to Yokohama

5 Bemerkungen · remarks · observations · observaciones

6 Laufende Nummer; Zeichen, Nummern, Anzahl und Art der Packstücke; Warenbezeichnung
1. 1 case Computer spare parts as per order confirmation dd.20../03/01 no. 125-78
Marks:
CSP/125-78
Made in Germany
(integrierte Schaltkreise, Kondensatoren u. Gehäuse)

7 Menge
brut. 900 kg

8 DIE UNTERZEICHNENDE STELLE BESCHEINIGT, DASS DIE OBEN BEZEICHNETEN WAREN IHREN URSPRUNG IN DEM IN FELD 3 GENANNTEN LAND HABEN
The undersigned authority certifies that the goods described above originate in the country shown in box 3
L'autorité soussignée certifie que les marchandises désignées ci dessus sont originaires du pays figurant dans la case No. 3
La autoridad infrascrita certifica que las mercancias abajo mencionadas son originarias del pais que figura en la casilla no 3

- Stempel -
Münster, 20..-03-10
Industrie- und Handelskammer
gez. Unterschriften

Ort und Datum der Ausstellung, Bezeichnung, Unterschrift und Stempel der zuständigen Stelle

Genehmigt durch Erlaß des Bundesministers der Finanzen vom 22. Mai 1969 III B/8 Z 1351 - 24/69

WILHELM KÖHLER VERLAG
Bestell-Nr. U 08
4950 Minden 1, Postfach 1130, Fernruf (05 71) Sammel-Nr. 2 80 32, Telex 97 812
6000 Frankfurt (Main) 1, Telemannstr. 13, Fernruf (06 11) 72 32 71, 72 21 78, Telex 412 659
2000 Hamburg 1, Schauenburgerstr. 6, Fernruf (0 40) 32 42 55, 32 74 48, Telex 2 161 542
5300 Bonn 1, Kaiserstr. 15, Fernruf (02 28) 22 40 50, Telex 886 815

Aufgaben:

① Sie sind in der Auslandsabteilung beschäftigt und mit der Dokumentenprüfung beauftragt. Verfassen Sie einen kurzen Prüfungsbericht!

a) Geben Sie an, was Sie im Einzelnen geprüft haben!

b) Entscheiden Sie, ob an die Firma Exim gezahlt werden kann! Unterstellen Sie hierbei, dass die Dokumente auch mit den „Einheitlichen Richtlinien und Gebräuchen für Dokumenten-Akkreditive" übereinstimmen.

② Die im Folgenden abgebildeten Dokumentenausschnitte weichen vom Ursprungsfall (Aufgabe 1) ab. Prüfen Sie unter Heranziehung des eröffneten Akkreditivs und der unten abgedruckten „Einheitlichen Richtlinien und Gebräuche für Dokumenten-Akkreditive" (Auszug), ob im gegebenen Fall von der Akkreditivstelle Zahlung an den Begünstigten geleistet werden kann, und begründen Sie Ihre Entscheidung!

Fall 1:

BILL OF LADING
for Combined Transport or
Port to Port Shipment

B/L No. -1-
Reference No. AB/EUR

ScanCarriers

Freight collect

Received for shipment
March 13, 20..

-as agents-
gez. Unterschrift

ORIGINAL

In Witness whereof Two (2) original Bs/L have been signed, if not otherwise stated below, one of which being accomplished the other(s) to be void.

Freight payable at +++	Place and date of issue
Hamburg	Hamburg 20..-03-13
Number of original Bs/L: two (2)	for SCANCARRIERS A/S

As Agents only Dampfhammer GmbH & Co. KG

I. Vollm. gez. Unterschriften

Fall 2:

Certificate (Policy) of Marine Insurance

Sum Insured	Place and Date of Issue	Copies	Open Cover No.	Certificate No.
EUR 26.050,00	Muenster 20..-03-14	-1-	78966	15

This is to certify that insurance has been granted under the above Open Cover to:

HOLDER

for account of whom it may concern, on the following goods:

1 case Computer spare parts as per order confirmation
dd. 20../03/01 no. 125-78

Marks: CSP/125-78
Made in Germany

5 Richard, Mühlmeyer - ISBN 978-3-8120-1236-2

Fall 3:

E X I M GmbH

Münster, Germany
Alte Landstrasse 10
Tel.: +49-0251 897766

Computer Products S.A.
2 Nihonbashi, Dozi-Mag
P.O. Box 104
Tokyo 105/
Japan

Ihre Zeichen	CS-av-EUROPE
	vom 20..-01-15 Nr. 2455
unsere Zeichen	EXP/G.B./440
Zahlungsbedingungen	against L/C 001-02/86 Industrial Bank of Ginza Ltd.
Versandart	by seafreight

I N V O I C E Nr. 19.8064 DATUM 20..-03-10

Pos.	Menge	Gegenstand	Lfg.	Preis Stück	Preis Gesamt
		Computer spare parts as per order confirmation dd. 20../03/01 no. 125-78 CIF Yokohama			EUR 25.500 =========

Einheitliche Richtlinien und Gebräuche für Dokumenten-Akkreditive

REVISION 2007, verabschiedet vom Rat der Internationalen Handelskammer (ICC), Paris, und anwendbar ab 1. Juli 2007

– Auszug –

Artikel 1: Anwendbarkeit der ERA

Die Einheitlichen Richtlinien und Gebräuche für Dokumenten-Akkreditive, Revision 2007, ICC-Publikation Nr. 600 („ERA"), sind Regeln, die für jedes Dokumenten-Akkreditiv („Akkreditiv") gelten (einschließlich, soweit anwendbar, für jeden Standby Letter of Credit), wenn der Wortlaut des Akkreditivs ausdrücklich besagt, dass es diesen Regeln unterliegt. Sie sind für alle Beteiligten bindend, soweit sie im Akkreditiv nicht ausdrücklich geändert oder ausgeschlossen sind.

Artikel 5: Dokumente im Verhältnis zu Waren, Dienstleistungen oder Leistungen

Banken befassen sich mit Dokumenten und nicht mit Waren, Dienstleistungen oder Leistungen, auf die sich die Dokumente möglicherweise beziehen.

Artikel 14: Grundsatz der Dokumentenprüfung

a) Eine benannte Bank, die gemäß ihrer Benennung handelt, eine möglicherweise vorhandene bestätigende Bank und die eröffnende Bank müssen die Dokumentenvorlage prüfen, um allein aufgrund der Dokumente zu entscheiden, ob die Dokumente ihrer äußeren Aufmachung nach eine konforme Dokumentenvorlage zu bilden scheinen.

b) Eine benannte Bank, die gemäß ihrer Benennung handelt, eine möglicherweise vorhandene bestätigende Bank und die eröffnende Bank haben jeweils maximal fünf Bankarbeitstage nach dem Tag der Dokumentenvorlage um zu entscheiden, ob eine Dokumentenvorlage konform ist. Dieser Zeitraum wird nicht verkürzt oder anderweitig beeinflusst von einem Verfalldatum oder letzten Tag für die Dokumentenvorlage an oder nach dem Tag der tatsächlichen Dokumentenvorlage.

c) Eine Dokumentenvorlage, die ein oder mehrere Original-Transportdokumente gemäß Artikeln 19, 20, 21, 22, 23, 24 oder 25 mit einschließt, muss von dem oder für den Begünstigten nicht später als 21 Kalendertage nach dem gemäß diesen Regeln bestimmten Verladedatum, aber in jedem Fall nicht später als an dem Verfalldatum des Akkreditivs vorgelegt werden.

Artikel 18: Handelsrechnung

a) Eine Handelsrechnung:
   i. muss dem Anschein nach vom Begünstigten ausgestellt sein … ;
   ii. muss auf den Namen des Auftraggebers lauten … ;
   iii. muss in der Währung des Akkreditivs aufgemacht sein; und
   iv. braucht nicht unterzeichnet zu sein.

b) Eine benannte Bank, die gemäß ihrer Benennung handelt, eine möglicherweise vorhandene bestätigende Bank oder die eröffnende Bank kann eine Handelsrechnung akzeptieren, die auf einen die Akkreditivsumme übersteigenden Betrag lautet, und ihre Entscheidung bindet alle Beteiligten, vorausgesetzt, die in Frage stehende Bank hat nicht für einen höheren Betrag honoriert oder negoziiert, als im Akkreditiv erlaubt ist.

c) Die Beschreibung der Waren, Dienstleistungen oder Leistungen in der Handelsrechnung muss mit der Beschreibung im Akkreditiv übereinstimmen.

Artikel 20: Konnossement

a) Ein wie auch immer benanntes Konnossement muss dem Anschein nach:
   i. den Namen des Frachtführers ausweisen und unterzeichnet sein vom
      - Frachtführer oder einem namentlich genannten Agenten für den Frachtführer, oder
      - Master oder einem namentlich genannten Agenten für den Master.

      Jede Unterschrift des Frachtführers, Master oder Agenten muss als diejenige des Frachtführers, Master oder Agenten gekennzeichnet sein.

      Jede Unterschrift eines Agenten muss angeben, ob der Agent für den Frachtführer oder für den Master gezeichnet hat.
   ii. ausweisen, dass die Ware an dem im Akkreditiv vorgeschriebenen Ort an Bord eines namentlich genannten Schiffes verschifft worden ist, […]

Das Ausstellungsdatum des Konnossements gilt als das Verladedatum, es sei denn, das Konnossement enthält einen An-Bord-Vermerk, der das Verladedatum angibt, wodurch das im An-Bord-Vermerk angegebene Datum als das Verladedatum gilt.

Artikel 26: „An Deck", „Shipper's Load and Count",[1] „Said by Shipper to Contain"[2] und zusätzliche Kosten zur Fracht

a) Ein Transportdokument darf nicht ausweisen, dass die Ware an Deck verladen ist oder wird. Eine Klausel in einem Transportdokument, wonach die Ware an Deck verladen werden kann, ist annehmbar.

b) Ein Transportdokument mit einer Klausel wie „Shipper's Load and Count" bzw. „Said by Shipper to Contain" ist annehmbar.

c) Ein Transportdokument darf durch Stempel oder auf andere Weise auf zusätzlich zur Fracht anfallende Kosten hinweisen.

Artikel 27: Reine Transportdokumente

Banken nehmen nur reine Transportdokumente an. Ein reines Transportdokument enthält keine Klauseln oder Vermerke, die ausdrücklich auf einen mangelhaften Zustand der Ware oder deren Verpackung hinweisen. Das Wort „clean" muss nicht auf dem Transportdokument erscheinen, selbst wenn das Akkreditiv eine Bedingung enthält, nach der ein Transportdokument „clean on board" sein soll.

Artikel 28: Versicherungsdokument und -deckung

a) Ein Versicherungsdokument wie eine Versicherungspolice, ein Versicherungszertifikat oder eine „declaration" unter einem Open Cover („laufende Police") muss dem Anschein nach von einer Versicherungsgesellschaft, einem Versicherer („underwriter") oder deren Agenten oder deren Bevollmächtigten ausgestellt sein.

Jede Unterschrift eines Agenten oder Bevollmächtigten muss ausweisen, ob der Agent oder Bevollmächtigte für eine Versicherungsgesellschaft oder einen Versicherer gezeichnet hat.

[b, c, d ...]

e) Das Versicherungsdokument darf nicht nach dem Verladedatum datiert sein, es sei denn, aus dem Versicherungsdokument geht hervor, dass die Deckung ab einem Datum, das nicht nach dem Verladedatum liegt, wirksam wird.

f) i. Das Versicherungsdokument muss den Betrag der Versicherungsdeckung ausweisen und in derselben Währung wie das Akkreditiv ausgestellt sein.

ii. Verlangt ein Akkreditiv, dass die Versicherungsdeckung auf einen Prozentsatz des Werts der Waren, des Rechnungswerts oder eines ähnlichen Werts lauten muss, gilt dies als Anforderung eines Mindestbetrags der erforderlichen Versicherungsdeckung.

Wenn im Akkreditiv keine Angabe zur Höhe der erforderlichen Versicherungsdeckung enthalten ist, muss der Betrag der Versicherungsdeckung mindestens 110% des CIF- oder CIP-Werts der Ware sein.

Wenn der CIF- oder CIP-Wert aufgrund der Dokumente nicht bestimmt werden kann, muss der Betrag der Versicherungsdeckung auf der Basis des Betrags berechnet werden, für den Honorierung oder Negoziierung verlangt wird, oder des Bruttowerts der Ware gemäß Handelsrechnung, je nachdem, welcher Betrag höher ist.

Artikel 30: Toleranz bzgl. Akkreditivbetrag, Menge und Preis pro Einheit

a) Die Worte „etwa" oder „ungefähr" im Zusammenhang mit dem Akkreditivbetrag oder der im Akkreditiv angegebenen Menge oder dem im Akkreditiv angegebenen Preis pro Einheit sind dahingehend auszulegen, dass eine Toleranz von bis zu 10% nach oben oder bis zu 10% nach unten von dem Betrag, der Menge oder dem Preis pro Einheit, auf die sie sich beziehen, statthaft ist.

b) Eine Toleranz in der Warenmenge von bis zu 5% nach oben oder bis zu 5% nach unten ist statthaft, vorausgesetzt, dass das Akkreditiv die Menge nicht in einer bestimmten Anzahl von Verpackungseinheiten oder Stücken vorschreibt und dass der Gesamtbetrag der Inanspruchnahmen den Akkreditivbetrag nicht überschreitet.

Artikel 34: Haftungsausschluss für Wirksamkeit von Dokumenten

Banken übernehmen keine Haftung oder Verantwortung für Form, Vollständigkeit, Genauigkeit, Echtheit, Verfälschung oder Rechtswirksamkeit irgendeines Dokuments oder für die allgemeinen oder besonderen Bedingungen, die in irgendeinem Dokument angegeben oder demselben hinzugefügt sind; Banken übernehmen auch keine Haftung oder Verantwortung für Bezeichnung, Menge, Gewicht, Qualität, Beschaffenheit, Verpackung, Lieferung, Wert oder Vorhandensein der durch irgendein Dokument repräsentierten Waren, Dienstleistungen oder anderen Leistungen oder für Treu und Glauben oder Handlungen oder Unterlassungen sowie für Zahlungsfähigkeit, Leistungsvermögen oder Ruf von Absender, Frachtführer, Spediteur, Empfänger oder Versicherer der Waren oder irgendeiner anderen Person.

3.1.5 Akkreditivabwicklung III (Export)

Ein deutscher Exporteur und ein brasilianischer Importeur schließen einen Kaufvertrag ab und vereinbaren Zahlung durch ein über EUR lautendes unwiderruflich bestätigtes Dokumenten-Akkreditiv. Bestimmen Sie die Reihenfolge der Akkreditivabwicklung. Tragen Sie die entsprechenden Ziffern ein.

Schritte der Akkreditivabwicklung	**Ziffer:**
Die Bank des Exporteurs avisiert und bestätigt dem Exporteur die Akkreditiv-Eröffnung.	
Die benannte Bank reicht die Dokumente an die eröffnende Bank weiter und belastet diese mit dem EUR-Akkreditivbetrag.	
Der Importeur beauftragt seine Hausbank, zugunsten des deutschen Exporteurs ein Akkreditiv zu eröffnen.	
Die benannte Bank prüft die Dokumente. Stimmen Sie mit den im Akkreditiv genannten Bedingungen überein, erhält der Exporteur den Akkreditivbetrag ausgezahlt.	
Der Exporteur sendet die Ware ab, stellt die im Akkreditiv geforderten Dokumente zusammen und reicht sie fristgerecht der benannten Bank ein.	
Die eröffnende Bank gibt die Dokumente gegen Zahlung an den Importeur, der mit ihrer Hilfe die Ware in Empfang nehmen kann.	
Die Hausbank des Importeurs (eröffnende Bank) übersendet der Bank des Exporteurs ein Schreiben, in dem die Eröffnung des Akkreditivs zugunsten des Exporteurs angezeigt wird.	

1 Klausel „shipper's load and count" = Container-Klausel, d. h. für Container-Inhalt (Ladung, Stückzahl, Verstauung) trägt der Versender die Haftung.

2 Klausel „said (by shipper) to contain" = Reederei/Kapitän prüfen die verpackte Ware nicht auf ihre Übereinstimmung mit den Angaben des Abladers. Der Zusatz bedeutet „enthält angeblich".

3.1.6 Akkreditivklauseln

3.1.6.1

Akkreditiveröffnungsauftrag – Auszug –	
Auftragsdatum: 01.06.20..	gültig bis: 12.07.20.. in Tokyo
zu eröffnen: ☒ brieflich	Betrag: 126 000,00 EUR ☐ höchstens ☒ ungefähr
Bestätigung des Akkreditivs durch Auslandsbank ☒ nicht erwünscht ☐ erwünscht	Akkreditiv benutzbar bei Sicht ☒ durch Zahlung ☐ durch Akzeptierung bei Bank of Tokyo, Tokyo, Japan
Teillieferungen ☐ erlaubt ☒ nicht erlaubt	Lieferungsbedingung gemäß Incoterms ☐ FOB ☐ CFR ☒ CIF Hamburg
☐ Das Akkreditiv soll übertragbar sein.	
Verschiffung/Versand/Übernahme in Tokyo nicht später als 30.06.20.. zur Beförderung nach Hamburg	
Ware: 250 000 m Spun Rayon Grey Muslin	
Die Dokumente sind innerhalb von 10 Tagen nach dem Verladedatum des Transportdokuments, jedoch innerhalb der Gültigkeitsdauer des Akkreditivs vorzulegen. Wir beauftragen Sie, Ihr unwiderrufliches Dokumenten-Akkreditiv für unsere Rechnung in Übereinstimmung mit vorstehenden Weisungen zu eröffnen.	

Aufgaben:

① Aus welchem Textausschnitt geht hervor, dass eine Akkreditiv-Änderung nur mit Zustimmung aller Partner möglich ist?

② Welchem Textausschnitt ist zu entnehmen, dass nur die eröffnende Bank ein abstraktes Schuldversprechen gegenüber dem Begünstigten abgibt?

③ Welche Bedeutung hat die „ungefähr"-Angabe beim Akkreditiv-Betrag? (Vgl. hierzu auch die in Übung 3.1.4 abgedruckten „Einheitlichen Richtlinien und Gebräuche für Dokumenten-Akkreditive".)

④ Angenommen, das vom Exporteur u. a. eingereichte Konnossement weist die Verschiffung von 249 750 m der zu liefernden Ware aus. Akzeptiert die Akkreditivstelle dieses Verladedokument? (Vgl. auch die ERA in Übung 3.1.4.)

⑤ Das Konnossement weist als Verladedatum den 28.06.20.., die entsprechende Versicherungspolice als Ausstellungsdatum den 30. Juni 20.. aus. Der Beginn der Deckung wird in der Versicherungspolice nicht ausdrücklich erwähnt. Akzeptiert die Akkreditivstelle das vorgelegte Versicherungsdokument? (Vgl. auch ERA in Übung 3.1.4.)

3.1.6.2

Ihre Kundin, die Maschinenfabrik Steinhausen KG, möchte mit der Gonzales Ltd., Buenos Aires, einen Vertrag über die Lieferung von drei Drehautomaten im Werte von 1,3 Mio. Euro abschließen.

Der argentinische Importeur besteht auf einer USD-Fakturierung und einem Zahlungsziel von drei Monaten.

Die Maschinenfabrik Steinhausen KG möchte das Zahlungs- und Transferrisiko ausschließen.

Aufgabe:

Welche Zahlungsbedingung empfehlen Sie Ihrer Kundin?

3.1.7 Test Akkreditiv

Entscheiden Sie, ob die nachstehenden Aussagen richtig oder falsch sind. Kreuzen Sie entsprechend an!

		richtig	falsch
1.	Die das Akkreditiv eröffnende Bank wird als benannte Bank bezeichnet.	☐	☐
2.	Wird ein Akkreditiv von einer Bank im Auftrag der eröffnenden Bank bestätigt, gibt die bestätigende Bank ein zusätzliches Zahlungsversprechen zugunsten des Exporteurs ab.	☐	☐
3.	Wenn der Begünstigte seine Akkreditivverpflichtungen erfüllt, ist die eröffnende Bank ihm gegenüber zur Zahlung verpflichtet – ohne Rücksicht auf die Zahlungsfähigkeit des Akkreditivauftraggebers.	☐	☐
4.	Bei einem unbestätigten Dokumenten-Akkreditiv besteht zwischen der avisierenden Bank und dem Exporteur ein Geschäftsbesorgungsvertrag.	☐	☐
5.	Die beteiligten Banken haben beim Akkreditiv die Dokumente und das zugrunde liegende Warengeschäft zu prüfen.	☐	☐
6.	Liegen erhebliche Unstimmigkeiten bei der Dokumentenprüfung vor, kann die Akkreditivstelle die Auszahlung unter Vorbehalt vornehmen.	☐	☐
7.	Beim Dokumenten-Akkreditiv handelt es sich um ein Zug-um-Zug-Geschäft.	☐	☐
8.	Deferred-payment-credits nennt man Akkreditive, bei denen nach Ablauf des vereinbarten Zeitraums statt Zahlung eine Akzeptleistung erfolgt.	☐	☐
9.	Das Dokumenten-Akkreditiv kommt den Interessen des Importeurs stärker entgegen als das Dokumenteninkasso.	☐	☐
10.	Die Banken übernehmen keine Haftung oder Verantwortung für Echtheit und Rechtswirksamkeit der Dokumente.	☐	☐
11.	Die „Einheitlichen Richtlinien und Gebräuche für Dokumenten-Akkreditive" regeln Zweifelsfragen im Akkreditivverkehr und ermöglichen weltweit einheitliche Auslegungen.	☐	☐
12.	Jedes Akkreditivgeschäft unterliegt automatisch ohne besondere Vereinbarung den „Einheitlichen Richtlinien und Gebräuchen für Dokumenten-Akkreditive".	☐	☐
13.	Wenn die Bank des Exporteurs dem Exporteur (Akkreditivbegünstigten) die Eröffnung des Akkreditivs avisiert, entsteht für sie eine Rechtsverbindlichkeit gegenüber dem Begünstigten.	☐	☐
14.	Bei einem „confirmed irrevocable credit" wird auch die bestätigende Bank gegenüber dem Begünstigten in gleicher Weise wie die eröffnende Bank verpflichtet.	☐	☐
15.	Die benannte Bank leistet nur dann Zahlung an den Exporteur, wenn das Konnossement ausweist, dass die Waren an Bord eines namentlich genannten Schiffes verladen sind oder auf einem namentlich genannten Schiff verschifft sind, sofern im Akkreditiv nichts anderes vorgeschrieben ist.	☐	☐
16.	Handelsrechnungen müssen vom Akkreditivbegünstigten ausgestellt sein und sind ohne Unterschriften aufnahmefähig.	☐	☐
17.	Für den Importeur besteht beim Dokumenten-Akkreditiv das Risiko, dass der Exporteur qualitätsmäßig minderwertige Ware liefert oder mit gefälschten Dokumenten der Anschein kontraktgemäßer Lieferung erweckt wird.	☐	☐

3.2 Dokumenten-Inkasso

3.2.1 Bearbeitung eines Exportinkassos I

Die „Mikea" Verkaufsgesellschaft Deutschland reicht der Commerzbank AG Düsseldorf am 15. November 20.. einen Inkassoauftrag mit den dazugehörigen Dokumenten ein. Anhand der Unterlagen erstellt der Sachbearbeiter den folgenden Inkassoauftrag zur Weiterleitung nach Tokyo.

COMMERZBANK

Inkasso- und / oder Akzepteinholungsauftrag
Remittance for collection and / or acceptance
Ordre d'encaissement et / ou d'acceptation

4

Düsseldorf
(Ort / Place / Lieu)

20..–11–17
(Datum / Date / Date)

Ref. des Auftraggebers:

1. Post / 1st mail / 1er courrier

Auftraggeber / Principal / Donneur d'ordre — Kto.-Nr.

"Mikea" VERKAUFSGESELL-
SCHAFT DEUTSCHLAND
Grafenberger Allee 120

40237 Düsseldorf

Bundesrepublik Deutschland

Einschreiben / Registered / Recommandée

Mitsui Bank
Head Office

TOKYO

Japan

Unsere / Our / Notre No.	Fälligkeit / Maturity / Echéance	Betrag / Amount / Montant	
Mr 13786 Bitte anzugeben Please quote Prière d'indiquer	at sight (bei Sicht)	USD 20.000,00	[X] Plus unsere Spesen / Plus our charges / Plus nos frais [ ] Plus Ihre Spesen / Plus your charges / Plus vos frais [ ] Die Dokumente dürfen im Falle der Nichtzahlung unserer/Ihrer Spesen nicht ausgeliefert werden. Do not deliver the documents in case of non-payment of our/your charges. Ne pas remettre les documents en cas de non-paiement de nos/vos frais

Bezogener / Drawee / Tiré: Japanese Furniture Selling Organisation, Osaka

Dokumente gemäß beigefügter Spezifikation.
Documents as per enclosed specification.
Documents conformément au bordereau joint.

über die Verladung von / covering shipment of / concernant le chargement de: 10 Cartons (WALL SHELVES)

Empfänger / Consignee / Destinataire: to order (an Order); notify (benachrichtigt): Japanese Furniture

per / by / par: MS "ASTOR" — am / on / le: 20..–11–13 — von / from / de: Hamburg — nach / to / à: Tokyo

[X] Liefern Sie die Dokumente aus gegen Zahlung
Deliver documents against payment
Remettez les documents contre paiement

[ ] Liefern Sie die Dokumente aus gegen Akzeptierung
Deliver documents against acceptance
Remettez les documents contre acceptation

[ ] Verwahren Sie das Akzept zum Einzug bei Fälligkeit und teilen Sie uns den Verfalltag per S.W.I.F.T. bzw. per Luftpost mit.
Keep acceptance for collection at maturity and inform us of due date via S.W.I.F.T. or by airmail.
Gardez l'acceptation pour l'encaisser à l'échéance et indiquez-nous cette date par S.W.I.F.T. ou par avion.

[ ] Senden Sie das Akzept an uns per Luftpost zurück.
Return acceptance to us by airmail.
Retournez-nous l'acceptation par avion.

[ ] Aufnahme der Dokumente kann bis zur Warenankunft zurückgestellt werden.
Take-up of the documents may be postponed until arrival of the goods.
La levée des documents peut être differée jusqu'à l'arrivée des marchandises.

[X] Im Falle der Nichteinlösung erbitten wir Nachricht per S.W.I.F.T.
In case of dishonour please advise us via S.W.I.F.T.
En cas de non-exécution, prière de nous informer par S.W.I.F.T.
bzw. per / or by / ou par [ ] Luftpost / airmail / avion [ ] Kabel / cable / câble

Bei Nichtakzeptierung
For non-acceptance
En cas de non-acceptation

[ ] Protest. / Protest. / Protêt. [ ] Kein Protest. / No protest. / Pas de protêt.

Bei Nichtzahlung
For non-payment
En cas de non-paiement

[ ] Protest. / Protest. / Protêt. [ ] Kein Protest / No protest. / Pas de protêt.

[X] Wir bitten um Empfangsbestätigung per S.W.I.F.T. oder auf dem beigefügten Vordruck.
Please acknowledge receipt via S.W.I.F.T. or on the enclosed form.
Prière d'accuser réception par S.W.I.F.T. ou sur le formulaire ci-joint.

Den Erlös bitten wir ohne Kursverlust für uns wie folgt anzuschaffen:
Proceeds please remit without loss in exchange to us as follows.
Veuillez-nous virer le produit, sans perte de change, comme suit:

[X] Durch Gutschrift auf das Konto unseres Hauses
By crediting the account of our office
En créditant le compte de notre banque

[ ] Durch Ermächtigung zur Belastung des Kontos ihres Hauses
By authorizing us to debit the account of your office
En nous autorisant à débiter le compte de votre banque

bei / with / chez: Commerzbank New York Branch

[ ] unter S.W.I.F.T. bzw. brieflicher / under S.W.I.F.T. resp. mail / sous S.W.I.F.T. ou lettre

[ ] unter S.W.I.F.T. bzw. telegr. verschl. / under S.W.I.F.T. resp. tested cable / sous S.W.I.F.T. ou cable chiffré

Aufgabe nur an uns unter Angabe unserer Nummer.
advice only to us mentioning our number.
adressé(e) uniquement à nous-mêmes, en indiquant notre numéro.

[ ]

Spezifikation der Dokumente:

Dokumente / Documents / Documents	Faktura / Invoice / Facture	Versich. Pol./Zert. / Insurance Pol./Cert. / Pol./Cert. d'assurance	Konnossement / Bill of Lading / Conn.	Packliste / Packing List
beiliegend / enclosed / annexes	2/3	1/2	2/3	2/3
Zweitpost / 2nd mail / 2éme courr.	1/3	1/2	1/3	1/3

Mit freundlichen Grüßen / Yours faithfully, / Salutations distinguées
COMMERZBANK Aktiengesellschaft
Düsseldorf

Anlagen / Enclosures / Annexes

Diese Mitteilung bedarf bis zum Dokumenten-Gegenwert von EUR 25.000,00 nur einer Unterschrift
Up to the equivalent of documents of EUR 25.000,00 this advice requires one signature only
Pour une contre-valeur de documents ne dépassant pas EUR 25.000,00 cet avis ne nécessite qu'une seule signature

1 532/00/2
HD0585

Dieser Auftrag unterliegt den „Einheitlichen Richtlinien für Inkassi (Revision 1995), Internationale Handelskammer, Publikation Nr. 522".
This order is subject to the „Uniform Rules for Collections (Revision 1995), International Chamber of Commerce, Publication No. 522".
Cet ordre est soumis au „Règles Uniformes relatives aux Encaissements (Revision 1995), Chambre de Commerce Internationale, Publication No. 522".

Der Sachbearbeiter legt den ausgefüllten Auftrag und die „Einheitlichen Richtlinien für Inkassi" Ihnen als Auszubildenden vor und bittet Sie, folgende Fragen zu beantworten:

Einheitliche Richtlinien für Inkassi
Revision 1995
ICC-Publikation Nr. 522

A. Allgemeine Regeln und Begriffsbestimmungen

Artikel 1 Anwendbarkeit der ERI 522

a Die Einheitlichen Richtlinien für Inkassi, Revision 1995, ICC-Publikation 522, gelten für alle Inkassi wie in Artikel 2 definiert, soweit sie in den Text eines „Inkassoauftrags" gemäß Artikel 4 einbezogen sind und sind für alle Beteiligten bindend, sofern nicht ausdrücklich anderweitige Vereinbarungen getroffen worden sind oder nicht nationale, staatliche oder örtliche Gesetze und/oder Verordnungen entgegenstehen, von denen nicht abgewichen werden darf.

b und c ...

Artikel 2 Definition des Inkassos

Im Sinne dieser Richtlinien bedeuten:

a „Inkasso" die Bearbeitung von nachstehend unter Artikel 2(b) definierten Dokumenten durch Banken in Übereinstimmung mit erhaltenen Weisungen, um:
- i. Zahlung und/oder Akzeptierung zu erhalten oder
- ii. Dokumente gegen Zahlung und/oder Akzeptierung auszuhändigen oder
- iii. Dokumente unter anderen Bedingungen auszuhändigen.

b „Dokumente" Zahlungspapiere und/oder Handelspapiere:
- i. „Zahlungspapiere" Wechsel, Solawechsel, Schecks oder andere ähnliche zum Erlangen von Zahlungen dienende Dokumente;
- ii. „Handelspapiere" Rechnungen, Transportdokumente, Dispositions- oder andere ähnliche Dokumente sowie irgendwelche andere Dokumente, die keine Zahlungspapiere darstellen.

c „Einfaches Inkasso" das Inkasso von Zahlungspapieren, die nicht von Handelspapieren begleitet sind.

d „Dokumentäres Inkasso" das Inkasso von:
- i. Zahlungspapieren, die von Handelspapieren begleitet sind;
- ii. Handelspapieren, die nicht von Zahlungspapieren begleitet sind.

Artikel 3 Beteiligte an einem Inkasso

a Im Sinne dieser Richtlinien sind die „Beteiligten":
- i. der „Auftraggeber", das ist derjenige, der eine Bank mit der Bearbeitung eines Inkassos betraut;
- ii. die „Einreicherbank", das ist die vom Auftraggeber mit der Bearbeitung des Inkassos betraute Bank;
- iii. die „Inkassobank", das ist jede mit der Durchführung des Inkassos befasste Bank mit Ausnahme der Einreicherbank;
- iv. die „vorlegende Bank", das ist diejenige Inkassobank, die gegenüber dem Bezogenen die Vorlegung vornimmt.

b Der „Bezogene" ist derjenige, demgegenüber in Übereinstimmung mit dem Inkassoauftrag die Vorlegung zu erfolgen hat.

Aufgaben:

① Welche Inkassodefinition der ERI trifft auf das Beispiel zu?

② Welche „Dokumente" gemäß ERI werden im vorliegenden Fall eingezogen?

③ Welche Inkassoart gemäß ERI liegt im genannten Fall vor?

④ Erläutern Sie, was die angegebenen Ziffern bei den Dokumenten zu bedeuten haben!

⑤ Tragen Sie die Inkasso-„Beteiligten" gemäß ERI in das nachfolgende Schaubild ein!

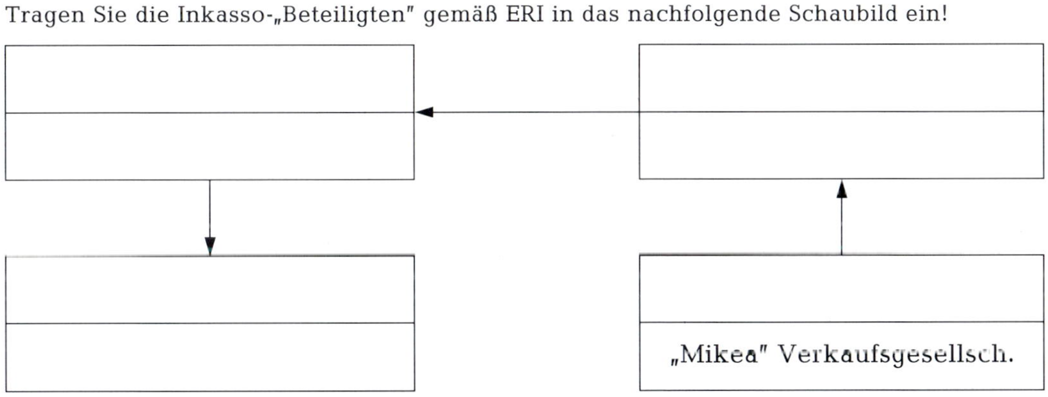

⑥ Welche Rechtsbeziehungen bestehen zwischen der „Mikea" Verkaufsgesellschaft und der Japanese Furniture Selling Organisation einerseits und der „Mikea" Verkaufsgesellschaft und der Commerzbank AG andererseits?

3.2.2 Bearbeitung eines Exportinkassos II

Das Dokumenten-Inkasso der Firma „Mikea" Verkaufsgesellschaft soll abweichend von Exportinkasso I folgende Angaben enthalten:

- ☐ Liefern Sie die Dokumente aus gegen Zahlung
  Deliver documents against payment
  Remettez les documents contre paiement
- [X] Liefern Sie die Dokumente aus gegen Akzeptierung
  Deliver documents against acceptance
  Remettez les documents contre acceptation
- [X] Verwahren Sie das Akzept zum Einzug bei Fälligkeit und teilen Sie uns den Verfalltag per S.W.I.F.T. bzw. per Luftpost mit.
  Keep acceptance for collection at maturity and inform us of due date via S.W.I.F.T. or by airmail.
  Gardez l'acceptation pour l'encaisser à l'échéance et indiquez-nous cette date par S.W.I.F.T. ou par avion.
- ☐ Senden Sie das Akzept an uns per Luftpost zurück.
  Return acceptance to us by airmail.
  Retournez-nous l'acceptation par avion.
- ☐ Aufnahme der Dokumente kann bis zur Warenankunft zurückgestellt werden.
  Take-up of the documents may be postponed until arrival of the goods.
  La levée des documents peut être differée jusqu'à l'arrivée des marchandises.
- ☐ Im Falle der Nichteinlösung erbitten wir Nachricht per S.W.I.F.T. / In case of dishonour please advise us via S.W.I.F.T. / En cas de non-exécution, prière de nous informer par S.W.I.F.T.
  bzw. per / or by / ou par ☐ Luftpost / airmail / avion ☐ Kabel / cable / câble

Bei Nichtakzeptierung
For non-acceptance
En cas de non-acceptation

- ☐ Protest. / Protest. / Protêt.
- ☐ Kein Protest. / No protest. / Pas de protêt.

Bei Nichtzahlung
For non-payment
En cas de non-paiement

- ☐ Protest. / Protest. / Protêt.
- [X] Kein Protest / No protest. / Pas de protêt.
- [X] Wir bitten um Empfangsbestätigung per S.W.I.F.T. oder auf dem beigefügten Vordruck.
  Please acknowledge receipt via S.W.I.F.T. or on the enclosed form.
  Prière d'accuser réception par S.W.I.F.T. ou sur le formulaire ci-joint.

Aufgaben:

① Wie lautet die Kurzbezeichnung für dieses Dokumenten-Inkasso?

② Um welches Inkasso gemäß ERI handelt es sich, und von welchen Papieren wird es begleitet?

③ Tragen Sie in das vorgegebene Schema die Inkassobeteiligten und die Abwicklung des Inkassos den Vorgaben entsprechend ein:

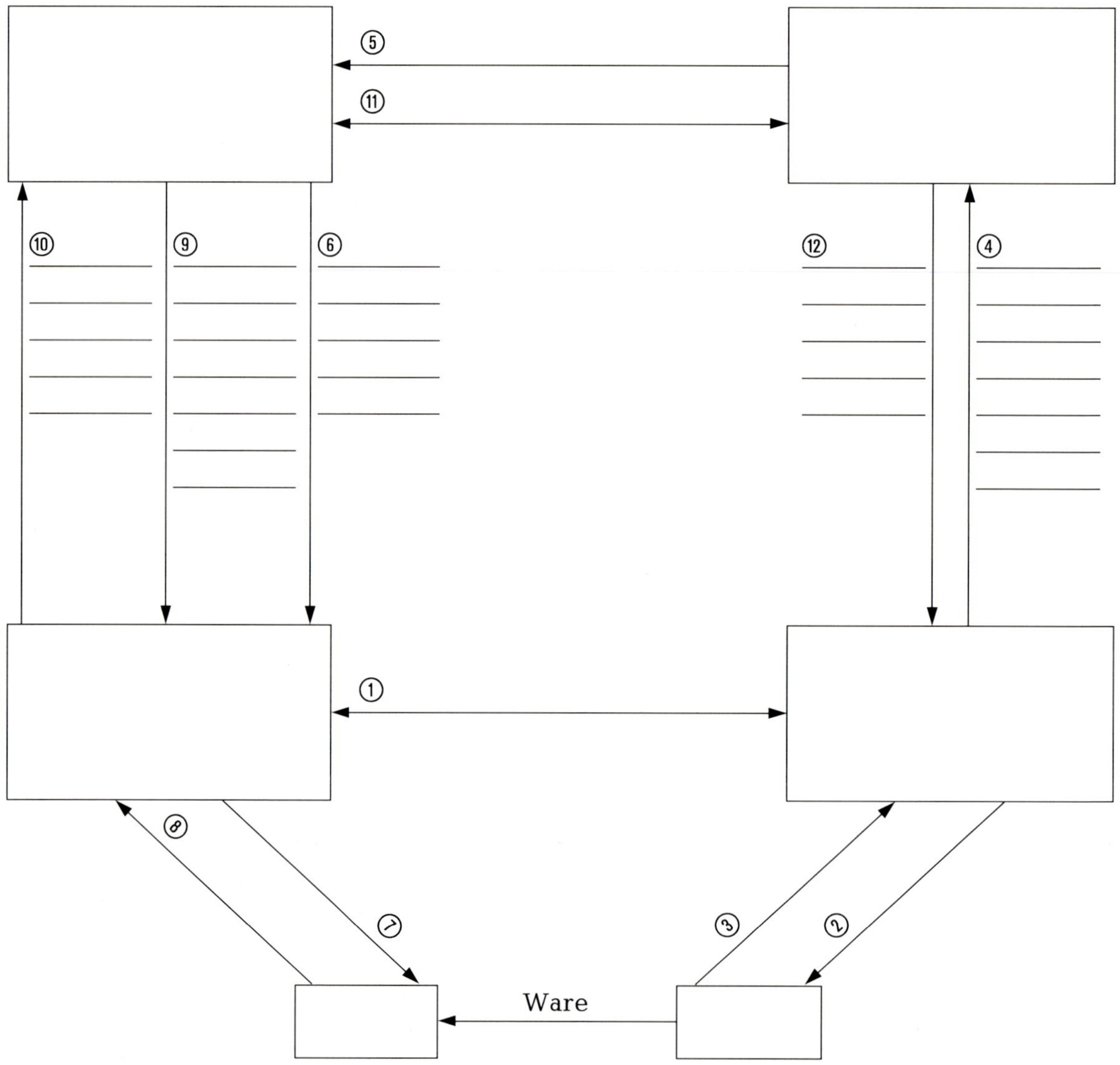

- „Mikea" Verkaufsgesellschaft
- Gutschrift des Gegenwertes
- Einlösung des Akzepts bei Fälligkeit
- Japanese Furniture Selling Organisation
- Aushändigung der Dokumente gegen Akzept
- Verrechnung des Gegenwertes
- Commerzbank AG Düsseldorf
- Inkassoauftrag, Dokumente u. Tratte
- Weiterleitung der Dokumente u. Tratte
- Vorlage des Akzepts bei Fälligkeit
- Mitsui Bank Tokyo
- Kaufvertrag
- Ware (zweimal eintragen)
- Konnossement (zweimal eintragen)

3.2.3 Abwicklung eines Importinkassos

Die Commerzbank AG Bielefeld erhält von der Krung Thai Bank Ltd. in Bangkok am 10. März 20. . eine Dokumentensendung zum Einzug. Die vorgelegten Dokumente sind nachfolgend (verkleinert) wiedergegeben.

Dokument 1

WOODY & SONS WOOD PRODUCTS CO., LTD.
15/22 Soi Chareonja, Ekamai, Sukhumvit Rd. Bkk. Thailand
Tel.3928680

SHIP TO : . "RT" RIETBERGER GESCHENK GMBH. .
33397 RIETBERG
WORTSTRASSE 30
VARENSELL
GERMANY.

SHIPPING MARKS : .
RT
HAMBURG
1 - 910

RT
HAMBURG
1 - 42

Commercial Invoice No. : 07/86 DD. FEB.28, 20...
Shipment Date : MARCH 1, 20...
Ref Order No. : BK-5956,6045,6050,6051,6052
Country of Origin : THAILAND

Ocean Vessel : PEGASUS PRIDE/FRANKFURT EXPRESS
Term of Delivery : FOB BANGKOK
Term of Payment : D/A 60 DAYS AFTER B/L DATE
Destination : HAMBURG

Currency : US$

Art. No.	Quantity	Descriptions	U/Price	Total
		LAMINATED LIGHT WOOD BOARD PER BK-5956		
LT-8246	4,848 PCS.	ROUND PLAIN BOARD W/ROUNDED EDGE, 25.0 CM DIA x 1.0 CM THICKNESS	0.41	1,987.68
		LAMINATED LIGHT WOOD BOARDS PER BK-6045		
	242 PCS.	BIG BOX FOR MANY PURPOSES, SIZE: 40x30x14 CM	2.20	532.40
	88 PCS.	SMALL BOX FOR MANY PURPOSES, SIZE: 30x20x14 CM	1.65	145.20
		LAMINATED LIGHT WOOD BOARDS PER BK-6050		
RT-8040	2,196 PCS.	CARVING BOARD, 35.0x23.0x1.5 CM	0.92	2,020.32
RT-8041	2,388 PCS.	CARVING BOARD, 45.0x28.0x1.5 CM	1.25	2,985.00
		LAMINATED LIGHT WOOD BOARDS PER BK-6051		
RT-8520	200 PCS.	WALL SHELF'S	1.20	240.00
RT-8521	200 PCS.	WALL SHELF'S	1.77	354.00
RT-8522	200 PCS.	WALL SHELF'S	2.45	490.00
RT-8526	200 PCS.	CORNER SHELF'S	0.84	168.00
		LAMINATED LIGHT WOOD BOARDS PER BK-6052		
RT-8530	1,100 PCS.	FOOT REST'S NATURE WOOD, K/D	1.80	1,980.00
RT-8240	2,500 PCS.	STAND W/6 BREADBOARDS	2.06	5,150.00
	384 PCS.	CARVING BOARD, 46.0x30.0x2.0 CM	2.24	860.16
	14,546 PCS.	FOB BANGKOK		16,912.76
	2,676 PCS.	FOR SAMPLE PARARUBBERWOOD (NO COMMERCIAL VALUE)		
		PACKED IN 910 CARTONS, 42 BUNDLES.		
		TOTAL NET WEIGHT 14,849.50 KGS.		
		TOTAL GROSS WEIGHT 15,487.60 KGS.		
		E.C. 61 NO. 06112866100023		

Dokument 2

WOODY & SONS WOOD PRODUCTS CO., LTD.
15/22 Soi Chareonjai, Ekamai, Sukhumvit Rd. Bkk. Thailand
Tel.3928680

PAGE 2

SHIP TO : ."RT" RIETBERGER GESCHENK GMBH.
33397 RIETBERG
WORTSTRASSE 30
VARENSELL
GERMANY.

SHIPPING MARKS :
RT
HAMBURG
1 - 910

RT
HAMBURG
1 - 42

PACKING LIST

ART. NO.	QUANTITY IN PCS.	DESCRIPTION	~~CARTON NOS~~	QUANTITY PER CARTON	QUANTITY OF CARTON	NET WEIGHT PER CARTON	TOTAL NET WEIGHT	TOTAL GROSS WEIGHT
			BUNDLE NO.	QUANTITY PCS.	BUNDLE	KGS.	KGS.	KGS.
	100 PCS.	FOR SAMPLE PARARUBBERWOOD 12.5 MM. x 45 MM. x 18"	1 - 6	100	6	18.16	108.96	108.96
	80	- DO - 12.5 MM. x 45 MM. x 22"	7 - 12	80	6	17.76	106.56	106.56
	60	- DO - 12.5 MM. x 45 MM.x22"	13	60	1	10.83	10.83	10.83
	60	- DO - 17 MM. x 45 MM. x 18"	14 - 20	60	7	14.82	103.74	103.74
	66	- DO - 17 MM. x 45 MM. x 18"	21	66	1	16.30	16.30	16.30
	60	- DO - 17 MM. x 45 MM. x 22"	22 - 27	60	6	18.11	108.66	108.66
	37	- DO - 17 MM. x 45 MM. x 22"	28	37	1	11.17	11.17	11.17
	50	- DO - 23 MM. x 45 MM. x 18"	29 - 34	50	6	16.71	100.26	100.26
	59	- DO - 23 MM. x 45 MM. x 18"	35	59	1	19.72	19.72	19.72
	40	- DO - 23 MM. x 45 MM. x 22"	36 - 41	40	6	16.34	98.04	98.04
	54	- DO - 23 MM. x 45 MM. x 22"	42	54	1	22.06	22.06	22.06
							14,849.50	15,487.60

PACKED IN 910 CARTONS, 42 BUNDLES.
TOTAL NET WEIGHT 14,849.50 KGS. TOTAL GROSS WEIGHT 15,4[illegible].60 KGS.

6 Richard, Mühlmeyer - ISBN 978-3-8120-1236-2

Dokument 3

Forwarding Agents

Shipper
WOODY & SONS WOOD PRODUCTS CO., LTD.
15/22 SOI CHAREONJAI, EKAMAI
SUKHUMVIT ROAD, BANGKOK, THAILAND.

B. L. No. 481-22714

NYK LINE
NIPPON YUSEN KAISHA

COMBINED TRANSPORT BILL OF LADING

Consignee
TO ORDER

Notify Party
"RT" RIETBERGER GESCHENK GMBH.
33397 RIETBERG
WORTSTRASSE 30
VARENSELL
GERMANY.

RECEIVED in apparent good order and condition except as otherwise noted the total number of Containers or other packages or units enumerated below(*) for transportation from the place of receipt to the place of delivery subject to the terms hereof. One of the original Bills of Lading must be surrendered duly endorsed in exchange for the Goods or Delivery Order. On presentation of this document (duly endorsed) to the Carrier by or on behalf of the Holder, the rights and liabilities arising in accordance with the terms hereof shall (without prejudice to any rule of common law or statute rendering them binding on the Merchant) become binding in all respects between the Carrier and the Holder as though the contract evidenced hereby had been made between them.
IN WITNESS whereof the number of original Bills of Lading stated below have been signed, one of which being accomplished, the other(s) to be void.

Pre-carriage by: "PEGASUS PRIDE" V.418 — Place of Receipt: BANGKOK CFS
Ocean Vessel / Voy. No.: "FRANKFURT EXPRESS" V.27/517 OR SUBSTITUTE:- — Port of Loading: SINGAPORE
Port of Discharge: HAMBURG — Place of Delivery: HAMBURG
Final destination (for the Merchant's reference only)

Particulars furnished by the Merchant

Container No. / Seal No. Marks & Nos.	No. of Containers or P'kgs.	Kind of Packages; Description of Goods	Gross Weight	Measurement
FCL NYKU 1700100 LCL	DD 354	= 764 CARTONS + 42 BUNDLES = 146 CARTONS	14,853.00 KGS.	
RT HAMBURG 1 - 910		910 CARTONS SAID TO CONTAIN: - 14,546 PCS. OF LAMINATED LIGHT WOOD BOARDS		
RT HAMBURG 1 - 42		42 BUNDLES SAID TO CONTAIN: - 2,676 PCS. FOR SAMPLE PARARUBBERWOOD (NO COMMERCIAL VALUE)		
		952 PACKAGES ============		
		"FREIGHT COLLECT"		

(*)TOTAL NUMBER OF CONTAINERS, PACKAGES OR UNITS(IN WORDS): =NINE HUNDRED FIFTY TWO PACKAGES ONLY=

FREIGHT & CHARGES	Revenue Tons	Rate	Per	Prepaid	Collect
526180012..					

ICS B L

Ex. Rate	Prepaid at	Payable at	Place of B(s) L Issue / Dated
		DESTINATION	BANGKOK, MARCH 1, 20..
	Total Prepaid in Local Currency	Number of Original B(s) L: THREE	

Laden on Board the Vessel
Date: MARCH 1, 20.. — By: S.S."PEGASUS PRIDE"V.41

NIPPON YUSEN KAISHA
As Agents

(JSA STANDARD FORM A)
(TERMS CONTINUED ON BACK HEREOF)
Form No. C 1003

Dokument 4

ORIGINAL

1. Goods consigned from (Exporter's business name, address, country)
WOODY & SONS WOOD PRODUCTS CO., LTD.
15/22 SOI CHAREONJAI, EKAMAI,
SUKHUMVIT RD, BANGKOK,
THAILAND.

Reference No 2936

GENERALISED SYSTEM OF PREFERENCES
CERTIFICATE OF ORIGIN
(Combined declaration and certificate)
FORM A
Issued in THAILAND (country)
See Notes overleaf

2. Goods consigned to (Consignee's name, address, country)
"RT" RIETBERGER GESCHENK GMBH.,
33397 RIETBERG
WORTSTRASSE 30,
VARENSELL, GERMANY.

3. Means of transport and route (as far as known)
"SEA FREIGHT"

4. For official use

5. Item number	6. Marks and numbers of packages	7. Number and kind of packages; description of goods	8. Origin criterion (see Notes overleaf)	9. Gross weight or other quantity	10. Number and date of invoices
1	RT HAMBURG 1 - 910	LAMINATED LIGHT WOOD BOARD PER BK-5956 ROUND PLAIN BOARD W/ROUNDED EDGE, 25.0 CM DIA X 1.0 CM THICKNESS, LAMINATED LIGHT WOOD BOARDS PER BK-6045 BIG BOX FOR MANY PURPOSES, 40X30X14 CM, SMALL BOX FOR MANY PURPOSES, 30X20X14 CM, LAMINATED LIGHT WOOD BOARDS PER BK-6050 CARVING BOARD, 35.0X23.0X1.5 CM, CARVING BOARD, 45.0X28.0X1.5 CM, LAMINATED LIGHT WOOD BOARDS PER BK-6051 WALL SHELF'S, CORNER SHELF'S, LAMINATED LIGHT WOOD BOARDS PER BK-6052 FOOT REST'S, NATURE WOOD, K/D, STAND W/6 BREADBOARDS, CARVING BOARD, 46.0X30.0X2.0 CM.**** TOTAL: NINE HUNDRED TEN (910) CARTONS. FOURTEEN THOUSAND FIVE HUNDRED FORTY SIX (14,546) PCS.****	"P"	14,853.00 KGS.	NO.07/.. FEBRUARY 28, 20...

THE SIAM COMMERCIAL BANK, LTD. * HEAD OFFICE BANGKOK * OBP 85/153

11. Certification
It is hereby certified, on the basis of control carried out, that the declaration by the exporter is correct.
-3 MAR 20..
Place and date, signature and stamp of certifying authority

12. Declaration by the exporter
The undersigned hereby declares that the above details and statements are correct; that all the goods were produced in
THAILAND (country)
and that they comply with the origin requirements specified for those goods in the Generalised System of Preferences for goods exported to
GERMANY. (importing country)
BANGKOK: 28 FEB 20..
Place and date, signature of authorised signatory

Dokument 5

NO. 07/20. .   BANGKOK, FEB. 28, 20. . .

EXCHANGE FOR US$.16,912.76   FIRST OF EXCHANGE DULY STAMPED

D/A 60 DAYS
AT AFTER B/L DATE **SIGHT OF THIS SECOND BILL OF EXCHANGE (FIRST OF THE SAME TENOR AND DATE BEING UNPAID) PAY TO THE ORDER OF**

KRUNG THAI BANK LTD.

--U.S.DOLLARS SIXTEEN THOUSAND NINE HUNDRED TWELVE
AND CENTS SEVENTY SIX

TO "RT" RIETBERGER GESCHENK GMBH.
33397 RIETBERG
WORTSTRASSE 30
VARENSELL
GERMANY.

KRUNG THAI BANK LTD
52618012.

ศรวป. 1326.250   แบบ ต. 081

Anmerkung: Gehen Sie davon aus, dass die Faktura 3-fach, das Konnossement 3-fach und die Packing List 3-fach eingereicht wurden. Das 1. Original dieser Dokumente ging bei der Commerzbank mit Erstpost, das 2. und 3. mit Zweitpost ein. Ursprungszeugnis und Tratte (jeweils 1-fach) gingen mit Erstpost ein. Die Commerzbank AG wurde von der Krung Thai Bank Ltd. mit der Einholung eines Akzepts beauftragt, ggf. Protest mangels Annahme zu erheben. Das Akzept ist an die Krung Thai Bank Ltd. zu senden. Sämtliche Spesen gehen zu Lasten des Bezogenen.

Aufgaben:

① Das folgende Formular Dokumenten-Inkasso (Kundenbenachrichtigung) ist auszufüllen.

COMMERZBANK

Sachbearbeiter ____________

Datum ____________ Fernruf ____________

8173999

Dokumenten-Inkasso

4

Wir haben von unserem Korrespondenten folgende Dokumente zum Einzug erhalten und bitten die Abwicklung über unsere Geschäftsstelle

____

vorzunehmen.

Auftraggeber

Unsere Nr.	Fälligkeit	Inkasso-Betrag	
6338142366 Nr. des Auftraggebers 52618012			☐ Sämtliche Spesen zu Ihren/des Bezogenen/Lasten ☐ fremde Bankspesen ____________ ☐ Aushändigung der Dokumente ist von der Spesen-/Zinszahlung abhängig

Lieferfirma

Dokumente	Tratte	Faktura	Spezifikation	Urspr.-Zeugnis	Versich.-Pol./Zert.	Konnossement	Duplikat-Frachtbr.	Spediteur-Beschein.	Luftfrachtbrief	Inspekt.-Zertifikat	Gesundh. Zertifikat	
Erstpost												
Zweitpost												

Über die Verladung von (Warenbezeichnung)

per ____________ am ____________ von ____________ nach ____________

Die Aushändigung der Dokumente hat weisungsgemäß zu erfolgen gegen:

☐ Zahlung obigen Betrages ☐ Wir bitten um Hereingabe ihres Einlösungsauftrages*)

*)bei Beträgen über EUR 12500,00,– oder Gegenwert auf Vordruck Anl. Z 1 zur AWV (Formular anbei) erforderlich

☐ Akzeptierung der beiliegenden Tratte ☐ Bitte senden Sie das Akzept an uns zurück

☐ Protest ist zu erheben mangels ☐ Akzept ☐ Zahlung

☐ Wir bitten den obigen Inkassobetrag unter Anzeige an uns und Angabe unserer Nr. ____________ zu unseren Gunsten auf unser Konto bei ____________________________ zu überweisen.

Weitere Instruktionen:

Falls Sie mit den Bedingungen nicht einverstanden sind oder glauben, sie nicht erfüllen zu können, bitten wir Sie, rechtzeitig eine Änderung durch Ihren Kontrahenten zu veranlassen.
Alle auf der Ware ruhenden und eventuell noch anfallenden Kosten sind von Ihnen (Bezogenen) zu tragen.
Bei Nichtaufnahme bitten wir um sofortige Benachrichtigung unter Angabe des Grundes.

Mit freundlichen Grüßen
COMMERZBANK Aktiengesellschaft

Sachbearbeiter/Kontrolleur:

____

Diese Mitteilung bedarf bis zum Inkassobetrag von EUR 25.000,00 oder Gegenwert nur einer Unterschrift.

Dieses Inkasso unterliegt den „Einheitlichen Richtlinien für Inkassi (Revision 1995), Internationale Handelskammer, Publikation Nr. 522".

② Schildern Sie die weitere Abwicklung dieses Dokumenten-Inkassos, nachdem die Rietberger Geschenk GmbH Akzept geleistet hat!

3.2.4 Importinkasso

BANK OF TOKYO
HEAD OFFICE: TOKYO, JAPAN

Inkasso- und/oder Akzepteinholungsauftrag
Remittance for collection and/or acceptance
Ordre d'encaissement et/ou d'acceptation

(4.5)

Erstpost
1 st mail
1 er courrier

Auftraggeber/Principal/Donneur d'ordre

Messrs.
Musara Trading
P. O. Box 3327
Nagoya
Japan

Einschreiben/Registered/Recommandee

Sparkasse Bad Tölz
Postfach 369

D-83646 Bad Tölz

Unsere Nummer / Our No / Notre No	Fälligkeit / Maturity / Echéance	Betrag / Amount / Montant	
Cd. 25638 Bitte anzugeben / Please quote / Prière d'indiquer	at sight (bei Sicht)	126.000,00 EUR	☐ Plus unsere Spesen / Plus our charges / Plus nos frais ☐ Plus Ihre Spesen / Plus your charges / Plus vos frais ☐ Auf Zahlung der Spesen darf nicht verzichtet werden / Charges must not be waived / Prière de ne pas renoncer au paiement de frais

Bezogener / Drawee / Tiré: Glasstuben Lehmann OHG, 83646 Bad Tölz

Dokumente / Documents / Documents	Wechsel / Draft / Traite	Faktura / Invoice / Facture	Duplikat-Frachtbrief / Railway B/L / Lettre de voiture	Posteinl.-Schein / Parcel post receipt / Récépissé postal	Versich. Pol. / Zert. / Insurance Pol. / Cert. / Pol. / Cert. d'assurance	Konnossement / Bill of Lading / Conn.	Spediteur-Beschein. / Forw. Receipt / Réc. de prise en charge	Spezifikation / Specification / Spécification	Ursprungs-Zeugnis / Certificate of Origin / Certificat d'origine	Luftfrachtbrief / Air Waybill / Lettre de transport aérien	Inspektionszertifikat. Certificate of Inspection	Packliste Packing List
beiliegend / enclosed / annexes		2/3			1/2	2/3					1/1	2/3
Zweitpost / 2nd mail / 2eme courr		1/3			1/2	1/3					--	1/3

über die Versendung von / covering shipment of / concernant le chargement de: 5 wooden cases (Holzkisten)

Empfänger / Consignee / Destinataire: to order (an Order); notify (benachrichtigt): Glasstuben Lehmann

per / by / par: MS "MARY FOX" am / on / le: 23.06.20.. von / from / de: Tokyo nach / to / à: Hamburg

[X] Liefern Sie die Dokumente aus gegen Zahlung / Deliver documents against payment / Remettez les documents contre paiement

[ ] Liefern Sie die Dokumente aus gegen Akzeptierung / Deliver documents against acceptance / Remettez les documents contre acceptation

[ ] Verwahren Sie das Akzept zum Einzug bei Fälligkeit und teilen Sie uns den Verfalltag per Luftpost mit. / Keep acceptance for collection at maturity and inform us of due date by airmail. / Gardez l'acceptation pour l'encaisser à l'échéance et indiquez-nous cette date par avion.

[ ] Kein Protest bei Nichtbezahlung / No protest for non-payment / Pas de protêt en cas de non-paiement.

[ ] Senden Sie das Akzept an uns zurück. / Return acceptance to us. / Retournez-nous l'acceptation.

[ ] Protest bei Nichtbezahlung / Protest for non-payment. / Faire protester en cas de non-paiement.

[X] Im Falle der Nichteinlösung erbitten wir Nachricht per Luftpost. / In case of dishonour please advise us by airmail. / En cas de non-exécution, priere de nous aviser par avion.

[X] Wir bitten um Empfangsbestätigung. / Please acknowledge receipt. / Prière d'accuser réception.

Den Erlös bitten wir uns unter Angabe unserer Nummer wie folgt anzuschaffen: / Proceeds please remit to us as follows, quoting our number: / Veuillez nous virer le produit, en indiquant notre numero, comme suit:

[X] durch Gutschrift auf das Konto unseres Hauses / by crediting the account of our office / en creditant le compte de notre banque — bei / with / chez: Bayerische Landesbank Girozentrale München — unter Aufgabe an uns. / under advice to us. / sous avis à nous.

[ ] durch Ermächtigung zur Belastung des Kontos Ihres Hauses / by authorizing us to debit the account of your office / en nous autorisant à débiter le compte de votre banque — bei / with / chez

Weitere Instruktionen / Further instructions / Instructions complementaires:

Der Ausführung dieses Auftrages sind die „Einheitlichen Richtlinien für Inkassi" der Internationalen Handelskammer, Paris, zugrunde zu legen, soweit diese anwendbar sind.
This order is to be executed in accordance with the „Uniform Rules for Collections" issued by the International Chamber of Commerce, Paris, in so far as these are applicable.
L'exécution de cet ordre est soumis au „Règlement uniforme pour ces encaissements" de la Chambre de Commerce Internationale, Paris, dans la mesure ou celui-ci est applicable.

Tokyo, 27.06.20..

Anlagen/Enclosures/Annexes

Hochachtungsvoll/Yours faithfully,/Vos dévoués

BANK OF TOKYO
HEAD OFFICE: TOKYO, JAPAN

Aufgaben:

① Erklären Sie den abgedruckten Vorgang!

② Welche Lieferungsbedingung könnte zwischen den Vertragspartnern vereinbart worden sein, wenn bei den Vertragsverhandlungen FOB Tokyo oder CIF Hamburg in Frage kamen?

③ Wie erfolgt die Verrechnung des Betrages, wenn der Bezogene die Dokumente aufgenommen hat?

④ Für welchen Beteiligten ist diese Zahlungsabwicklung vorteilhaft?

3.2.5 Vergleich Dokumenten-Akkreditiv – Dokumenten-Inkasso

Die Joint Export-Import Agency, Sydney, verhandelt mit der Firma Waller GmbH, Frankfurt, über die Lieferung pharmazeutischer Produkte nach Australien. Während der australische Importeur die Abwicklung der Zahlung durch ein Dokumenten-Inkasso (d/p) wünscht, besteht der deutsche Exporteur auf Zahlung durch ein unbestätigtes Dokumenten-Akkreditiv.

Aufgaben:

① Welche Vorteile hätte die Firma Waller GmbH bei Vereinbarung eines Dokumenten-Akkreditivs?

② Welche Vorteile ergäben sich für die Joint Export-Import Agency, wenn die Zahlungsabwicklung durch Dokumenten-Inkasso (d/p) erfolgte?

3.3 Nichtdokumentäre Zahlungsformen

3.3.1 Ausgehende Auslandsüberweisung (SWIFT)

Die WGZ Bank AG Münster; BLZ 40060000; wird von ihrem Kunden Exim GmbH, Alte Landstr. 10, 48147 Münster, Konto-Nr. 47631209, beauftragt, den Betrag von USD 24512,00 zu Lasten Ihres EUR-Kontos zu zahlen. Der Begünstigte ist J. P. Morgan Motors Inc., 115, Jamaica-Freeway, Ind. Estates W., Jamaica, N. Y. 11428 (Konto-Nr. 123456789 bei Jamaica Savings Bank, P. O. Box 160019, Jamaica, N. Y. 11426). Der Überweisungsbetrag soll zum Ausgleich der Rechnung 098765 vom 15.02.20.. (Werbe- und Messekosten) dienen.

Aufgaben:

① Füllen Sie für die Exim GmbH den Zahlungsauftrag im Außenwirtschaftsverkehr unterschriftsreif aus! Auftragsdatum: 10. März 20.. Anfallende Kosten bei der WGZ gehen zu Lasten der Exim GmbH, fremde Kosten gehen zu Lasten des Begünstigten. Die Exim GmbH wünscht Standardausführung und ein Avis an den Begünstigten. BIC (SWIFT-CODE) und Bank-Code werden von der WGZ nachgetragen.

Vervollständigen Sie auch die Angaben zur Meldung nach §§ 59ff. der AWV!

Anlage Z 1 zur AWV

ZAHLUNGSAUFTRAG IM AUSSENWIRTSCHAFTSVERKEHR

Meldung nach §§ 59 ff. der Außenwirtschaftsverordnung (AWV)

Dem Kreditinstitut mit Blatt 2 einzureichen

1

52: An Kreditinstitut

WGZ Bank AG

48147 Münster

Bankleitzahl

Konto-Nummer des Kontoinhabers/Einzahlers

Referenz des Kontoinhabers

Gegenwertzahlung

Währung — Angabe eines Währungscodes bedeutet Zahlung des Betrages in Feld 32 im Gegenwert der hier angegebenen Währung.

Zielland

Version 0 0 0 1

Ausführungstermin

Zahlung zu Lasten 1 = Euro-Konto 2 = Währungskonto — Keine Angabe bedeutet Zahlung zu Lasten des Euro-Kontos

32: Währung — Betrag

50: Name des Kontoinhabers/Einzahlers

Straße

Postleitzahl — Ort

57: Bank des Begünstigten (bevorzugt als S.W.I.F.T.-Code) — BIC (S.W.I.F.T.-Code) — Ist sowohl der S.W.I.F.T.-Code als auch Name und Anschrift der Bank ausgefüllt, wird die Zahlung gemäß S.W.I.F.T.-Code ausgeführt.

Name des Kreditinstituts

Straße

Ort / Land

59: IBAN bzw. Konto-Nr. des Begünstigten und Bank-Code (max. 34 Stellen)

Name des Begünstigten

Straße

Ort / Land

70: Verwendungszweck (nur für Begünstigten)

Zusätzliche Weisungen für das Kreditinstitut (z. B. zum Weisungsschlüssel)

Dauerauftrag 1 = Eröffnung 2 = Änderung 3 = Löschung

Ausführung erstmalig am

Ausführung letztmalig am

Ausführungsintervall
1 = wöchentlich
2 = monatlich
3 = vierteljährlich
4 = halbjährlich
5 = jährlich
6 = am — Tag eines Monats

Bareinzahlung

Kurs — EUR-Gegenwert

+ Bearbeitungsentgelt — EUR

+ Courtage — EUR

+ fremdes Entgelt — EUR

+ Entgelt für telegr. Ausführung — EUR

Einzahlungsbetrag — EUR

Fil.-Nr. — 9301185 — U-Kto.

Ausführungsart (Keine Angabe bedeutet Standard)
0 = Standard (S.W.I.F.T.)
1 = Eilig (S.W.I.F.T.)
2 = Scheckziehung
3 = Scheckziehung an Kontoinhaber

Weisungsschlüssel (Weisungen für Kreditinstitut)
1 = Avis an Bank des Begünstigten
2 = Telefonavis an den Begünstigten
3 = Telex-/Fax-Avis an den Begünstigten
4 = Zahlung gegen Legitimation

71: Entgeltregelung (Keine Angabe bedeutet alle Entgelte z.L. Kontoinhaber)
0 = Entgeltteilung eigenes Entgelt z. L. Kontoinhaber fremdes Entgelt z. L. Begünstigten
1 = alle Entgelte z.L. Kontoinhaber
2 = alle Entgelte z.L. Begünstigten

Bei Zahlungen zu Lasten Währungskonto Entgelte zu Lasten
1 = Euro-Konto
2 = Währungskonto
(Ohne Weisung erfolgt die Berechnung der Entgelte z. L. EUR-Konto)

Meldung nach §§ 59 ff. der Außenwirtschaftsverordnung (AWV)

Befreiungen, Erläuterungen und Leistungsverzeichnis siehe Rückseiten

Die Zahlung erfolgte für: Ggf. Zahlungsbetrag aufteilen.

1. Dienstleistungen, Übertragungen, Kapitaltransaktionen — Felder 105-111 ausfüllen. Kennzahlen anhand des Leistungsverzeichnisses angeben.

2. Transithandel — Feld 100 ankreuzen; Meldung auf Vordruck Z4 einreichen. — 100

105: Kennzahl — 106: Land (Erläuterungen beachten) — Länder-Code — 107: Betrag in o.g. Währung (nur anzugeben bei mehr als einem Zahlungszweck)

108: Kennzahl — 109: Land (Erläuterungen beachten) — Länder-Code — 110: Betrag in o.g. Währung (nur anzugeben bei mehr als einem Zahlungszweck)

111: Nähere Angaben zu den zugrunde liegenden Leistungen bzw. zum Grundgeschäft (ggf. mit weiteren Beträgen)

Firmennummer — Währung

Kontoführung / Sicherungsstempel

Datum

Telefon/Durchwahl

Unterschrift / Stempel

2

Bitte bevorzugt mit Schreibmaschine ausfüllen. Bei Handschrift sind Großbuchstaben zu verwenden.

AWV 3424/00/28 – AWV-Z 1 I 01.05

Auszüge aus dem

Leistungsverzeichnis der Deutschen Bundesbank für die Zahlungsbilanz

Anlage LV zur Außenwirtschaftsverordnung

A. Dienstleistungen und unentgeltliche Leistungen

Ausgaben	Kennzahl	Ausgaben	Kennzahl
Reiseverkehr	**017**	**Verschiedene Dienstleistungen**	
		Patente und Lizenzen (ohne EDV-Lizenzen)	
Personenbeförderung durch Luftverkehrsunternehmen	**015**	künstlerische Urheberrechte	**501**
		Patente, Lizenzen, Erfindungen, Verfahren	**502**
		Warenzeichen, Franchise-Gebühren, Vertriebs-, Namensrechte u. ä.	**503**
Personenbeförderung durch sonstige Verkehrsunternehmen	**016**		
		Film und Fernsehen	**510**
Transportleistungen im Güterverkehr			
im deutschen Außenhandel		Forschungs- und Entwicklungsleistungen	**511**
Seefrachten/Einfuhr	**210**	Ingenieur- und sonstige technische Dienstleistungen	**512**
Seefrachten/Ausfuhr	**220**	EDV-Dienstleistungen (einschl. Lizenzen)	**513**
Binnenschiffsfrachten	**216**	Freiberufliche Tätigkeiten	**514**
Landfrachten (Bahn/LKW)	**240**	Kaufmännische, organisatorische und administrative Dienstleistungen	**516**
Luftfrachten	**244**		
Transporte durch Rohrleitungen	**226**	Personalleasing	**517**
		Kommunikationsleistungen	**518**
im Verkehr zwischen dritten Ländern		Übrige Entgelte für sonstige unternehmerische Tätigkeiten (bitte ausführlich erläutern)	**519**
Fracht- und Nebenleistungen im Transithandel	**250**		
sonstige Transporte (z. B. Umzugsgut)	**260**		
		Entgelte für nicht selbständige Arbeit	**521**
im Verkehr im Inland			
Zahlungen für Luftfrachten	**270**	Provisionen	**523**
Zahlungen für sonstige Frachten	**271**		
		Zuschüsse an Tochterunternehmen	**530**
Transportnebenleistungen		Regiekosten	**531**
Seeschifffahrt (allgemeine Schifffahrtskosten)	**310**		
		Finanzdienstleistungen	**533**
Binnenschifffahrt und Straßengüterverkehr (Lotsen-, Kanal- und Kaigebühren, Hafenschlepplöhne, Liege-, Standgelder u. ä. ohne Warenlieferungen wie Treibstoffe ➧ 362)	**320**	Entsorgungsleistungen	**534**
		Werbe- und Messekosten	**540**
Treibstoffe, Bordverpflegung und -verkauf, sonst. Fahrzeugbedarf	**362**		
		Post- und Kurierdienste	**591**
Ausgaben deutscher Außenhandelsfirmen und Speditionen (Laden, Löschen, Lagern)	**330**	Mieten/Operational-Leasing	**594**
		Reparaturen	
Versicherungsverkehr		an Transport- und Verkehrsmitteln	**560**
Prämienzahlungen		an Gebäuden	**561**
Lebensversicherung	**400**	an Gütern, die ein- und ausgeführt werden	**562**
Transportversicherung (Ein- und Ausfuhr)	**410**		
Sonstiger Versicherungsverkehr	**420**	**Bauleistungen – Baustelle im Inland** (ohne Entgelt für Importe)	**570**
Schadenszahlungen aus Versicherungsverträgen mit Gebietsfremden			
		Bauleistungen – Baustelle im Ausland auftrags Gebietsfremder	**580**
Lebensversicherung	**440**		
Transportversicherung (Ein- und Ausfuhr)	**441**		
Sonstige Versicherung	**442**	**Nebenleistungen im Waren- und Dienstleistungsverkehr**	
Schadenszahlungen aus Versicherungsverträgen mit Gebietsansässigen		Skonti, Gewährleistungen, Haftungszahlungen, Teuerungszuschläge u. ä.	
Lebensversicherung	**443**		
Transportversicherung (Ein- und Ausfuhr)	**444**	im Warenverkehr (Ein- und Ausfuhr)	**600**
Sonstige Versicherung	**445**	im Dienstleistungsverkehr	**610**
		im Transithandel	**250**
Rückversicherung			
Prämien abfließendes Geschäft	**450**	Einfuhrumsatzsteuer, Zollerstattungen	**601**
Schaden einfließendes Geschäft	**451**		

LV Z 1 01.05

Bestell-Nr. 3227 3.6 Formular-Verlag PURSCHKE + HENSEL GmbH, 12357 Berlin, Kanalstraße 7
Tel.: (030) 66 09 01-0, Fax: (030) 66 09 01-11, eMail: purschke-hensel@t-online.de

② Welche Prüfungen nimmt der Sachbearbeiter der WGZ vor Weiterleitung des Auftrags vor?

③ Der Sachbearbeiter gibt den Auftrag per SWIFT an die MANUFACTURERS HANOVER TRUST COMPANY, NEW YORK, N.Y./USA, weiter, die in Kontoverbindung mit der Jamaica Savings Bank steht. Für den Auftrag wird folgende SWIFT-Nachricht ausgedruckt:

			Erläuterungen:
MT 100	PRIOR 00	HOME DEST GENODEMSXXX ISN 00000 CORR DEST MAHAUS33	
TRN	*20 :	POBR2	
DATE/CUR/AMOUNT	*32 A :	DATE 200310 CURRENCY USD AMOUNT 24512,00	
ORDERING CUSTOMER	*50 :	EXIM GMBH ALTE LANDSTRASSE 10 MUENSTER	
"ACCOUNT WITH" BANK	57 D :	JAMAICA SAVINGS BANK P.O.BOX 160C19 JAMAICA, N.Y. 11426	
BENEFIC CUSTOMER	*59 :	/123456789 J.P. MORGAN MOTORS INC. 115, JAMAICA FREEWAY,IND.ESTATES W. JAMAICA, N.Y. 11428	
DETAILS OF PAYMENT	70 :	INVOICE 098765 DD. 20/02/15	

Ordnen Sie folgende Begriffe der ausgedruckten SWIFT-Nachricht zu: Dringlichkeit der Nachricht; aussendende Bank; Nachrichtenart (100 = Kundenüberweisung); Wertstellung, Währung, Betrag; auftraggebender Kunde; Begünstigter; Verwendungszweck; kontoführende Bank (Bank des Begünstigten); Empfängerbank (nimmt die SWIFT-Nachricht auf); Durchführungsreferenznummer (**T**ransaction **Re**ference **N**umber)!

④ Verfolgen Sie den Weg dieser SWIFT-Nachricht! Die nebenstehende Skizze ist zu ergänzen.

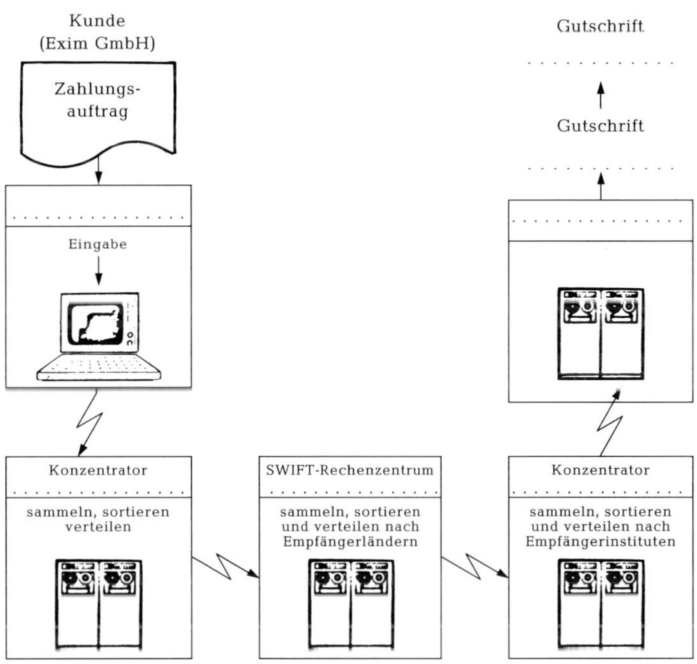

⑤ Erstellen Sie die Kundenabrechnung für die Exim GmbH (Formular ausfüllen)! Benutzen Sie den Auszug aus der Gebührentabelle! Eine Eilgebühr fällt nicht an.

Gebühren im Auslandsgeschäft – Auszug –

I. Auslandszahlungsverkehr	Gebührenart	Nichtbankenkundschaft
IMPORT **Überweisungen in das Ausland einschließlich Zahlungen an Inlandsbanken zugunsten Gebietsfremder** 1. **Auftragsausführung: brieflich/SWIFT**	Abwicklungsgebühr	1,5 ‰ mind. 15,00 EUR
zusätzlich bei Ausführung: – per SWIFT URGENT	Eilgebühr	5,00 EUR

Kursnotierungen:

Währung	Geldkurs	Briefkurs
EUR/USD	1,4004	1,4064

7 Richard, Mühlmeyer - ISBN 978-3-8120-1236-2

WGZ BANK AG
WESTDEUTSCHE
GENOSSENSCHAFTS-ZENTRALBANK AG

Zahlungsauftrag/Payment order
Ordre de paiement/Ordine di pagamento POBR2 / 20..-03-10

Wir bitten Sie zu vergüten / Please pay / Nous vous prions de verser / Vi preghiamo di versare	XX ohne Spesen für uns / without charges to us / sans frais pour nous / senza spese per noi		Spesen zu unseren Lasten / Charges for our account / Frais à notre charge / Spese a nostro carico

USD 24.512,00 Val. 20..-03-10

In Worten / in words / en lettres / in lettere

two/four/five/one/two/00/100

Auftraggeber / By order of / Donneur d'ordre / Ordinante

Exim GmbH
Alte Landstrasse 10
Muenster

Zahlungsgrund / Details of payment / Motif du paiement / Motivo del pagamento

Invoice 098765 dd, 20/02/15

Begünstigter / Beneficiary / Bénéficiaire / Beneficiado

/123456789
J.P. Morgan Motors Inc.
115, Jamaica Freeway, Ind. Estates W.
Jamaica, N.Y. 11428

auf sein Konto bei / in his account with / son compte auprès de / suo conto presso

Jamaica Savings Bank
P.O. Box 160019
Jamaica, N.Y. 11426

Beauftragte Bank / Paying Bank / Banque chargée de l'ordre / Banca incercata

- per SWIFT -
MANUFACTURERS HANOVER TRUST COMP:
NEW YORK, N.Y. /USA

Konto / Reimbursement / Compte / Conto

Hochachtungsvoll / Yours truly / Vos dévoués / Distinti saluti

WGZ BANK AG

GAO-Form WGZ 148 RRZ 9546

LASTSCHRIFT WEGEN AUSFUEHRUNG
IHRES ZAHLUNGSAUFTRAGES

USD 24.512,00 47631209

Kurs
EUR–Betrag
Abwicklungsgebühr
Porto

Valuta Abrechnungsbetrag

EUR

Die Meldebestimmungen der Außenwirtschaftsverordnung sind zu beachten.
Irrtum vorbehalten.

Einwendungen gegen diese Abrechnung/Anzeige sind unverzüglich zu erheben, andernfalls gilt diese als anerkannt.
Abrechnungsdatum

uns. Ref.: POBR2/20..-03-10

Diese Abrechnung wird nicht unterschrieben!

⑥ Stellen Sie die Verrechnung des Überweisungsbetrages durch Ausfüllen des nachfolgenden Schaubildes dar!

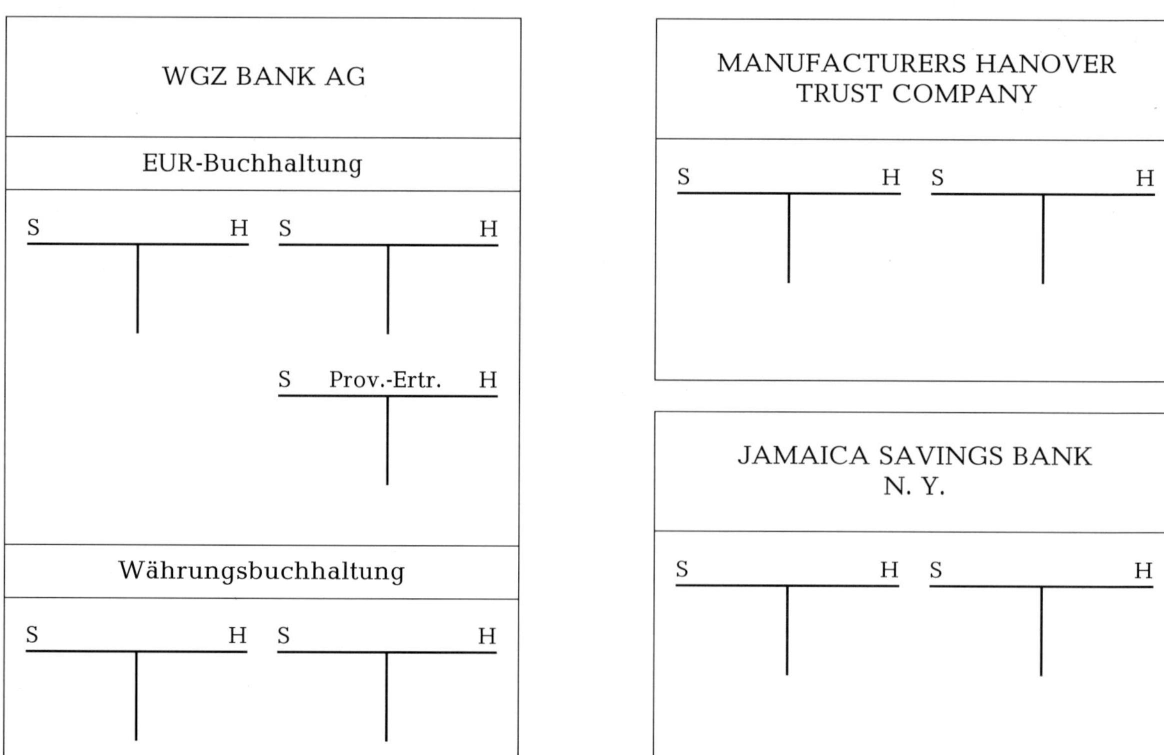

Die Manufacturers Hanover Trust Company führt ein USD-Konto (Nostrokonto) für die WGZ BANK AG.

3.3.2 Meldung Zahlung im AWV (Lückentext)

Ergänzen Sie den folgenden Lückentext!

Gebietsansässige, das sind natürliche und juristische Personen mit ______________________________

____,

haben Zahlungen, die sie an ______________________________ leisten (ausgehende Zahlungen) oder von ______________________________ (eingehende Zahlungen) zu melden, wenn diese mehr als ______________________ bzw. entsprechender Gegenwert in Fremdwährung betragen. Als Zahlungen gelten z.B. ______________________________

____

____.

Die Zahlungen sind mit dem Vordruck „______________________________" zu melden. Diese Meldungen sind der ______________________________ zu erstatten, die zur ______________________________ verpflichtet ist. Sie dienen ausschließlich der

____.

Ausgenommen von der Meldepflicht sind ______________________________ sowie die

____.

Deutsche Bundesbank
Zentrale
S1/S2

MERKBLATT

Zahlungen im Außenwirtschaftsverkehr
Stand der Forderungen und Verbindlichkeiten im Außenwirtschaftsverkehr

Allgemeine Übersicht

I. Allgemeine Hinweise

In der Bundesrepublik Deutschland kann **jedermann** (Private, Unternehmen und öffentliche Stellen) **ohne Beschränkungen** oder behördliche Genehmigungen Zahlungen in das Ausland leisten oder aus dem Ausland empfangen. Für diese Freizügigkeit sind jedoch die statistischen Meldevorschriften im Außenwirtschaftsverkehr der Bundesrepublik zu beachten. Sie betreffen die **ein- und ausgehenden Zahlungen** im **Außenwirtschaftsverkehr** sowie bestimmte **Auslandsforderungen** und **-verbindlichkeiten.** Einzureichende statistische Meldungen dienen ausschließlich der Erstellung der Zahlungsbilanz der Bundesrepublik Deutschland und der Europäischen Währungsunion.

Die Zahlungsbilanzstatistik liefert den für die Wirtschafts- und Währungspolitik zuständigen Stellen, aber auch Verbänden und Unternehmen umfassende und zuverlässige Informationen über den deutschen Außenwirtschaftsverkehr.

Die statistischen Meldungen sind der Deutschen Bundesbank zu erstatten, die zur strikten **Geheimhaltung** aller **Einzelangaben** verpflichtet ist. **Einzelangaben** dürfen **weder veröffentlicht noch an andere Stellen, z.B. Finanzämter, weitergegeben** werden.

...

Von den Meldevorschriften sind **nicht betroffen:** Privatpersonen, die bei Reisen ins Ausland die üblichen Reisekosten an Ort und Stelle bezahlen, bzw. ihre Reisezahlungsmittel über Banken beziehen.

Die Vorschriften der Außenhandelsstatistik für Exporteure und Importeure und die ergänzenden Meldevorschriften für grenzüberschreitende Direktinvestitionen sowie einige Spezialvorschriften im Zahlungsverkehr, beispielsweise für Transithändler, Seeschifffahrtsunternehmen und Kreditinstitute, werden hier nicht erläutert.

II. Meldungen über ein- und ausgehende Zahlungen nach §§ 59 ff. AWV

1. Meldepflicht

Gebietsansässige – natürliche und juristische Personen mit gewöhnlichem Aufenthalt, Wohnsitz oder Sitz in der Bundesrepublik Deutschland – haben **Zahlungen** von mehr als

12 500 Euro oder Gegenwert

zu melden, die sie

- **von Gebietsfremden** oder für deren Rechnung von Gebietsansässigen **entgegennehmen** (eingehende Zahlungen) oder
- **an Gebietsfremde** oder für deren Rechnung an Gebietsansässige **leisten** (ausgehende Zahlungen).

Als Zahlungen gelten u.a.: Barzahlungen, Zahlungen mittels Lastschrift, Scheck und Wechsel, Überweisungen über Geldinstitute in Euro und in anderer Währung, ferner Aufrechnungen und Verrechnungen.

Ausgenommen von der Meldepflicht sind:

Ausfuhrerlöse,

Zahlungen für Wareneinfuhren sowie die

Auszahlung und Rückzahlung von Krediten und Einlagen mit einer vereinbarten Laufzeit bis zu 12 Monaten.

3.3.3 Eingehende Auslandsüberweisung

Bei der WGZ Bank AG Münster geht folgender internationaler Zahlungsauftrag ein:

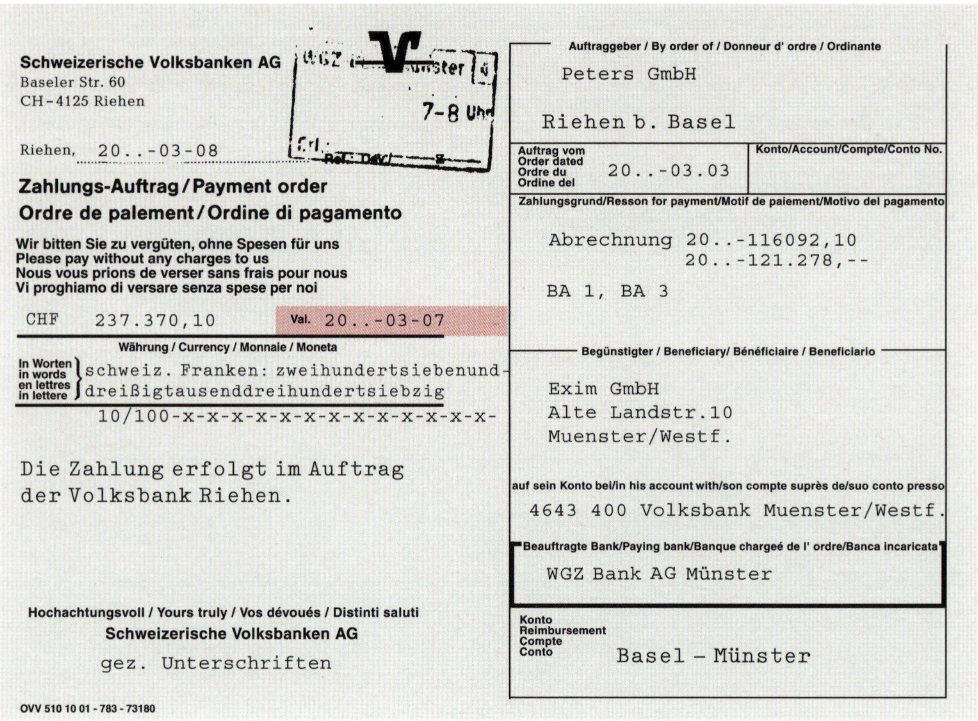

Schweizerische Volksbanken AG
Baseler Str. 60
CH-4125 Riehen

Riehen, 20..-03-08

Zahlungs-Auftrag / Payment order
Ordre de palement / Ordine di pagamento

Wir bitten Sie zu vergüten, ohne Spesen für uns
Please pay without any charges to us
Nous vous prions de verser sans frais pour nous
Vi proghiamo di versare senza spese per noi

CHF 237.370,10 Val. 20..-03-07

Währung / Currency / Monnaie / Moneta

In Worten / in words / en lettres / in lettere: schweiz. Franken: zweihundertsiebenunddreißigtausenddreihundertsiebzig 10/100-x-x-x-x-x-x-x-x-x-x-x-x-x-

Die Zahlung erfolgt im Auftrag der Volksbank Riehen.

Hochachtungsvoll / Yours truly / Vos dévoués / Distinti saluti
Schweizerische Volksbanken AG
gez. Unterschriften

OVV 510 10 01 - 783 - 73180

Auftraggeber / By order of / Donneur d' ordre / Ordinante: Peters GmbH, Riehen b. Basel

Auftrag vom / Order dated / Ordre du / Ordine del: 20..-03.03

Konto/Account/Compte/Conto No.

Zahlungsgrund/Resson for payment/Motif de paiement/Motivo del pagamento:
Abrechnung 20..-116092,10
20..-121.278,--
BA 1, BA 3

Begünstigter / Beneficiary / Bénéficiaire / Beneficiario:
Exim GmbH
Alte Landstr.10
Muenster/Westf.

auf sein Konto bei/in his account with/son compte suprès de/suo conto presso:
4643 400 Volksbank Muenster/Westf.

Beauftragte Bank/Paying bank/Banque chargeé de l' ordre/Banca incaricata:
WGZ Bank AG Münster

Konto / Reimbursement / Compte / Conto: Basel – Münster

Aufgaben:

① Erstellen Sie ein Ablaufschema zu dem Zahlungsauftrag, indem Sie die Beteiligten in die Rechtecke eintragen und die Pfeile entsprechend beschriften. Die Schweizerische Volksbanken AG, Basel, und die WGZ Bank AG, Münster, sind Korrespondenzbanken.

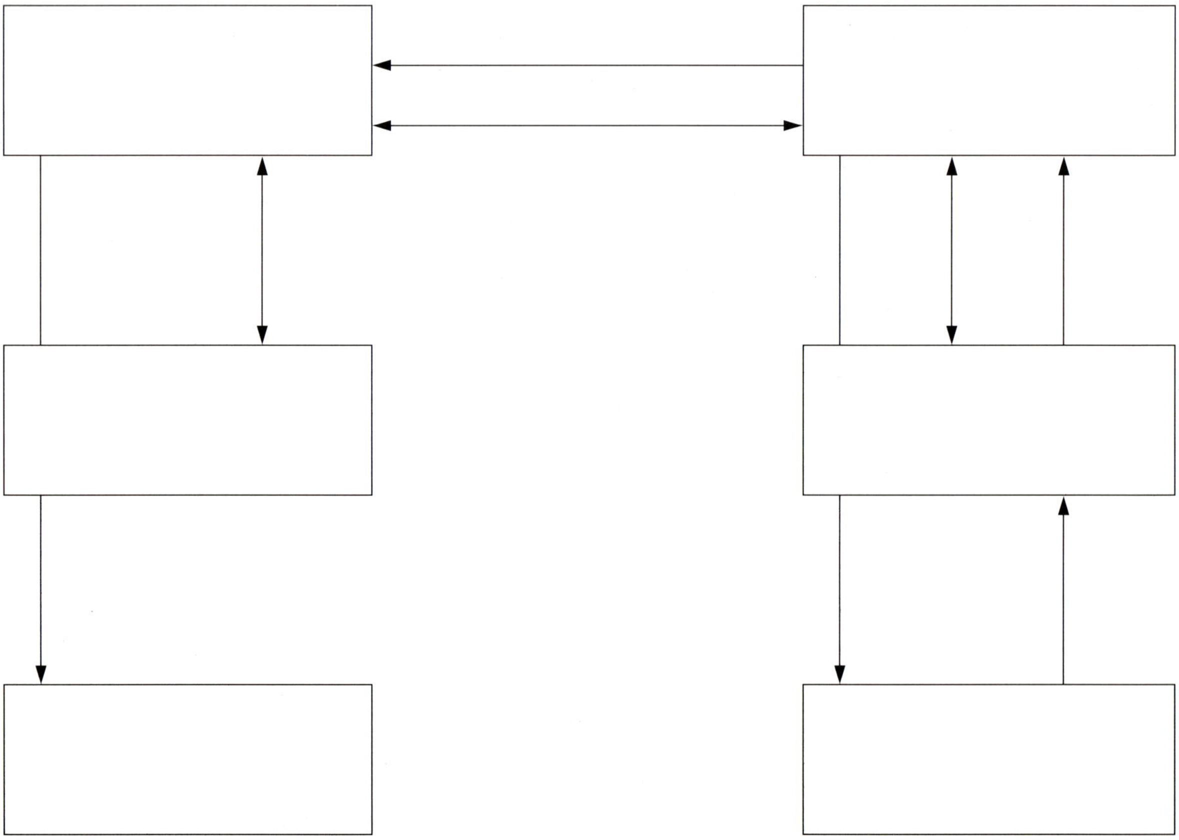

② Erstellen Sie die Abrechnung WGZ Bank AG / Exim GmbH. Die Kundin wünscht Euro-Gutschrift und trägt die Entgelte ihrer Bank. (Konditionen siehe Auszug Gebührentabelle / Kurstabelle.)

WGZ BANK AG
Westdeutsche Genossenschafts-Zentralbank
48147 Münster

Unser Zeichen AZV/EX 440-be
Datum 20..– 03–10

Abrechnung-Nr. EXP09876/03

Auf Veranlassung einer ausländischen Bank vergüten wir Ihnen

CHF 237.370,10

in Worten
CHF zweihundertsiebenunddreißigtausend-dreihundertsiebzig 10/100*

Kurs	EUR
Abwicklungsgebühr	EUR

Wert: 20..– 03–10 EUR

Den Endbetrag zahlen wir auf Ihr Konto bei:
Volksbank Münster eG

20..– 03–10 (Datum) WGZ Bank AG (Bank)
gez. Unterschriften

Firma
Exim GmbH
Alte Landstrasse 10
Münster

Bank
Volksbank Münster/Westf. 4643 400

Zahlungsgrund
Abrechnung 20..-116092,10
20..-121.278,--

BA 1, BA 3

Im Auftrage:
Peters GmbH
Riehen b. Basel

meldepflichtig, sofern Gegenwert 12 500,00 EUR und mehr

DEVISEN- UND SORTENKURSE FÜR 1 EURO

		Referenzkurse EuroFX[1, 3]		3 Monate[1]		6 Monate[1]		Referenzkurse	Bankschalter[2]	
		Geld	Brief	Geld	Brief	Geld	Brief	EZB	Verkauf	Ankauf
Dänemark	dkr	7,4256	7,4656	7,4360	7,4776	7,4404	7,4862	7,4456	7,0205	7,8705
Großbritannien	£	0,8634	0,8674	0,8630	0,8671	0,8626	0,8668	0,8652	0,8284	0,9131
Japan	Yen	135,8100	136,2900	135,5600	136,0500	135,2900	135,7900	136,0900	129,6548	143,9826
Kanada	kan $	1,5373	1,5493	1,5350	1,5473	1,5328	1,5454	1,5433	1,4702	1,6330
Norwegen	nkr	8,7635	8,8115	8,7817	8,8327	8,7972	8,8500	8,7725	8,3672	9,2877
Schweden	skr	10,5948	10,6428	10,5887	10,6375	10,5822	10,6337	10,6375	10,0738	11,2498
Schweiz	sfr	1,5109	1,5149	1,5081	1,5122	1,5048	1,5091	1,5137	1,4497	1,5952
US-Dollar	USA	1,4201	1,4261	1,4190	1,4251	1,4181	1,4243	1,4238	1,3606	1,5012
Australien	A $	1,7384	1,7544					1,7443	1,6579	1,8464
Hongkong	HK $	10,9788	11,0788					11,0373	9,8937	12,1467
Neuseeland	NZ $	2,1710	2,1870					2,1767	1,9686	2,3900
Polen	Zloty	4,4266	4,5266					4,4877	4,1805	4,8912
Singapur	S $	2,0402	2,0522					2,0480	1,8857	2,2055
Südafrika	Rand	11,3430	11,5430					11,4810	9,8194	13,1268
Tschechien	Krone	20,0000	20,0600					26,8300	23,8020	20,7611

[1] Mitgeteilt von der WestLB AG, Düsseldorf; [2] Frankfurter Sortenkurse aus Sicht des Bankkunden, die Bezeichnungen Verkauf und Ankauf entsprechen dem Geld und Brief bei anderen Instituten; mitgeteilt von Reisebank; [3] Freiverkehr.

Gebühren im Auslandsgeschäft
– Auszug –

I. Auslandszahlungsverkehr	Gebührenart	Nichtbankenkundschaft
Überweisungen aus dem Ausland	Abwicklungsgebühr	1,5‰, mind. 15,00 EUR

③ Wie erfolgt die Verrechnung zwischen den beiden Korrespondenzbanken?

3.3.4 SEPA-Überweisung

Susanne Nigbur, Ruhrallee 28, 45128 Essen, Kundin der Commerzbank Essen, BLZ 360 400 39, Konto-Nr. 656 868 319, wünscht am Montag, dem 05.04.20.. an Herrn Sven Sörensen, Kopenhagen, Dänemark, 750,00 Euro als Anzahlung für die Miete eines Ferienhauses zu überweisen.

Dazu legt sie nachstehende Buchungsbestätigung/Rechnung (Auszug) vor:

Sven Sörensen
Taarbakvej 6

DK-2100 København 28.03.20..
Tlf. 70201020

Sehr geehrte Frau Nigbur,

bitte überweisen Sie die Anzahlung in Höhe von 750,00 Euro für den in der Zeit vom 20.07. bis 03.08.20.. gemieteten Bungalow auf das unten angeführte Konto.

Danske Bank København
Amagertopvej 24,1
København
IBAN: DK 50 0040 0440 1162 43
BIC (SWIFT-Code): DAHADKK1SPE

Berücksichtigen Sie für die Lösungen der folgenden Aufgaben das abgedruckte Informationsmaterial und die Auszüge aus den „Bedingungen für den Überweisungsverkehr".

Aufgaben:

① Füllen Sie den Überweisungsauftrag für die Kundin aus. Die IBAN der Kundin Susanne Nigbur lautet: DE23360400390656868319.

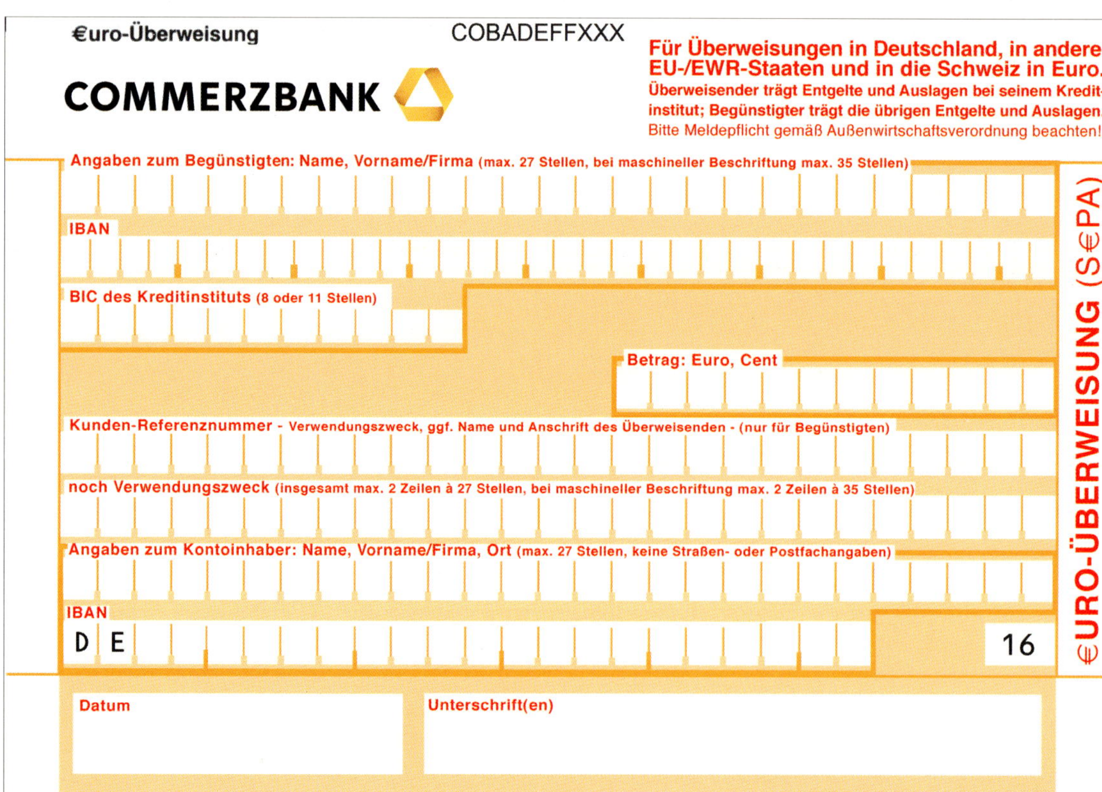

€uro-Überweisung
COBADEFFXXX
COMMERZBANK
Für Überweisungen in Deutschland, in andere EU-/EWR-Staaten und in die Schweiz in Euro.
Überweisender trägt Entgelte und Auslagen bei seinem Kreditinstitut; Begünstigter trägt die übrigen Entgelte und Auslagen.
Bitte Meldepflicht gemäß Außenwirtschaftsverordnung beachten!
Angaben zum Begünstigten: Name, Vorname/Firma (max. 27 Stellen, bei maschineller Beschriftung max. 35 Stellen)
IBAN
BIC des Kreditinstituts (8 oder 11 Stellen)
Betrag: Euro, Cent
Kunden-Referenznummer - Verwendungszweck, ggf. Name und Anschrift des Überweisenden - (nur für Begünstigten)
noch Verwendungszweck (insgesamt max. 2 Zeilen à 27 Stellen, bei maschineller Beschriftung max. 2 Zeilen à 35 Stellen)
Angaben zum Kontoinhaber: Name, Vorname/Firma, Ort (max. 27 Stellen, keine Straßen- oder Postfachangaben)
IBAN
D E
16
€URO-ÜBERWEISUNG (S€PA)
Datum
Unterschrift(en)

SEPA: Einheitliche Zahlungsinstrumente für Europa (Auszug)

Die Single Euro Payments Area (SEPA) eröffnet allen Beteiligten die Möglichkeit, den nationalen wie grenzüberschreitenden Euro-Zahlungsverkehr in gleicher Weise abzuwickeln. Dieser Vorteil kommt insbesondere denjenigen Kunden und Banken zugute, die eine große Anzahl grenzüberschreitender Geschäfte abwickeln.

Seit Januar 2008 können Bankkunden die europäischen Zahlungsinstrumente in Ergänzung zu den bekannten nationalen Verfahren nutzen. Neben den geplanten SEPA-Produkten für Überweisungen und Kartenzahlungen kann auch das neue europäische Lastschriftverfahren von deutschen Kreditinstituten abgewickelt werden.

Besonderheiten der SEPA-Überweisung

Die europäische Kreditwirtschaft hat für die SEPA-Überweisung eine Reihe von Vorgaben getroffen, um eine einheitliche und automatisierte Verarbeitung zu ermöglichen. Diese Vorgaben bauen auf denen der im Jahre 2003 erfolgreich eingeführten EU-Standardüberweisung auf:

- Die Kundenkonten werden durch die International Bank Account Number (IBAN) identifiziert.
- Die Banken werden durch den Bank Identifier Code (BIC) identifiziert.
- Der Anwendungsbereich ist auf Überweisungen in der Währung Euro innerhalb der SEPA-Länder beschränkt.
- Im Electronic Banking wird die Verwendung der SEPA-Datenformate empfohlen. In der Zahlungsverkehrsabwicklung zwischen Banken ist die Nutzung der SEPA-Datenformate verpflichtend.
- Werden die SEPA-Datenformate von allen Beteiligten genutzt, können insbesondere Datenverluste vermieden werden. In der Vergangenheit mussten aufgrund der unterschiedlichen beteiligten Systeme verschiedene Formate verwendet werden. Bei jedem Systemwechsel mussten die Daten in das jeweilige Zielformat konvertiert werden. Konnte dieses weniger Daten aufnehmen, entfielen Daten. Somit konnte beispielsweise der Verwendungszweck nicht mehr vollständig und unverändert durch die gesamte Verarbeitungskette an den Begünstigten weitergeleitet werden. Wenn heute die SEPA-Datenformate durchgängig verwendet werden, entfällt die Konvertierung, und alle notwendigen Daten erreichen den Begünstigten.

Die SEPA-Überweisung wird durch diese Vorgaben voll automatisiert abgewickelt – so wie im deutschen Inlandszahlungsverkehr.

(Quelle: Bundesverband deutscher Banken)

② Die Kundin möchte über die Bedeutung und den Aufbau der IBAN und der BIC – siehe auch die Eintragung auf dem Überweisungsauftrag – informiert werden. (Die Stellen 3 und 4 der IBAN = Prüfziffer)

③ Erklären Sie der Kundin, warum die Kreditwirtschaft die International Bank Account Number (IBAN) und den Bank Identifier Code (BIC) eingeführt hat.

④ Welche Gebühren stellt die Commerzbank Essen der Kundin Nigbur für die Ausführung dieser Überweisung in Rechnung?

⑤ Welches System wendet die Commerzbank an? Skizzieren Sie die Abwicklung der vorliegenden EU-Überweisung!

<table>
<tr><td>● S.W.I.F.T.</td><td colspan="2">● Hauseigene Systeme</td><td colspan="2">● Verbundsysteme</td><td>● Automated Clearing Houses</td></tr>
<tr><td rowspan="2">Beleglose Abwicklung des ZV zwischen Banken über computergesteuertes Netz der „SOCIETY …“</td><td colspan="4">Abwicklung über Korrespondenten</td><td rowspan="2">Vernetzung von Clearing-Häusern unterschiedlicher Länder
Bsp.: CLSS[1]
Euro I System
Step 2[2]</td></tr>
<tr><td>eigene Einrichtungen im jeweiligen Land</td><td colspan="2">bilaterale Vereinbarungen mit einem Korrespondenten je Land</td><td>bilaterale Vereinbarungen mit mehreren Korrespondenten je Land</td></tr>
<tr><td>Kommerzieller ZV</td><td colspan="5">(auch) Massenzahlungsverkehr</td></tr>
<tr><td rowspan="2"></td><td colspan="4">Beispiele:</td><td rowspan="2"></td></tr>
<tr><td>Deutsche Bank</td><td colspan="2">Commerzbank</td><td>Dresdner Bank</td></tr>
</table>

1 Continuous Linked Settlement; CLS Ltd., London (CLSS).

2 Multilaterales Abwicklungssystem der EBA (Euro Banking Association) zur Abwicklung von Euro-Massenzahlungen.

⑥ Bis zu welchem Datum ist der Überweisungsbetrag dem Konto des Kreditinstituts des Begünstigten gutzuschreiben? Gehen Sie davon aus, dass die zur Ausführung der Überweisung erforderlichen Angaben vor Ende der Annahmefrist am 05.04.20.. der Commerzbank vorliegen, der Auftrag vom Kunden autorisiert und zu diesem Zeitpunkt ein zur Ausführung der Überweisung ausreichendes Guthaben vorhanden ist. Die Danske Bank København nimmt am SEPA-Überweisungsverfahren teil.

⑦ Berechnen Sie den Betrag, der dem Vermieter Sven Sörensen gutgeschrieben wird. Die Danske Bank berechnet ein Entgelt von 30,00 DKK. Der Kunde Sörensen unterhält kein EUR-Konto. (Umrechnungskurs: 1 € = 7,4549 DKK)

⑧ Angenommen, der Überweisungsbetrag ginge erst am 11.04.20.. bei der Danske Bank København ein. Die Kundin Nigbur und auch der Begünstigte Sörensen haben die Verspätung nicht zu vertreten. Höhere Gewalt liegt nicht vor. Welche Rechtsfolge ergibt sich?

⑨ Nehmen Sie an, die Kundin würde den Überweisungsauftrag zurückrufen wollen, da ein zu hoher Betrag überwiesen wurde. Stellen Sie die Rechtslage dar!

⑩ Vier Wochen nach Auftragserteilung erscheint die Kundin in der Bank mit einem Schreiben des dänischen Vermieters. Darin bemängelt dieser, dass der Überweisungsbetrag nicht wie vereinbart voll, sondern abzüglich 30,00 DKK Gebühren gutgeschrieben wurde. Er bittet um Nachüberweisung des Restbetrages. Wie ist zu verfahren?

Bedingungen für den Überweisungsverkehr

– Stand 31. Oktober 2009 (Auszug) –

Für die Ausführung von Überweisungsaufträgen gelten die folgenden Bedingungen.

I. Allgemein

1.1 Wesentliche Merkmale der Überweisung einschließlich des Dauerauftrags

Der Kunde kann die Bank beauftragen, durch eine Überweisung Geldbeträge bargeldlos zugunsten eines Zahlungsempfängers an den Zahlungsdienstleister des Zahlungsempfängers zu übermitteln. Der Kunde kann die Bank auch beauftragen, jeweils zu einem bestimmten wiederkehrenden Termin einen gleichbleibenden Geldbetrag an das gleiche Konto des Zahlungsempfängers zu überweisen (Dauerauftrag).

1.2 Kundenkennungen

Für das Verfahren hat der Kunde seine Kundenkennung (Kontonummer und Bankleitzahl seiner Bank oder IBAN[1]) und die ihm vom Zahlungsempfänger genannte Kundenkennung des Zahlungsempfängers (Kontonummer und Bankleitzahl oder IBAN und BIC[2] oder andere Kennung des Zahlungsdienstleisters des Zahlungsempfängers) zu verwenden. Die für die Ausführung der Überweisung erforderlichen Angaben bestimmen sich nach Nummer 2.1 und 3.1.

1.3 Erteilung des Überweisungsauftrags und Autorisierung

(1) Der Kunde erteilt der Bank einen Überweisungsauftrag mittels eines von der Bank zugelassenen Formulars oder in der mit der Bank anderweitig vereinbarten Art und Weise (zum Beispiel per Online-Banking) mit den erforderlichen Angaben gemäß Nummer 2.1 beziehungsweise Nummer 3.1.

Der Kunde hat auf Leserlichkeit, Vollständigkeit und Richtigkeit der Angaben zu achten. Unleserliche, unvollständige oder fehlerhafte Angaben können zu Verzögerungen und zu Fehlleitungen von Überweisungen führen; daraus können Schäden für den Kunden entstehen. Bei unleserlichen, unvollständigen oder fehlerhaften Angaben kann die Bank die Ausführung ablehnen (siehe auch Nummer 1.7). Hält der Kunde bei der Ausführung der Überweisung besondere Eile für nötig, hat er dies der Bank gesondert mitzuteilen. Bei formularmäßig erteilten Überweisungen muss dies außerhalb des Formulars erfolgen, falls das Formular selbst keine entsprechende Angabe vorsieht.

(2) Der Kunde autorisiert den Überweisungsauftrag durch Unterschrift oder in der anderweitig mit der Bank vereinbarten Art und Weise (zum Beispiel per Online-Banking-PIN/TAN).

(3) Auf Verlangen des Kunden teilt die Bank vor Ausführung eines einzelnen Überweisungsauftrags die maximale Ausführungsfrist für diesen Zahlungsvorgang sowie die in Rechnung zu stellenden Entgelte und gegebenenfalls deren Aufschlüsselung mit.

1.4 Zugang des Überweisungsauftrags bei der Bank

(1) Der Überweisungsauftrag wird wirksam, wenn er der Bank zugeht. Der Zugang erfolgt durch den Eingang des Auftrags in den dafür vorgesehenen Empfangsvorrichtungen der Bank (zum Beispiel mit Abgabe in den Geschäftsräumen oder Eingang auf Online-Banking-Server).

(2) Fällt der Zeitpunkt des Eingangs des Überweisungsauftrags nach Absatz 1 Satz 2 nicht auf einen Geschäftstag der Bank gemäß Preis- und Leistungsverzeichnis, so gilt der Überweisungsauftrag erst am darauffolgenden Geschäftstag als zugegangen.

(3) Geht der Überweisungsauftrag nach dem an der Empfangsvorrichtung der Bank oder im Preis- und Leistungsverzeichnis angegebenen Annahmezeitpunkt ein, so gilt der Überweisungsauftrag im Hinblick auf die Bestimmung der Ausführungsfrist (siehe Nummer 2.2.2) erst als am darauffolgenden Geschäftstag zugegangen.

1.5 Widerruf des Überweisungsauftrags

(1) Nach dem Zugang des Überweisungsauftrags bei der Bank (siehe Nummer 1.4 Absätze 1 und 2) kann der Kunde diesen nicht mehr widerrufen. Bis zu diesem Zeitpunkt ist ein Widerruf durch Erklärung gegenüber der Bank möglich.

(2) Haben Bank und Kunde einen bestimmten Termin für die Ausführung der Überweisung vereinbart (siehe Nummer 2.2.2 Absatz 2), kann der Kunde die Überweisung beziehungsweise den Dauerauftrag (siehe Nummer 1.1) bis zum Ende des vor dem vereinbarten Tag liegenden Geschäftstags der Bank widerrufen. Die Geschäftstage der Bank ergeben sich aus dem Preis- und Leistungsverzeichnis. Nach dem rechtzeitigen Zugang des Widerrufs eines Dauerauftrags bei der Bank werden keine weiteren Überweisungen mehr aufgrund des bisherigen Dauerauftrags ausgeführt.

(3) Nach den in Absatz 1 und 2 genannten Zeitpunkten kann der Überweisungsauftrag nur widerrufen werden, wenn Kunde und Bank dies vereinbart haben. Die Vereinbarung wird wirksam, wenn es der Bank gelingt, die Ausführung zu verhindern oder den Überweisungsbetrag zurück zu erlangen. Für die Bearbeitung eines solchen Widerrufs des Kunden berechnet die Bank das im Preis- und Leistungsverzeichnis ausgewiesene Entgelt.

---

1 International Bank Account Number (Internationale Bankkontonummer).

2 Bank Identifier Code (Bank-Identifizierungs-Code).

1.6 Ausführung des Überweisungsauftrags

(1) Die Bank führt den Überweisungsauftrag des Kunden aus, wenn die zur Ausführung erforderlichen Angaben (siehe Nummer 2.1 und 3.1) in der vereinbarten Art und Weise (siehe Nummer 1.3 Absatz 1) vorliegen, dieser vom Kunden autorisiert ist (siehe Nummer 1.3 Absatz 2) und ein zur Ausführung der Überweisung ausreichendes Guthaben in der Auftragswährung vorhanden oder ein ausreichender Kredit eingeräumt ist (Ausführungsbedingungen).

(2) Die Bank und die weiteren an der Ausführung der Überweisung beteiligten Zahlungsdienstleister sind berechtigt, die Überweisung ausschließlich anhand der vom Kunden angegebenen Kundenkennung des Zahlungsempfängers (siehe Nummer 1.2) auszuführen.

(3) Die Bank unterrichtet den Kunden mindestens einmal monatlich über die Ausführung von Überweisungen auf dem für Kontoinformationen vereinbarten Weg. Mit Kunden, die keine Verbraucher sind, kann die Art und Weise sowie die zeitliche Folge der Unterrichtung gesondert vereinbart werden.

1.7 Ablehnung der Ausführung

(1) Sind die Ausführungsbedingungen (siehe Nummer 1.6 Absatz 1) nicht erfüllt, kann die Bank die Ausführung des Überweisungsauftrags ablehnen. Hierüber wird die Bank den Kunden unverzüglich, auf jeden Fall aber innerhalb der in Nummer 2.2.1 beziehungsweise 3.2 vereinbarten Frist, unterrichten. Dies kann auch auf dem für Kontoinformationen vereinbarten Weg geschehen. Dabei wird die Bank, soweit möglich, die Gründe der Ablehnung sowie die Möglichkeiten angeben, wie Fehler, die zur Ablehnung geführt haben, berichtigt werden können.

(2) Ist eine vom Kunden angegebene Kundenkennung für die Bank erkennbar keinem Zahlungsempfänger, keinem Zahlungskonto oder keinem Zahlungsdienstleister des Zahlungsempfängers zuzuordnen, wird die Bank dem Kunden hierüber unverzüglich eine Information zur Verfügung stellen und ihm gegebenenfalls den Überweisungsbetrag wieder herausgeben.

(3) Für die Unterrichtung über eine berechtigte Ablehnung berechnet die Bank das im Preis- und Leistungsverzeichnis ausgewiesene Entgelt.

1.8 Übermittlung der Überweisungsdaten

Im Rahmen der Ausführung der Überweisung übermittelt die Bank die in der Überweisung enthaltenen Daten (Überweisungsdaten) unmittelbar oder unter Beteiligung zwischengeschalteter Stellen an den Zahlungsdienstleister des Zahlungsempfängers. Der Zahlungsdienstleister des Zahlungsempfängers kann dem Zahlungsempfänger die Überweisungsdaten, zu denen auch die Kontonummer beziehungsweise Internationale Bankkontonummer (IBAN) des Zahlers gehört, ganz oder teilweise zur Verfügung stellen.

Bei grenzüberschreitenden Überweisungen und bei Eilüberweisungen im Inland können die Überweisungsdaten über das Nachrichtenübermittlungssystem Society for Worldwide Interbank Financial Telecommunication (SWIFT) mit Sitz in Belgien an den Zahlungsdienstleister des Zahlungsempfängers weitergeleitet werden. Aus Gründen der Systemsicherheit speichert SWIFT die Überweisungsdaten vorübergehend in seinen Rechenzentren in der Europäischen Union, in der Schweiz und in den USA.

1.9 Anzeige nicht autorisierter oder fehlerhaft ausgeführter Überweisungen

Der Kunde hat die Bank unverzüglich nach Feststellung eines nicht autorisierten oder fehlerhaft ausgeführten Überweisungsauftrags zu unterrichten.

1.10 Entgelte

1.10.1 Entgelte für Verbraucher als Kunden für Überweisungen innerhalb Deutschlands und in andere Staaten des Europäischen Wirtschaftsraums (EWR)[1] in Euro oder in einer anderen EWR-Währung[2]

Die Entgelte im Überweisungsverkehr ergeben sich aus dem Preis- und Leistungsverzeichnis. [...]

1.11 Wechselkurs

Erteilt der Kunde einen Überweisungsauftrag in einer anderen Währung als der Kontowährung, wird das Konto gleichwohl in der Kontowährung belastet. Die Bestimmung des Wechselkurses bei solchen Überweisungen ergibt sich aus der Umrechnungsregelung im Preis- und Leistungsverzeichnis. [...]

1.12 Meldepflichten nach Außenwirtschaftsrecht

Der Kunde hat die Meldepflichten nach dem Außenwirtschaftsrecht zu beachten.

1.13 Außergerichtliche Streitschlichtung und sonstige Beschwerdemöglichkeit [...]

2 Überweisungen innerhalb Deutschlands und in andere Staaten des Europäischen Wirtschaftsraums[1] (EWR) in Euro oder in anderen EWR-Währungen[2]

2.1 Erforderliche Angaben

Der Kunde muss im Überweisungsauftrag folgende Angaben machen:

- Name des Zahlungsempfängers,
- Kontonummer des Zahlungsempfängers sowie Bankleitzahl oder Name des Zahlungsdienstleisters des Zahlungsempfängers
  oder
  Internationale Bankkontonummer (IBAN) des Zahlungsempfängers und Bank-Identifizierungs-Code (BIC) des Zahlungsdienstleisters des Zahlungsempfängers,
- Währung (gegebenenfalls in Kurzform gemäß Anlage 1),
- Betrag,
- Name des Kunden,
- Kontonummer und Bankleitzahl oder IBAN des Kunden.

2.2 Maximale Ausführungsfrist

2.2.1 Fristlänge

Die Bank ist verpflichtet sicherzustellen, dass der Überweisungsbetrag spätestens innerhalb der im Preis- und Leistungsverzeichnis angegebenen Ausführungsfrist beim Zahlungsdienstleister des Zahlungsempfängers eingeht.

2.2.2 Beginn der Ausführungsfrist

(1) Die Ausführungsfrist beginnt mit dem Zeitpunkt des Zugangs des Überweisungsauftrags des Kunden bei der Bank (siehe Nummer 1.4).

(2) Vereinbaren die Bank und der Kunde, dass die Ausführung der Überweisung an einem bestimmten Tag oder am Ende eines bestimmten Zeitraums oder an dem Tag, an dem der Kunde der Bank den zur Ausführung erforderlichen Geldbetrag in der Auftragswährung zur Verfügung gestellt hat, beginnen soll, so ist der im Auftrag angegebene oder anderweitig vereinbarte Termin für den Beginn der Ausführungsfrist maßgeblich. Fällt der vereinbarte Termin nicht auf einen Geschäftstag der Bank, so beginnt die Ausführungsfrist am darauffolgenden Geschäftstag. Die Geschäftstage der Bank ergeben sich aus dem Preis- und Leistungsverzeichnis.

(3) Bei Überweisungsaufträgen in einer vom Konto des Kunden abweichenden Währung beginnt die Ausführungsfrist erst an dem Tag, an dem der Überweisungsbetrag in der Auftragswährung vorliegt.

2.3 Erstattungs- und Schadensersatzansprüche des Kunden

2.3.1 Erstattung bei einer nicht autorisierten Überweisung

Im Falle einer nicht autorisierten Überweisung (siehe Nummer 1.3 Absatz 2) hat die Bank gegen den Kunden keinen Anspruch auf Erstattung ihrer Aufwendungen. Sie ist verpflichtet, dem Kunden den Überweisungsbetrag unverzüglich zu erstatten und, sofern der Betrag einem Konto des Kunden belastet worden ist, dieses Konto wieder auf den Stand zu bringen, auf dem es sich ohne die Belastung mit der nicht autorisierten Überweisung befunden hätte.

---

1 Zum Europäischen Wirtschaftsraum gehören derzeit die EU-Staaten Belgien, Bulgarien, Dänemark, Deutschland, Estland, Finnland, Frankreich, Griechenland, Irland, Italien, Lettland, Litauen, Luxemburg, Malta, Niederlande, Österreich, Polen, Portugal, Rumänien, Schweden, Slowakei, Slowenien, Spanien, Tschechische Republik, Ungarn, Vereinigtes Königreich von Großbritannien und Nordirland sowie Zypern und die Staaten Island, Liechtenstein und Norwegen.

2 Zu den EWR-Währungen gehören derzeit: Euro, Britisches Pfund Sterling, Bulgarischer Lew, Dänische Krone, Estnische Krone, Isländische Krone, Lettischer Lats, Litauischer Litas, Norwegische Krone, Polnischer Zloty, Rumänischer Leu, Schwedische Krone, Schweizer Franken, Tschechische Krone, Ungarischer Forint.

8 Richard, Mühlmeyer - ISBN 978-3-8120-1236-2

2.3.2 Erstattung bei nicht erfolgter oder fehlerhafter Ausführung einer autorisierten Überweisung

(1) Im Falle einer nicht erfolgten oder fehlerhaften Ausführung einer autorisierten Überweisung kann der Kunde von der Bank die unverzügliche und ungekürzte Erstattung des Überweisungsbetrages insoweit verlangen, als die Zahlung nicht erfolgt oder fehlerhaft war. Wurde der Betrag dem Konto des Kunden belastet, bringt die Bank dieses wieder auf den Stand, auf dem es sich ohne den nicht erfolgten oder fehlerhaft ausgeführten Zahlungsvorgang befunden hätte. Soweit vom Überweisungsbetrag von der Bank oder zwischengeschalteten Stellen Entgelte abgezogen worden sein sollten, übermittelt die Bank zugunsten des Zahlungsempfängers unverzüglich den abgezogenen Betrag.

(2) Der Kunde kann über den Absatz 1 hinaus von der Bank die Erstattung derjenigen Entgelte und Zinsen insoweit verlangen, als ihm diese im Zusammenhang mit der nicht erfolgten oder fehlerhaften Ausführung der Überweisung in Rechnung gestellt oder auf seinem Konto belastet wurden.

(3) Liegt die fehlerhafte Ausführung darin, dass die Überweisung beim Zahlungsdienstleister des Zahlungsempfängers erst nach Ablauf der Ausführungsfrist gemäß Nummer 2.2.1 eingegangen ist (Verspätung), sind die Ansprüche nach den Absätzen 1 und 2 ausgeschlossen. Ist dem Kunden durch die Verspätung ein Schaden entstanden, haftet die Bank nach Nummer 2.3.3, bei Kunden, die keine Verbraucher sind, nach Nummer 2.3.4.

(4) Wurde eine Überweisung nicht oder fehlerhaft ausgeführt, wird die Bank auf Verlangen des Kunden den Zahlungsvorgang nachvollziehen und den Kunden über das Ergebnis unterrichten.

2.3.3 Schadensersatz

(1) Bei nicht erfolgter oder fehlerhafter Ausführung einer autorisierten Überweisung oder bei einer nicht autorisierten Überweisung kann der Kunde von der Bank einen Schaden, der nicht bereits von den Nummern 2.3.1 und 2.3.2 erfasst ist, ersetzt verlangen. Dies gilt nicht, wenn die Bank die Pflichtverletzung nicht zu vertreten hat. Die Bank hat hierbei ein Verschulden, das einer zwischengeschalteten Stelle zur Last fällt, wie eigenes Verschulden zu vertreten, es sei denn, dass die wesentliche Ursache bei einer zwischengeschalteten Stelle liegt, die der Kunde vorgegeben hat. Hat der Kunde durch ein schuldhaftes Verhalten zu der Entstehung eines Schadens beigetragen, bestimmt sich nach den Grundsätzen des Mitverschuldens, in welchem Umfang Bank und Kunde den Schaden zu tragen haben.

(2) Die Haftung nach Absatz 1 ist auf 12500 Euro begrenzt. Diese betragsmäßige Haftungsgrenze gilt nicht

- für nicht autorisierte Überweisungen,
- bei Vorsatz oder grober Fahrlässigkeit der Bank,
- für Gefahren, die die Bank besonders übernommen hat, und
- für den Zinsschaden, wenn der Kunde Verbraucher ist.

2.3.4 Schadensersatzansprüche von Kunden, die keine Verbraucher sind, bei einer nicht erfolgten autorisierten Überweisung, fehlerhaft ausgeführten autorisierten Überweisung oder nicht autorisierten Überweisung

[...]

2.3.5 Haftungs- und Einwendungsausschluss

(1) Eine Haftung der Bank nach den Nummern 2.3.2 bis 2.3.4 ist ausgeschlossen,

- wenn die Bank gegenüber dem Kunden nachweist, dass der Überweisungsbetrag rechtzeitig und ungekürzt beim Zahlungsdienstleister des Zahlungsempfängers eingegangen ist, oder
- soweit die Überweisung in Übereinstimmung mit der vom Kunden angegebenen fehlerhaften Kundenkennung des Zahlungsempfängers ausgeführt wurde. In diesem Fall kann der Kunde von der Bank jedoch verlangen, dass sie sich im Rahmen ihrer Möglichkeiten darum bemüht, den Zahlungsbetrag wiederzuerlangen. Für diese Wiederbeschaffung berechnet die Bank das im Preis- und Leistungsverzeichnis ausgewiesene Entgelt.

(2) Ansprüche des Kunden nach den Nummern 2.3.1 bis 2.3.4 und Einwendungen des Kunden gegen die Bank aufgrund nicht oder fehlerhaft ausgeführter Überweisungen oder aufgrund nicht autorisierter Überweisungen sind ausgeschlossen, wenn der Kunde die Bank nicht spätestens 13 Monate nach dem Tag der Belastung mit einer nicht autorisierten oder fehlerhaft ausgeführten Überweisung hiervon unterrichtet hat. [...]

3 Überweisungen innerhalb Deutschlands und in andere Staaten des Europäischen Wirtschaftsraums (EWR)[1] in Währungen eines Staates außerhalb des EWR (Drittstaatenwährung)[2] sowie Überweisungen in Staaten außerhalb des EWR (Drittstaaten)[3]

3.1 Erforderliche Angaben

Der Kunde muss für die Ausführung der Überweisung folgende Angaben machen:

- Name des Zahlungsempfängers,
- Internationale Bankkontonummer (IBAN) beziehungsweise Kontonummer des Zahlungsempfängers,
- Bank-Identifizierungs-Code (BIC); ist der BIC unbekannt, ist bei Überweisungen innerhalb Deutschlands die Bankleitzahl und bei Überweisungen in andere Staaten der vollständige Name und die Adresse des Zahlungsdienstleisters des Zahlungsempfängers anzugeben,
- Zielland (gegebenenfalls in Kurzform gemäß Anlage 1),
- Währung (gegebenenfalls in Kurzform gemäß Anlage 1),
- Betrag,
- Name des Kunden,
- Kontonummer und Bankleitzahl oder IBAN des Kunden.

3.2 Ausführungsfrist

Die Überweisungen werden baldmöglichst bewirkt.

[...]

1 Zum Europäischen Wirtschaftsraum gehören derzeit die EU-Staaten Belgien, Bulgarien, Dänemark, Deutschland, Estland, Frankreich, Finnland, Griechenland, Irland, Italien, Lettland, Litauen, Luxemburg, Malta, Niederlande, Österreich, Polen, Portugal, Rumänien, Schweden, Slowakei, Slowenien, Spanien, Tschechische Republik, Ungarn, Vereinigtes Königreich von Großbritannien und Nordirland sowie Zypern und die Länder Island, Liechtenstein und Norwegen.

2 Z.B. US-Dollar.

3 Drittstaaten sind alle Staaten außerhalb des Europäischen Wirtschaftsraums (derzeit: die EU-Mitgliedstaaten Belgien, Bulgarien, Dänemark, Deutschland, Estland, Finnland, Frankreich, Griechenland, Irland, Italien, Lettland, Litauen, Luxemburg, Malta, Niederlande, Österreich, Polen, Portugal, Rumänien, Schweden, Slowakei, Slowenien, Spanien, Tschechische Republik, Ungarn, Vereinigtes Königreich von Großbritannien und Nordirland, Zypern und die Länder Island, Liechtenstein und Norwegen).

Auszug aus dem „Preis- und Leistungsverzeichnis" (Girokonto und Zahlungsverkehr)
Stand Oktober 2009

II. Überweisungen innerhalb Deutschlands/des EWR in Euro oder anderen EWR-Währungen

1. Ausführungsfristen

Die Bank ist verpflichtet sicherzustellen, dass der Überweisungsbetrag beim Zahlungsdienstleister des Zahlungsempfängers spätestens wie folgt eingeht:

a) Überweisung in Euro (Kontowährung)

Belegloser Überweisungsauftrag[1] mit BLZ und Kontonummer	max. 3 Geschäftstage, ab 01.01.2012 ein Geschäftstag
Überweisungsauftrag mit BLZ und Kontonummer	max. 4 Geschäftstage, ab 01.01.2012 zwei Geschäftstage
SEPA-Überweisungsauftrag Voraussetzungen: ● Der Überweisende hat IBAN des Zahlungsempfängers und den BIC des Zahlungsdienstleisters des Zahlungsempfängers angegeben. ● Das Kreditinstitut des Zahlungsempfängers nimmt am SEPA-Überweisungsverfahren teil.	max. 2 Geschäftstage, ab 01.01.2012 ein Geschäftstag

b) Überweisung in EWR-Währungen

Belegloser Überweisungsauftrag	max. 4 Geschäftstage
Beleghafter Überweisungsauftrag	max. 4 Geschäftstage

2. Entgeltverteilung für die Ausführung von Überweisungen

a) Überweisung in Euro (Kontowährung)

Der Überweisende trägt die Entgelte bei seiner Bank. Der Zahlungsempfänger trägt die übrigen Entgelte.

.
.
.

3.3.5 SEPA-Basislastschrift

Die SEPA-Basislastschrift

Die SEPA-Lastschrift ist ein „lokales" Zahlungsinstrument für die gesamte Eurozone. Sie wird auf lange Sicht viele unterschiedliche nationale Verfahren ablösen. Im grenzüberschreitenden Zahlungsverkehr stellt sie eine echte Neuerung dar, da bislang ein standardisiertes Produkt fehlte. Grundlage für die SEPA-Lastschrift ist die neue EU-Richtlinie über Zahlungsdienste im Binnenmarkt (EU Payment Services Directive), die in nationales Recht der bei SEPA teilnehmenden Länder übernommen wurde, um unterschiedliche Gesetzeslagen für Widerspruchsfristen zu ersetzen und den Lastschrifteinzug über Ländergrenzen hinweg zu ermöglichen.

Die SEPA-Lastschrift ist ein reines Einzugsverfahren, das auf einem Lastschriftmandat basiert, welches der Zahlungspflichtige dem Zahlungsempfänger erteilt. Dieser reicht die Lastschrift bei seiner Bank zum Einzug ein. Die Lastschriftdaten enthalten dabei gleichzeitig die elektronischen Mandatsdaten. Sie sind identisch mit den für den Einzug relevanten Angaben. Die Bank des Zahlungspflichtigen erhält also das Mandat integriert in den Geldeinzug. Die Bank des Zahlungspflichtigen ist nicht verpflichtet, die übermittelten Mandatsdaten an ihren Kunden weiterzuleiten bzw. sie zu prüfen.

Die SEPA-Basislastschrift hat folgende Merkmale:

- Ermöglicht inländische und grenzüberschreitende Lastschriften. Europaweite Nutzung in 30 EU/EWR-Staaten plus Schweiz.
- Basiert auf einem vom Zahlungspflichtigen unterschriebenen und dem Zahlungsempfänger erteilten Mandat. Das SEPA-Lastschriftmandat ermächtigt den Zahlungsempfänger, den fälligen Betrag vom Konto des Zahlungspflichtigen einzuziehen, gleichzeitig wird die Bank des Zahlungspflichtigen zur Einlösung der Lastschrift angewiesen. Dieses Mandat ist inhaltlich standardisiert und muss in der Sprache des Landes, in dem der Zahlungspflichtige seinen Wohnsitz hat, ausgestellt sein.
- IBAN und BIC ersetzen Kontonummer und Bankleitzahl.
- Es besteht keine Betragsgrenze.

---

1 Überweisungsaufträge, die per Onlinebanking, Datenfernübertragung, Telefonbanking, Datenträgeraustausch und Selbstbedienungsterminal erteilt werden.

Datenelemente

- Eine vom Lastschrifteinreicher zu vergebende, eindeutige Mandatsnummer.
- Eine zentral (in Deutschland durch die Deutsche Bundesbank) vergebene Begünstigtenkennung zwecks eindeutiger Identifikation des Lastschrifteinreichers → Gläubiger-Identifikationsnummer (Unique Creditor Identifier/UCI). Durch Mandatsnummer und Identifikationsnummer wird jedes Mandat eindeutig identifiziert.
- Verwendungszwecklänge 140 Zeichen.
- Möglichkeit der Einstellung und Weiterleitung einer zusätzlichen Kundenreferenz zur Unterstützung der Debitoren- bzw. Kreditorenbuchhaltung.

Fristenregelungen

- Lastschriften haben ein Fälligkeitsdatum, das vom Einreicher zu vergeben ist. Dies ist das Datum, an dem der Schuldner belastet wird.
- 14 Kalendertage vor Fälligkeit erfolgt die Anzeige von Datum und Betrag der Belastung beim Zahlungspflichtigen. Dies ist jedoch vertraglich abdingbar.
- 5 Bankarbeitstage vor Fälligkeit werden Erstlastschriften unter einem Mandat oder Einmallastschriften in das Clearing gegeben.
- 2 Bankarbeitstage vor Fälligkeit müssen Folgelastschriften unter einem Mandat in das Clearing gegeben werden.
- 5 Arbeitstage nach Kontobelastung sollen mögliche Rückgaben durch die Schuldnerbank erfolgen (z. B. wenn das Konto geschlossen ist).
- Bis zu 8 Wochen nach Kontobelastung kann der Schuldner die Lastschrift zurückgeben.
- Bis zu 13 Monate nach Kontobelastung kann eine unautorisierte Lastschrift (Gläubiger kann kein Mandat vorweisen) zurückgegeben werden.
- Das Mandat erlischt 36 Monate nach der letzten Lastschrifteinreichung.

Quelle: In Anlehnung an Deutsche Bank, SEPA-Lastschrift.

Hans Morlock, Ruhrallee 90, 45138 Essen, Kunde der Commerzbank Essen (BIC: COBADEFFXXX), Konto-Nr. 4269552836, IBAN: DE20360400394269552836, hat in Dänemark ein Haus am Meer gekauft, für das monatlich eine Zahlung in unterschiedlicher Höhe geleistet werden muss. Herr Morlock hat von der Möglichkeit des grenzüberschreitenden Lastschrifteinzugs gehört. Er möchte, dass der dänische Hausverwalter Sven Soerensen, Taarbakvej 6, DK-2100 København, die monatliche Zahlung von seinem Konto bei der Commerzbank Essen einzieht. Herr Morlock kennt zwar das deutsche Lastschrifteinzugsverfahren, das grenzüberschreitende ist ihm jedoch nicht bekannt. Er bittet Sie um Beratung.

Aufgaben:

① Stellen Sie zur Vorbereitung des Beratungsgesprächs die Merkmale des deutschen Einzugsermächtigungsverfahrens und die der SEPA-Basislastschrift vergleichend gegenüber.

	Deutsches Einzugsermächtigungsverfahren	**SEPA-Basislastschrift (SEPA Direct Debit – SDD)**
Nutzung	*ausschließlich national in Euro* *Nutzung von Kontonummer/BLZ* *beleghaft/elektronisch*	
Mandat	*nur Verweis auf „Mandat", d. h. Einzugsermächtigung (ohne Daten)*	
Fälligkeit	*Fälligkeit bei Sicht*	
Betragsgrenze	*keine Betragsgrenze*	
Ermächtigung	*Ermächtigung des Zahlungsempfängers (Gläubigers) zum Einzug*	
Widerspruch durch den Zahlungspflichtigen	*Widerspruch längstens 6 Wochen ab Zugang des Rechnungsabschlusses*	
Ident-Nummer	*keine Identifikationsnummer*	

② Herr Morlock möchte das europäische Lastschriftverfahren nutzen und hat sich mit dem Verwalter Soerensen in Verbindung gesetzt. Der Hausverwalter hat ihm das folgende SEPA-Lastschriftmandat zugesandt mit der Bitte um Vervollständigung und Rücksendung.

Füllen Sie für Herrn Morlock das SEPA-Lastschriftmandat mit dem Datum 18.05.20.. aus.

Sven Soerensen, DK-2100 København, Taarbakvej 6

Gläubiger-Identifikationsnummer DK99ZZZ05678901234
Mandatsreferenz 987 543 CB2

SEPA-Lastschriftmandat

Ich ermächtige Herrn Sven Soerensen, Zahlungen von meinem Konto mittels Lastschrift einzuziehen. Zugleich weise ich mein Kreditinstitut an, die von Herrn Soerensen auf mein Konto gezogenen Lastschriften einzulösen.

Hinweis: Ich kann innerhalb von acht Wochen, beginnend mit dem Belastungsdatum, die Erstattung des belasteten Betrages verlangen. Es gelten dabei die mit meinem Kreditinstitut vereinbarten Bedingungen.

______________________ Vorname und Name (Kontoinhaber)	______________________ _ _ _ _ _ _ _ _ | _ _ _ Kreditinstitut (Name und BIC)
______________________ Straße und Hausnummer	DE _ _ | _ _ _ _ | _ _ _ _ | _ _ _ _ | _ _ _ _ | _ _ (IBAN)
______________________ Postleitzahl und Ort	
______________________ Ort, Datum	______________________ Unterschrift

③ Die monatlichen Hauskosten fallen in dänischen Kronen an. In welcher Währung erfolgt der Lastschrifteinzug?

④ Kennzeichnen Sie die Abwicklung dieses Lastschrifteinzugs. Tragen Sie die unten stehenden Merkmale in das Schaubild ein. Beschriften Sie die Pfeile und die entsprechenden Stellen.

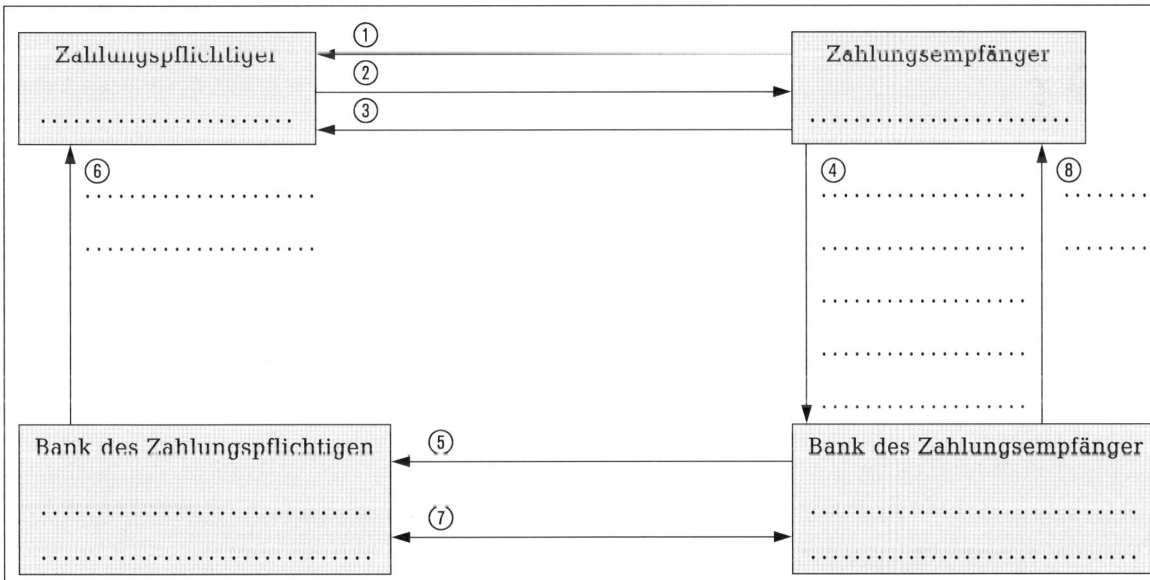

- Weiterleitung der Daten über Clearingsystem 5 bzw. 2 Bankarbeitstage vor Fälligkeit
- Sven Soerensen
- vervollständigtes und unterschriebenes Mandat
- Vorabinformation 14 Tage vor Fälligkeit
- Gutschrift
- Commerzbank Essen
- Mandat
- Clearing und Verrechnung
- Zahlstelle
- 1. Inkassostelle
- Hans Morlock
- Belastung am Fälligkeitstag
- Danske Bank København
- Einreichung eines Datensatzes: Lastschrift und Mandatsinformationen

3.3.6 SEPA-Firmenlastschrift

Die Software Raabe GmbH, Duisburg, die Geschäftsverbindungen in verschiedene EU-Staaten unterhält, will in Zukunft auch SEPA B2B Direct Debit nutzen.

Der Geschäftspartner in den Niederlanden, die ABC Europe PC-Systems, Amsterdam, soll seine Forderungen mittels SEPA-Firmenlastschrift einziehen. Der Zahlungsempfänger und sein Zahlungsdienstleister nehmen am SEPA-Firmenlastschriftverfahren teil.

Die Software Raabe GmbH übersendet dem niederländischen Gläubiger folgendes Mandat:

ABC Europe PC-Systems, Amsterdam, Heerengracht 27

Gläubiger-Identifikationsnummer NL 99 ZZZ056808911234
Mandatsreferenz 990 441

SEPA-Firmenlastschrift-Mandat

Ich ermächtige die ABC Europe PC-Systems, Zahlungen von meinem Konto mittels Lastschrift einzuziehen. Zugleich weise ich mein Kreditinstitut an, die von der ABC Europe PC-Systems auf mein Konto gezogenen Lastschriften einzulösen.

Hinweis: Dieses Lastschriftmandat dient nur dem Einzug von Lastschriften, die auf Konten von Unternehmen gezogen sind. Ich bin nicht berechtigt, nach der erfolgten Einlösung eine Erstattung des belasteten Betrages zu verlangen. Ich bin berechtigt, mein Kreditinstitut bis zum Fälligkeitstag anzuweisen, Lastschriften nicht einzulösen.

Stefan Raabe GmbH
Vorname und Name (Kontoinhaber)

Marientor 25
Straße und Hausnummer

47051 Duisburg
Postleitzahl und Ort

Commerzbank Duisburg COBADEFF305
Kreditinstitut (Name und Bic)

IBAN DE 11 3504 0038 4040 1236 59

Duisburg, 19.09... Stefan Raabe
Ort, Datum und Unterschrift Software Raabe GmbH

Aufgaben:

① Kennzeichnen Sie die Bestandteile des Mandats mit Ziffern (→ 2.2.1 Bedingungen: Erklärungen und Autorisierungsdaten). Welche Unterschiede bestehen zur SEPA-Lastschrift B2C[1]?

② Wie lautet die Kundenkennung im vorliegenden Fall?

③ Wem muss die Mandatserteilung zugänglich gemacht werden?

④ ABC Europe PC-Systems, Amsterdam, will einen Betrag von 9 500,00 EUR per Lastschrift einziehen. Welche wesentlichen Angaben muss der Datensatz zur Einziehung der SEPA-Firmenlastschrift enthalten?

1 Business to Customer – Privatkunden.

Bedingungen für den Lastschriftverkehr (Stand Oktober 2009) (Auszug)

D. Zahlungen mittels Lastschrift im SEPA-Firmen-Lastschriftverfahren

1 [...]

2 SEPA-Firmen-Lastschrift

2.1 Allgemein

2.1.1 Wesentliche Merkmale des SEPA-Firmen-Lastschriftverfahrens

Das SEPA-Firmen-Lastschriftverfahren kann nur von Kunden genutzt werden, die keine Verbraucher[1] sind.

Mit dem SEPA-Firmen-Lastschriftverfahren kann der Kunde über die Bank an einen Zahlungsempfänger Zahlungen in Euro innerhalb des Gebiets des einheitlichen Euro-Zahlungsverkehrsraums („Single Euro Payments Area", SEPA) bewirken. [...]

Für die Ausführung von Zahlungen mittels SEPA-Firmen-Lastschrift muss

- der Zahlungsempfänger und dessen Zahlungsdienstleister das SEPA-Firmen-Lastschriftverfahren nutzen,
- der Kunde vor dem Zahlungsvorgang dem Zahlungsempfänger das SEPA-Firmenlastschrift-Mandat erteilen und
- der Kunde die Bank über die Erteilung des SEPA-Firmenlastschrift-Mandats unterrichten.

Der Zahlungsempfänger löst den jeweiligen Zahlungsvorgang aus, indem er über seinen Zahlungsdienstleister der Bank die Lastschriften vorlegt.

Der Kunde kann bei einer autorisierten Zahlung aufgrund einer SEPA-Firmen-Lastschrift von der Bank keine Erstattung des seinem Konto belasteten Lastschriftbetrages verlangen.

2.1.2 Kundenkennungen

Für das Verfahren hat der Kunde die ihm mitgeteilte IBAN und den BIC der Bank als seine Kundenkennung gegenüber dem Zahlungsempfänger zu verwenden, da die Bank berechtigt ist, die Zahlung aufgrund der SEPA-Firmen-Lastschrift ausschließlich auf der Grundlage der ihr übermittelten Kundenkennung auszuführen. Die Bank und die weiteren beteiligten Stellen führen die Zahlung an den Zahlungsempfänger anhand der im Lastschriftdatensatz vom Zahlungsempfänger als dessen Kundenkennung angegebenen IBAN und BIC des Zahlungsempfängers aus.

2.1.3 Übermittlung von Lastschriftdaten

Bei SEPA-Firmen-Lastschriften können die Lastschriftdaten über das Nachrichtenübermittlungssystem der Society for Worldwide Interbank Financial Telecommunication (SWIFT) mit Sitz in Belgien und Rechenzentren in der Europäischen Union, in der Schweiz oder in den USA von dem Zahlungsdienstleister des Zahlungsempfängers an die Bank weitergeleitet werden.

2.2 SEPA-Firmenlastschrift-Mandat

2.2.1 Erteilung des SEPA-Firmenlastschrift-Mandats (SEPA Business-to-Business Direct Debit Mandate)

Der Kunde erteilt dem Zahlungsempfänger ein SEPA-Firmenlastschrift-Mandat. Damit autorisiert er gegenüber seiner Bank die Einlösung von SEPA-Firmen-Lastschriften des Zahlungsempfängers. Das Mandat ist schriftlich oder in der mit seiner Bank vereinbarten Art und Weise zu erteilen.

In dem SEPA-Firmenlastschrift-Mandat müssen die folgenden Erklärungen des Kunden enthalten sein:

- Ermächtigung des Zahlungsempfängers, Zahlungen vom Konto des Kunden mittels SEPA-Firmen-Lastschrift einzuziehen, und
- Weisung an die Bank, die vom Zahlungsempfänger auf sein Konto gezogenen SEPA-Firmen-Lastschriften einzulösen.

Das SEPA-Firmenlastschrift-Mandat muss folgende Angaben (Autorisierungsdaten) enthalten:

- Bezeichnung des Zahlungsempfängers,
- eine Gläubiger-Identifikationsnummer,
- Kennzeichnung einer einmaligen Zahlung oder wiederkehrender Zahlungen,
- Name des Kunden,
- Bezeichnung der Bank des Kunden und
- seine Kundenkennung (siehe Nummer D.2.1.2).

Über die Autorisierungsdaten hinaus kann das Lastschriftmandat zusätzliche Angaben enthalten.

2.2.2 Bestätigung der Erteilung eines SEPA-Firmenlastschrift-Mandats

Der Kunde hat seiner Bank die Autorisierung nach Nummer D.2.2.1 unverzüglich zu bestätigen, indem er der Bank folgende Daten in der vereinbarten Art und Weise aus dem vom Zahlungsempfänger erteilten SEPA-Firmenlastschrift-Mandat übermittelt:

- Bezeichnung des Zahlungsempfängers,
- Gläubiger-Identifikationsnummer des Zahlungsempfängers,
- Mandatsreferenz,
- Kennzeichnung einer einmaligen Zahlung oder wiederkehrender Zahlungen und
- Datum und Unterschrift auf dem Mandat.

Hierzu kann der Kunde der Bank auch eine Kopie des SEPA-Firmenlastschrift-Mandats übermitteln.

Über Änderungen oder die Aufhebung des SEPA-Firmenlastschrift-Mandats gegenüber dem Zahlungsempfänger hat der Kunde die Bank unverzüglich, möglichst schriftlich, zu informieren.

2.2.3 Widerruf des SEPA-Firmenlastschrift-Mandats

[...]

2.2.4 Zurückweisung einzelner Lastschriften

(1) Der Kunde kann der Bank gesondert die Weisung erteilen, Zahlungen aus bestimmten SEPA-Firmen-Lastschriften des Zahlungsempfängers nicht zu bewirken. Diese Weisung muss der Bank bis spätestens zum Ende des Geschäftstages gemäß „Preis- und Leistungsverzeichnis" vor dem im Datensatz der Lastschrift angegebenen Fälligkeitstag zugehen. Diese Weisung sollte möglichst schriftlich erfolgen und zusätzlich auch gegenüber dem Zahlungsempfänger erklärt werden.

(2) Am Tag der Belastungsbuchung der SEPA-Firmen-Lastschrift kann diese nur noch zurückgewiesen werden, wenn Kunde und Bank dies vereinbart haben. Die Vereinbarung wird wirksam, wenn es der Bank gelingt, den Lastschriftbetrag endgültig zurückzuerlangen. Für die Bearbeitung eines solchen Widerrufs des Kunden berechnet die Bank das im „Preis- und Leistungsverzeichnis" ausgewiesene Entgelt.

(3) Nach dem Tag der Belastungsbuchung der SEPA-Firmen-Lastschrift kann der Kunde diese nicht mehr zurückweisen.

2.3 Einzug der SEPA-Firmen-Lastschrift auf Grundlage des SEPA-Firmenlastschrift-Mandats durch den Zahlungsempfänger

(1) Das vom Kunden erteilte SEPA-Firmenlastschrift-Mandat verbleibt beim Zahlungsempfänger. Dieser übernimmt die Autorisierungsdaten und etwaige zusätzliche Angaben in den Datensatz zur Einziehung von SEPA-Firmen-Lastschriften. Der jeweilige Lastschriftbetrag wird vom Zahlungsempfänger angegeben.

(2) Der Zahlungsempfänger übermittelt elektronisch den Datensatz zur Einziehung der SEPA-Firmen-Lastschrift unter Einschaltung seines Zahlungsdienstleisters an die Bank als Zahlstelle.

1 § 13 BGB: Verbraucher ist jede natürliche Person, die ein Rechtsgeschäft zu einem Zwecke abschließt, der weder ihrer gewerblichen noch ihrer selbstständigen beruflichen Tätigkeit zugerechnet werden kann.

Dieser Datensatz verkörpert auch die im SEPA-Firmenlastschrift-Mandat enthaltene Weisung des Kunden an die Bank zur Einlösung der jeweiligen SEPA-Firmen-Lastschrift (siehe Nummer D.2.2.1 Sätze 2 und 4). Für den Zugang dieser Weisung verzichtet die Bank auf die für die Erteilung des Mandats vereinbarte Form (siehe Nummer D.2.2.1 Satz 3).

2.4 Zahlungsvorgang aufgrund der SEPA-Firmen-Lastschrift

2.4.1 Belastung des Kontos des Kunden mit dem Lastschriftbetrag

(1) Eingehende SEPA-Firmen-Lastschriften des Zahlungsempfängers werden am im Datensatz angegebenen Fälligkeitstag mit dem vom Zahlungsempfänger angegebenen Lastschriftbetrag dem Konto des Kunden belastet. Fällt der Fälligkeitstag nicht auf einen im „Preis- und Leistungsverzeichnis" ausgewiesenen Geschäftstag der Bank, erfolgt die Kontobelastung am nächsten Geschäftstag.

(2) Eine Kontobelastung erfolgt nicht oder wird spätestens am zweiten Geschäftstag gemäß „Preis- und Leistungsverzeichnis" nach ihrer Vornahme rückgängig gemacht, wenn

- der Bank keine Bestätigung des Kunden gemäß Nummer D.2.2.2 vorliegt,
- der Bank ein Widerruf des SEPA-Firmenlastschrift-Mandats gemäß Nummer D.2.2.3 zugegangen ist,
- der Bank eine Zurückweisung der Lastschrift des Kunden gemäß Nummer D.2.2.4 zugegangen ist,
- der Kunde über kein für die Einlösung der Lastschrift ausreichendes Guthaben auf seinem Konto oder über keinen ausreichenden Kredit verfügt; Teileinlösungen nimmt die Bank nicht vor,
- die im Lastschriftdatensatz angegebene IBAN des Zahlungspflichtigen keinem Konto des Kunden bei der Bank zuzuordnen ist

oder

- die Lastschrift nicht von der Bank verarbeitbar ist, da im Lastschriftdatensatz
  + eine Gläubiger-Identifikationsnummer fehlt oder für die Bank erkennbar fehlerhaft ist,
  + eine Mandatsreferenz fehlt,
  + ein Ausstellungsdatum des Mandats fehlt oder
  + kein Fälligkeitstag angegeben ist.

2.4.2 Einlösung von SEPA-Firmen-Lastschriften

SEPA-Firmen-Lastschriften sind eingelöst, wenn die Belastungsbuchung auf dem Konto des Kunden nicht spätestens gemäß Nummer D.2.4.1 Absatz 2 rückgängig gemacht wird.

2.4.3 Unterrichtung über die Nichtausführung oder Rückgängigmachung der Belastungsbuchung oder Ablehnung der Einlösung

Über die Nichtausführung oder Rückgängigmachung der Belastungsbuchung (siehe Nummer D.2.4.1 Absatz 2) oder die Ablehnung der Einlösung einer SEPA-Firmen-Lastschrift (siehe Nummer D.2.4.2) wird die Bank den Kunden unverzüglich, spätestens bis zu der gemäß Nummer D.2.4.4 vereinbarten Frist unterrichten. Dies kann auch auf dem für Kontoinformationen vereinbarten Weg geschehen. Dabei wird die Bank, soweit möglich, die Gründe sowie die Möglichkeiten angeben, wie Fehler, die zur Nichtausführung, Rückgängigmachung oder Ablehnung geführt haben, berichtigt werden können. Für die Unterrichtung über eine berechtigte Ablehnung berechnet die Bank das im „Preis- und Leistungsverzeichnis" ausgewiesene Entgelt.

2.4.4 Ausführung der Zahlung

(1) Die Bank ist verpflichtet sicherzustellen, dass der von ihr dem Konto des Kunden aufgrund der SEPA-Firmen-Lastschrift des Zahlungsempfängers belastete Lastschriftbetrag spätestens innerhalb der im „Preis- und Leistungsverzeichnis" angegebenen Ausführungsfrist beim Zahlungsdienstleister des Zahlungsempfängers eingeht.

(2) Die Ausführungsfrist beginnt an dem im Lastschriftdatensatz angegebenen Fälligkeitstag. Fällt dieser Tag nicht auf einen Geschäftstag gemäß „Preis- und Leistungsverzeichnis" der Bank, so beginnt die Ausführungsfrist am darauffolgenden Geschäftstag.

(3) Die Bank unterrichtet den Kunden über die Ausführung der Zahlung auf dem für Kontoinformationen vereinbarten Weg und in der vereinbarten Häufigkeit.

2.5 Ausschluss des Erstattungsanspruchs bei einer autorisierten Zahlung

[...]

2.6 Erstattungs- und Schadensansprüche des Kunden

[...]

3.3.7 Scheckzahlung – Zahlungsausgang –

Die Maschinenbau GmbH, Industrieweg 5, 48155 Münster, erteilt der WGZ Bank AG Münster den Auftrag, an die Woulham-Brothers, 532 Street, New York, USD 25 400,00 durch Scheck zu zahlen. Der Scheck soll in New York zahlbar sein.

Die WGZ zieht folgenden Bankenorderscheck.

WGZ BANK AG
WESTDEUTSCHE
GENOSSENSCHAFTS-ZENTRALBANK
MÜNSTER
SWIFT-CODE: GENODEMSXXX

Bezogene Bank / Check drawn on / Banque tirée
Bank of America NT
New York, N. Y.

Wir übersenden Ihnen unseren Scheck
We enclose our check
Nous annexons notre chèque
No 0042966

Im Auftrag von / By order of / D' ordre de
Maschinenbau GmbH
Industrieweg 5
48155 Münster

Woulham-Brothers
532 Street
New York, NY

Zahlungsgrund / Details of payment / Motif du paiement
Rechnung vom 20..-06-15

Scheck-Nr./ Check No./ Chèque No.
0042966

Betrag / Amount / Montant
-,-,-,-,-,-,-,- USD 25400,00

Bank of America NT, New York

& Co

Zahlen Sie gegen diesen Scheck an / Pay against this check to / Payez contre ce cheque Woulham-Brothers, New York

oder Order
or order
ou l' ordre

den Betrag von / the amount of / le montant de
USD Two/Five/Four/Zero/Zero

WGZ BANK AG
WESTDEUTSCHE
GENOSSENSCHAFTS-ZENTRALBANK

WGZ 150 · 381 20 · 0120 · 122.470

Aufgaben.

① Wie wird der Scheck dem Begünstigten von der WGZ zugeleitet, wem wird der Scheck avisiert?

② Welche Bedeutung hat der Vermerk „u. Co."?

③ Die Maschinenbau GmbH unterhält bei der WGZ ein EURO-Konto. Berechnen Sie den Betrag, mit dem das Konto belastet wird (Abwicklungsgebühr 1,5 ‰, mind. 15,00 EUR; Porto 1,55 EUR; 0,25 ‰, mindestens 2,50 EUR, Devisenverkaufsprovision [Courtage]; Kurs EUR/USD 1,4541 G/1,4601 B).

④ Nach einigen Monaten stellen Sie fest, dass die Maschinenbau GmbH umfangreiche Transaktionen (sowohl Zahlungsausgänge als auch Zahlungseingänge) in USD tätigt. Sie schlagen dem Geschäftsführer der GmbH, Herrn Nolte, deshalb die Einrichtung eines USD-Fremdwährungskontos vor.

Nennen Sie Herrn Nolte die Vorteile eines Fremdwährungskontos!

9 Richard, Mühlmeyer - ISBN 978-3-8120-1236-2

3.3.8 Scheckzahlung – Zahlungseingang –

Ein deutscher Exporteur erhält zum Ausgleich seiner Rechnung folgenden Bankenorderscheck:

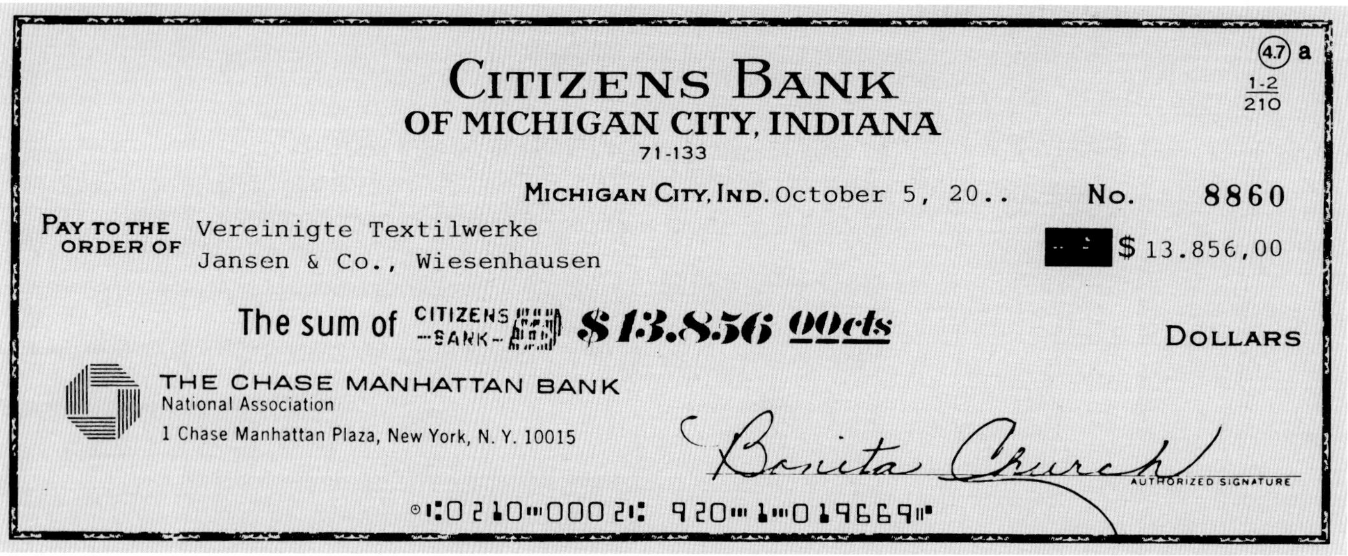
CITIZENS BANK
OF MICHIGAN CITY, INDIANA
71-133

(4.7) a
1-2
210

MICHIGAN CITY, IND. October 5, 20.. No. 8860

PAY TO THE ORDER OF Vereinigte Textilwerke Jansen & Co., Wiesenhausen

[redacted] $ 13.856,00

The sum of CITIZENS BANK $13.856 00cts DOLLARS

THE CHASE MANHATTAN BANK
National Association
1 Chase Manhattan Plaza, New York, N. Y. 10015

Bonita Church
AUTHORIZED SIGNATURE

⑆0210⑆000 21⑆ 920⑈1⑈019669⑈

Aufgaben:

① Nennen Sie Aussteller, Begünstigten und bezogene Bank!

② Die Vereinigten Textilwerke Jansen & Co. reichen den Scheck ihrer Hausbank in Wiesenhausen ein mit der Bitte um Anschaffung des Scheckgegenwertes.

Was prüft die Bank bei Hereinnahme des Schecks?

③ Die Vereinigten Textilwerke sind sich nicht schlüssig, ob sie den Scheck ihrer Hausbank zur Gutschrift E. v. oder zum Inkasso einreichen sollen. Stellen Sie die Merkmale beider Abwicklungsmöglichkeiten des Scheckeinzugs mit Hilfe der folgenden Tabelle vergleichend gegenüber.

	Gutschrift E. v.	Inkasso
Zeitpunkt der Gutschrift?		
Umrechnungskurs?		
Bonitätsmäßige Voraussetzungen?		
Kursrisiko nach Scheckeinreichung?		
Belastungen (Kosten usw.) bei Nichteinlösung des Schecks?		

④ Die Vereinigten Textilwerke möchten über den Scheckgegenwert sofort verfügen. Erstellen Sie die Kundenabrechnung in EUR! Berücksichtigen Sie dabei 1,5‰ Abwicklungsgebühr (mindestens 12,00 EUR) und den USD-Kassakurs von 1,4541 Geld – 1,4601 Brief. Der Aufschlag zur Ermittlung des Sichtkurses beträgt eine halbe Geld-Brief-Spanne.

⑤ Warum liegt der Sichtkurs über dem Briefkurs?

4 Devisengeschäfte

4.1 Devisen- und Sortenkurse

DEVISEN- UND SORTENKURSE FÜR 1 EURO

		Referenzkurse EuroFX[1, 3]		3 Monate[1]		6 Monate[1]		Referenzkurse	Bankschalter[2]	
		Geld	Brief	Geld	Brief	Geld	Brief	EZB	Verkauf	Ankauf
Dänemark	dkr	7,4270	7,4670	7,4362	7,4779	7,4417	7,4861	7,4469	7,0219	7,8720
Großbritannien	£	0,8572	0,8612	0,8572	0,8613	0,8572	0,8613	0,8606	0,8242	0,9083
Japan	Yen	129,5000	129,9800	129,3600	129,8500	129,1800	129,6800	130,0500	123,6804	137,3505
Kanada	kan $	1,6122	1,6242	1,6112	1,6235	1,6103	1,6231	1,6182	1,5433	1,7134
Norwegen	nkr	9,0619	9,1099	9,0809	9,1298	9,0963	9,1482	9,0740	8,6451	9,5917
Schweden	skr	10,9691	11,0171	10,9628	11,0118	10,9542	11,0042	10,9785	10,3861	11,5984
Schweiz	sfr	1,5102	1,5142	1,5083	1,5124	1,5056	1,5100	1,5119	1,4492	1,5947
US-Dollar	USA	1,3932	1,3992	1,3931	1,3992	1,3927	1,3990	1,3990	1,3382	1,4761
Australien	A $	1,7738	1,7898					1,7831	1,6942	1,8868
Hongkong	HK $	10,7695	10,8695					10,8426	9,7257	11,9417
Neuseeland	NZ $	2,2058	2,2218					2,2194	2,0049	2,4341
Polen	Zloty	4,3140	4,4140					4,3548	4,0608	4,7524
Singapur	S $	2,0303	2,0423					2,0408	1,8792	2,1996
Südafrika	Rand	11,2538	11,4538					11,3330	9,6951	12,9573
Tschechien	Krone	25,8250	26,0250					25,9330	23,0376	28,7849

[1] Mitgeteilt von der WestLB AG, Düsseldorf; [2] Frankfurter Sortenkurse aus Sicht des Bankkunden, die Bezeichnungen Verkauf und Ankauf entsprechen dem Geld und Brief bei anderen Instituten; mitgeteilt von Reisebank; [3] Freiverkehr.

(Quelle: Handelsblatt)

Aufgaben:

① Unterscheiden Sie die Begriffe „Sorten" und „Devisen"!

② Wie erfolgt die Ermittlung der Referenzkurse (1. Spalte der Kursveröffentlichungen)?

③ a) Wie bezeichnet man die Kurse in der 2. und 3. Spalte der Kursveröffentlichungen?
b) Welcher Faktor bestimmt überwiegend die Höhe der Kurse in der 2. und 3. Spalte?

④ Ihr Kunde Johannes Willeke kauft an der Kasse sfr 1 500,00 (Noten).
Erstellen Sie die Abrechnung (Formular ausfüllen)! Kurse laut Kurszettel (keine Spesen).
Geben Sie den Buchungssatz für diesen Geschäftsvorfall an!

Deutsche Bank
Privat- und Geschäftskunden AG

Sorten-Abrechnung

Sorten-Kauf	Wir verkaufen Ihnen	Kurs	Einzahlung EUR

Goldmünzenhandel: Wir verkaufen nur Originalmünzen und Neuprägungen staatlicher Prägeanstalten (vergleiche unser einschlägiges Informationsmaterial). In den Verkaufspreisen für Gold- und Silbermünzen sowie für Edelmetall-Barren und -Medaillen ist die Mehrwertsteuer enthalten.

Sorten-Verkauf	Wir kaufen von Ihnen	Kurs	Auszahlung EUR

Sorten werden unter der Voraussetzung ihrer Echtheit und Umlaufsfähigkeit angekauft. Goldmünzen kaufen wir zu den marktüblichen Kursen nur unter dem Vorbehalt an, dass es sich um sehr gut erhaltene Originalmünzen oder Neuprägungen staatlicher Prägeanstalten handelt.

Datum | Gegenzeichnung (SZ) | Für die Richtigkeit

02-052 2 83 1

⑤ Der Kunde Johannes Willeke vergleicht die Sortenkurse mit den Devisenkursen im Handelsblatt. Er bittet Sie um Erläuterung der unterschiedlichen Kurse und Kursspannen.

⑥ Einen Tag später ruft der Kunde an und beschwert sich, dass die Commerzbank am Orte Schweizer Franken am Schalter – abweichend von der Kursnotierung im Handelsblatt – zum Kurse von 1,4598 (Basis 1 Euro) verkauft.
Was antworten Sie dem Kunden?

4.2 Kursvergleich (Notierung Inland/Ausland)

Für eine Reise in die Schweiz benötigt ein Kunde sfr 5 000,00 in Noten. Wo tauscht er günstiger, in Basel oder in Frankfurt? (Differenz in EUR)

Kurse *Frankfurt*		
Basis 1,00 Euro (Mengennotierung)	Geld	Brief
Sorten EUR/CFR	1,4497	1,5952

Kurse *Basel*		
Basis 1,00 Euro (Preisnotierung)	Geld	Brief
Sorten EUR/CFR	1,4690	1,5030

4.3 Devisenhandel (Devisenkassageschäft)

Der Devisenhändler der Deutschen Bank AG verkauft am Dienstag, 12. Dezember 20. ., der Westfalenbank AG Bochum einen Betrag von USD 500 000,00, „Auszahlung New York" zweiarbeitstägig Valuta kompensiert. Der Gegenwert beträgt 344 820,00 EUR. Die Deutsche Bank hat ein Währungs-Nostrokonto bei der American Express Comp., New York. Die Westfalenbank bittet um Anschaffung des Betrages auf ihrem Konto bei der Guaranty Trust Company.

Aufgaben:

① Nehmen Sie in der folgenden Ablaufübersicht die Buchungen bei den vier Banken vor, und beschriften Sie die Pfeile mit den unten stehenden Begriffen!

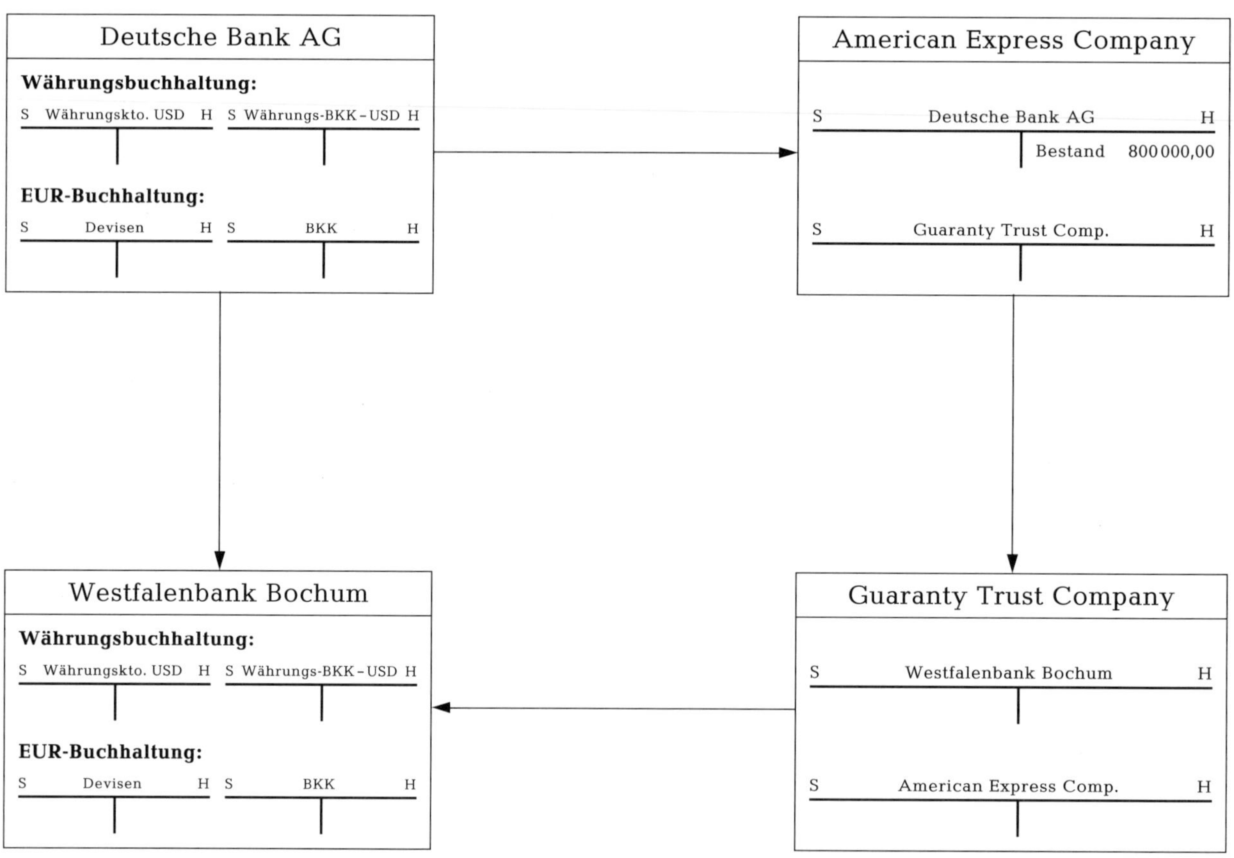

Zahlungsauftrag, Gutschriftsanzeige, Verkauf von USD 500 000,00

② Was versteht man unter „Auszahlung New York"?

③ Mit welcher Wertstellung wird das Geschäft erfüllt? Erläutern Sie diese Usance!

4.4 Kurssicherungsgeschäfte

Am 23. Juni 20. . trifft für die Firma Heichemer & Staab GmbH, Hamburg, eine Warensendung aus England im Hamburger Hafen ein. Die dem Geschäft zugrunde liegende Rechnung ging am 20. Juni 20. . bei der Firma ein.

PACIFIC EUROPEAN TIMBER AGENCY LTD.

WHITE CROSS
LANCASTER LA1 4XH

Telephone: 0524 · 382273
Fax. No. 0524-841068

INVOICE

DATE: 18.06.20. .

SHIP TO: Heichemer & Staab GmbH
Holzgroßhandlung
Bonifaciusstr. 137
21107 Hamburg

SHIPPING MARKS:
RT HAMBURG 1 - 910
RT HAMBURG 1 - 42

Commercial Invoice No.:	91/43684
Shipment Date:	22.06.20. .
Ref Order No.:	EK 6965
Country of Origin:	U.K.

Ocean Vessel:	Pegasus Pride
Term of Delivery:	CIF Hamburg
Term of Payment:	as below
Destination:	Hamburg

Currency: GBP

Art. No.	Quantily	Descriptions	U/Price	Total
RT-852	400 PCS.	WALL-SHELVES	112,00	44800,00
RT-824	276 PCS.	CORNER-SHELVES	200,00	55200,00
				100000,00

Term of payment: three months after arrival of goods in Hamburg
Our account: No. 1798341 Bank of England, White Cross 26, Lancaster

DIRECTORS: R.J.S. BROWNHILL J. D. FOY Brownhill

Aufgaben:

Der Geschäftsführer der GmbH, Herbert Staab, ist an einer Kurssicherung des erst in drei Monaten fälligen Betrages interessiert.

① Unterstellen Sie, dass die Commerzbank AG Hamburg mit der Heichemer & Staab GmbH zwecks Kurssicherung ein Devisentermingeschäft abschließt.

a) Nennen Sie die Verpflichtungen, die die Heichemer & Staab GmbH einerseits und die Commerzbank AG Hamburg andererseits mit dem Abschluss dieses Geschäftes eingehen.

b) Der Kassakurs für das englische Pfund beträgt am 23. Juni 20. . EUR/GBP 0,8740 – 0,8780. Ermitteln Sie den Kurs, den die Commerzbank AG dem Geschäftsabschluss zugrunde legt, wenn sie einen Report von 0,0044 berücksichtigt.

c) Wie kann die Commerzbank AG das übernommene Kursrisiko absichern?

d) Am 23. September 20.. wird das englische Pfund per Kasse mit EUR/GBP 0,8571 – 0,8611 notiert. Errechnen Sie, ob das im Juni abgeschlossene Geschäft sich für die Heichemer & Staab GmbH gelohnt hat.

② Unterstellen Sie, dass die Heichemer & Staab GmbH zwecks Kurssicherung ein Devisenoptionsgeschäft abschließt.

a) Kennzeichnen Sie die Optionsart, die das Geschäft der Kundin absichert und beschreiben Sie das mit dieser Optionsart verbundene Recht.[1]

b) Folgende Optionsbedingungen werden vereinbart:

Strike (Basispreis):	EUR/GBP 0,870
Optionspreis für 3 Monate	1,15
(Prämie in Prozent vom Eurobetrag)	

Wie viel Euro beträgt die von der Heichemer & Staab GmbH zu zahlende Optionsprämie?

c) Geben Sie die Kurse (die Kursspanne) in Pfund je Euro an, ab dem die Heichemer & Staab GmbH die Option verfallen lässt, sie mit Gewinn bzw. unter Verlustminimierung ausübt.

③ In welchem Fall verzichtet die Heichemer & Staab GmbH auf eine Kurssicherung?

4.5 Berechnung von Devisenkursen

Geldkurs	Referenzkurs	Briefkurs	Sichtkurs

Errechnen Sie die einzelnen skr-Kurse: Referenzkurs 10,1336! Die Bank legt der Kursstellung eine Geld-/Briefspanne von 0,048 zugrunde. Sichtkurs = Briefkurs + halbe Geld-/Briefspanne.

Tragen Sie die Kurse in die vorgegebenen Kästchen ein!

4.6 Anwendung verschiedener Devisenkurse

① Ein Kreditinstitut kauft von einem Kunden einen Scheck über skr 7 450,00 an und schreibt den Gegenwert sofort E. v. gut. Kurse: 10,5948 G und 10,6428 B; Gebühren: $\frac{1}{2}$% vom EUR-Gegenwert.

a) Über wie viel EUR lautet die Gutschrift?

b) Über welchen Betrag würde die Gutschrift nach Eingang des Gegenwerts lauten, wenn das Kreditinstitut den Scheck zum Inkasso hereingenommen hätte? Kurse und Gebühren wie oben.

(Falls der Sichtkurs benötigt wird, beträgt der Sichtaufschlag eine halbe Geld-Brief-Spanne.)

② Die Union-Bank tätigt am 31.08. verschiedene USD-Devisengeschäfte. Der USD notiert am 31.08. 1,4230 G/1,4290 B.

Geben Sie in den nachfolgenden Fällen die Kurse an, die der jeweiligen Abrechnung zugrunde gelegt wurden!

a) Ankauf eines USD-Schecks von einem Kunden.

b) Verkauf von USD-Reiseschecks an einen Kunden.

c) Euro-Gutschrift aus einem USD-Akkreditiv zugunsten eines Geschäftskunden.

d) Ausführung einer USD-Zahlung im Kundenauftrag via Bankenorderscheck.

e) Eingang einer USD-Zahlung für einen Kunden.

f) Stornierung der „E. v.“-EUR-Gutschrift aufgrund eines von einem Kunden hereingenommenen, mangels Deckung nicht eingelösten USD-Schecks.

1 Der Begriff Call und Put bezieht sich bei Devisenoptionen jeweils auf die bei der Kursstellung zuerst genannte Währung. Ist die Kursstellung beispielsweise EUR/USD, wie es in den Euroländern seit der Einführung der Mengennotierung üblich ist, ist die Währung, auf die sich die Kurserwartung (steigt/fällt) richtet, der EUR.

4.7 Kurse beim Devisentermingeschäft

Die WGZ Bank AG veröffentlicht am 10. Juli 2009 folgende Devisenkurse:

WGZ BANK AG
WESTDEUTSCHE GENOSSENSCHAFTS-ZENTRALBANK

Düsseldorf – Koblenz – Münster

DEVISENKURSE vom 09.07.2009 Nr. 45

New York			London			Tokyo		
1 EUR =			1 EUR =			1 EUR =		
	Geld	Brief		Geld	Brief		Geld	Brief
	1,3932	1,3992		0,8572	0,8612		129,5000	129,9800
Sichtkurs*	1,4022		Sichtkurs*	0,8632		Sichtkurs*	130,2200	
3 Monate	1,3931	1,3992	3 Monate	0,8572	0,8613	3 Monate	129,3600	129,8500
6 Monate	1,3927	1,3990	6 Monate	0,8572	0,8613	6 Monate	129,1800	129,6800

* = Scheckankaufskurs

Aufgaben:

① Ermitteln Sie die Differenz zwischen dem Kassakurs (Brief) und dem Terminkurs für 6 Monate (Brief) für New York und London!

② Wie bezeichnet man die Differenz bei Yen und USD in der Fachsprache?

③ Wie viel Prozent beträgt die Differenz für USD auf ein Jahr bezogen?

④ Welchen Vorteil bietet es, diese Differenz auf ein Jahr zu beziehen?

⑤ Ein Importeur kauft am 09.07.2009 per 09.10.2009 von seiner Hausbank, der WGZ Bank AG, USD 100 000,00. Über welchen Betrag lautet die Belastung am 9. Oktober (ohne Gebühren)? Welche Vorteile bietet dieses Geschäft dem Importeur?

⑥ Nennen Sie Gründe für die Abweichung der Terminkurse von den Kassakursen!

4.8 Exportkalkulation

Die Spezialmotorenfabrik Gebr. Hansen & Co., 21107 Hamburg, stellt eine Exportkalkulation über 40 Motoren in USD auf, die einem Kunden in Madras (Indien) angeboten werden sollen. Als Zahlungsbedingung soll Kasse gegen Dokumente (d/p-Inkasso) bei Schiffsankunft, als Lieferbedingung CIF Madras gelten. Die Motorenfabrik arbeitet mit einer Handels- und Gewinnspanne von 20 %. Die bei dem d/p-Inkasso anfallenden Finanzierungskosten werden mit 12 % p. a. kalkuliert. Die Transportdauer der Ware wird mit 50 Tagen angesetzt. Der Herstellwert der Motoren beträgt 600 000,00 EUR, die Exportverpackung je Motor 60,00 EUR. Für den Warentransport ermitteln die Gebr. Hansen folgende Kosten: Rollgeld in Hamburg 560,00 EUR, Hafengebühren und Umschlagskosten 1 810,00 EUR, Kosten der Ausfuhr- und Zollabfertigung und der Dokumentenbeschaffung 1 254,00 EUR, Seefracht und Seeversicherung 8 100,00 EUR. Der Kassakurs für USD notiert bei 1,4752.

Aufgaben:

① Ermitteln Sie anhand des folgenden Exportkalkulationsschemas den Angebotspreis des Herstellers in USD für die 40 Spezialmotoren. (Auf glatte EUR-Beträge runden!)

Herstellwert der Ware	= .... EUR
+ Handels- und Gewinnspanne	= .... EUR
= Verkaufspreis des Exporteurs ab Lager Hamburg	= .... EUR
+ Exportverpackung	= .... EUR
= Verkaufspreis ab Lager Hamburg einschließlich seemäßiger Verpackung	= .... EUR
+ Rollgeld in Hamburg	= .... EUR
+ Hafengebühren und Umschlagskosten	= .... EUR
+ Kosten der Ausfuhr- und Zollabfertigung und der Dokumentenbeschaffung	= .... EUR
+ Seefracht und Seeversicherung	= .... EUR
= Barverkaufspreis des Exporteurs CIF Madras	= .... EUR
+ Finanzierungskosten für die Transportdauer auf den Barverkaufspreis*	= .... EUR
= Barverkaufspreis CIF Madras (einschl. Transportfinanzierung)	= .... EUR
umgerechnet in USD, Kurs	= .... USD

* Zinsrechnung act/360; Ergebnis auf volle EUR kaufmännisch gerundet.

② Zu welchem USD-Preis müssen die Gebr. Hansen & Co. anbieten, wenn der Kassakurs des USD folgendermaßen steigt und die gleiche Handels- und Gewinnspanne beibehalten wird? Kassakurs für USD 1,5083.

4.9 Devisenkauf (Importkalkulation)

Die Möbelfabrik Kämper Kleinmöbel GmbH, Korbach, bietet eine Bücherablage aus Teakholz an. Sie geht für die Preisgestaltung von folgender Kalkulation aus:

Materialkosten	85,00 EUR
Löhne und Gehälter	120,00 EUR
Sozialleistungen (z.B. Beiträge zur Krankenversicherung)	23,50 EUR
Sonstige Kosten (z.B. Büromaterial, Energiekosten)	30,00 EUR
Abschreibungen	19,00 EUR
Gewinn	25,00 EUR
Angebotspreis	302,50 EUR

In den Materialkosten ist der Holzpreis von USD 90,00 enthalten (Kurs 1,4304).

Aufgabe:

Bei der Bezahlung einer neuen Ladung Teakholz rechnet die Bank zu einem Kurs von 1,3564 ab.

Wie lautet der neue Angebotspreis (bei unveränderten sonstigen Bedingungen)?

4.10 Devisentermingeschäft / Swapgeschäft

Die Spezialmotorenfabrik Gebr. Hansen & Co., Erste Hafenstr. 86, 21079 Hamburg, hat aus einem Auslandsverkauf eine Exportforderung über USD 900 000,00, die in 6 Monaten zahlbar ist. Zur Absicherung des Kursrisikos verkauft die Firma heute, am 27. Mai 20. ., diese Dollar per Termin an die Deutsche Bank Hamburg (Anschaffung bei Citybank, N. A., New York). Der Kassakurs für USD beträgt am 27. Mai 20. . 1,3954 G und 1,4014 B, der Terminkurs per 6 Monate 1,4065 G und 1,4125 B.

Aufgaben:

① Erstellen Sie für den Kunden die Devisenabrechnung!

Deutsche Bank
AKTIENGESELLSCHAFT
Hamburg
Devisen-Abrechnung

Termin per:

Hamburg, ...

Devisen-Termingeschäft
Forward Exchange Deal No. 1147523
Opération de change à terme

Schluß vom / Contract dated / Contract du ....

An/To/A

Gemäß Vereinbarung haben wir von Ihnen **übernommen**
As agreed we have **bought** from you
Comme convenu vous nous avez **cédé**

54

Währungsbetrag amount montant en devises	Wert value valeur	Kurs rate cours	Gegenwert equivalent (DM) contrevaleur	Wert value valeur
USD				

und belasten Sie hierfür vorläufig auf
which we have debited provisionally in account
dont nous débitons provisoirement votre compte

„Devisentermin-Währungskto" Nr. 50 104 /860

und erkennen Sie vorläufig auf
and credited provisionally to your account
et créditons provisoirement votre compte

„Devisentermin-EUR-Kto" Nr. 50 104/865 XX/865

IHRE ANSCHAFFUNG BEI FÄLLIGKEIT / YOU WILL REMIT ON MATURITY / VEUILLEZ NOUS COUVRIR A L'ÉCHÉANCE:	UNSERE ANSCHAFFUNG BEI FÄLLIGKEIT / WE REMIT ON MATURITY / NOUS VOUS COUVRIRONS A L'ÉCHÉANCE:
☐ zu Gunsten unseres Kontos bei Ihnen. for credit to our account with you. en compte chez vous.	☐ zu Gunsten Ihres Kontos bei uns. for credit to your account with us. en compte chez nous.
☐ bei with chez	☐ bei with chez

Bei Unstimmigkeiten bitten wir um sofortige telegrafische oder telefonische Benachrichtigung, da wir verspätete Reklamationen nicht anerkennen können.
In case of any discrepancy please notify us immediately by telex or telephone. Any later objections can not be considered by us.
Encas d'erreurs, nous vous prions de nous informer immédiatement par télex. ou téléphone, des réclamations tardives ne pouvant être prises en considération

Für die Kontrolle:

Hochachtungsvoll
Yours faithfully / Vos dévoués
Deutsche Bank
AKTIENGESELLSCHAFT

② Die Deutsche Bank hat im Anschluss an das Kundengeschäft die Möglichkeit,

a) das Kursrisiko selbst zu tragen,
b) es abzuwälzen.

Wie bezeichnet man die Geschäfte im Falle a) und b)?

③ Die Deutsche Bank AG sichert am gleichen Tag (27. Mai 20. .) das Kursrisiko ab, indem sie die vom Kunden hereinzunehmenden Termin-Dollar per 27. Nov. 20. . an eine andere Bank gegen Kassa-Dollar verkauft. Die Kassa-Dollar verkauft sie am gleichen Tag durch Kundengeschäft. Berechnen Sie den Gewinn/Verlust der Bank aus diesem Geschäft! Kurse laut Aufgabenstellung und unten stehenden Angaben.

1. Kundengeschäft:	Ankauf der Termin-USD zu (Verkauf Euro)	....	=	EUR
Swapgeschäft:	Verkauf der Termin-USD zu (Ankauf Euro)	1,4095	=	EUR
Swapgeschäft:	Ankauf von Kassa-USD zu	1,3904	=	EUR
2. Kundengeschäft:	Verkauf der Kassa-USD zu	....	=	EUR

Ausgaben:	Einnahmen:
.... EUR	.... EUR
.... EUR	.... EUR
Gewinn/Verlust =	.... EUR

10 Richard, Mühlmeyer - ISBN 978-3-8120-1236-2

5 Reisezahlungsverkehr

5.1 Reiseschecks

Herr Max Schöneberger, Ruhrallee 35, 45138 Essen, möchte einen 2-wöchigen Urlaub in Kanada verbringen. Er bittet Sie am 15.07.20.. um eine Beratung über Reisezahlungsmittel.

Aufgaben:

① Empfehlen Sie Herrn Schöneberger geeignete Reisezahlungsmittel!

Herr Schöneberger bittet Sie, ihm für ca. 150,00 EUR Sorten und für ca. 750,00 EUR Reiseschecks in Kanada-Dollar zu verkaufen. Sie bieten ihm CAD-Schecks der American Express Company an. Herr Schöneberger wünscht 12 Schecks à 100,00 CAD.

② Erstellen Sie für Herrn Schöneberger die Verkaufsabrechnung unter Berücksichtigung der üblichen Provision (mindestens 15,00 EUR). Der Kunde wünscht die Verrechnung des Gegenwertes über sein laufendes EUR-Konto. Der Umrechnungskurs für CAD beträgt 1,5851. Scheck-Nummern DS 28-581-542 bis 28-581-553.

Verkaufsavis

Datum/Date:
Filiale/Agent: 380 380 299

Bestell-Nr./Order No.: BF 380 199 907 011 126 53
Ref. No.: 660/41895

Währung Currency	Scheck-Nr./ Cheque-Nos.	Anzahl/ Quantity	Stückelung Denomination	Betrag Currency Amount
Betrag/Amount:				

Kurs/Rate CAD:		EUR
	Gesamtverkauf in Währung/ Total Sale:	
	Provision/Commission:	
	Gesamtbetrag/Total Amount	

Zur Beantwortung der folgenden Fragen sind die nachfolgenden Textauszüge heranzuziehen.

③ Bei Ausgabe der Reiseschecks hat Herr Schöneberger die Schecks oben links zu unterzeichnen. Welche Bedeutung hat die Unterschrift?

④ Herr Schöneberger wird bei der Ausgabe der Schecks darauf hingewiesen, die Verkaufsabrechnung sorgfältig getrennt von den Reiseschecks aufzubewahren.

Erläutern Sie die Bedeutung dieses Hinweises!

⑤ Herr Schöneberger legt der Royal Bank in Toronto einen Travelers Cheques über 100,00 CAD zur Einlösung vor. Was verlangt die Bank vom Kunden vor Auszahlung des Scheckgegenwertes?

⑥ Nennen Sie weitere Verwendungsmöglichkeiten für die Reiseschecks!

⑦ Gegen Ende seiner Reise werden Herrn Schöneberger 4 Reiseschecks über je 100,00 CAD (Nr. DS 28-581-550-553) gestohlen. Was hat er zu veranlassen, wenn der Diebstahl an der letzten Station seiner Reise am Sonntag in Montreal erfolgt?

Welchen Betrag bekommt er an diesem Tag erstattet, wenn die Rückerstattungsbedingungen erfüllt sind?

Travelers Cheques

HINWEISE / GESCHÄFTSBEDINGUNGEN

mit Notrufkarte für den Ersatz
von American Express Travelers Cheques –
rund um die Uhr.

ALLGEMEINE BEDINGUNGEN

WICHTIG: Lesen Sie diese Bedingungen sorgfältig durch. Mit Kauf, Unterzeichnung, Entgegennahme oder Verwendung der Reiseschecks der nebenstehenden Aussteller erkennen Sie die Gültigkeit dieser Bedingungen an.

RÜCKERSTATTUNG: Der Aussteller wird entweder selbst oder über die American Express Travel Related Services Company Inc., deren Tochter, Schwestergesellschaften und Repräsentanzen ('Amex') die Ihnen verlorenen oder entwendeten Reiseschecks ersetzen oder Wertersatz leisten, wenn sämtliche nachstehenden Bedingungen erfüllt wurden:

VOR DEM VERLUST:

- Sie haben den Reisescheck in der oberen linken Ecke dokumentenecht (mit Tinte oder Kugelschreiber) unterzeichnet, bei Saudi Riyal auf der mittleren Reihe.
- Sie haben den Reisescheck nicht in der unteren linken Ecke gegengezeichnet (bei Saudi Travelers Cheques in der unteren rechten Ecke).
- Sie haben Ihren Reisescheck nicht freiwillig einer anderen Person oder Firma zur Aufbewahrung übergeben oder durch einen Trickbetrug verloren.
- Sie haben den Reisescheck nicht in Verstoß gegen gesetzliche Bestimmungen verwendet, wie z.B. für illegale Wetten, Glücksspiele oder andere unerlaubte Handlungen.
- Ihr Reisescheck wurde nicht durch eine gerichtliche Verfügung oder eine Regierungsmaßnahme beschlagnahmt.
- Sie haben die Reiseschecks mit der gleichen Sorgfalt wie Bargeld aufbewahrt.

Aussteller von Reiseschecks:
US Dollar, Kanadische Dollar, Schweizer Franken, Japanische Yen, Australische Doller werden ausgestellt von:
AMERICAN EXPRESS TRAVEL RELATED SERVICES COMPANY, INC.
Registrierungsnummer: 13-3133497
Eingetragener Hauptsitz: American Express Tower, World Financial Centre, New York, N.Y., USA.
Pfund Sterling werden ausgestellt von:
TRAVELLERS CHEQUE ASSOCIATES LTD. Registrierungsnummer: 1591555.
Eingetragener Hauptsitz: 154 Edward Street, Brighton BN2 2 LH, England.

NACH DEM VERLUST:

- Sie verständigen Amex umgehend über den Verlust oder Diebstahl des Reiseschecks.
- Sie teilen Amex umgehend die näheren Einzelheiten des Verlusts oder Diebstahls mit und informieren auf Verlangen von Amex auch die Polizei.
- Sie teilen Amex die Seriennummern des/der verlorenen bzw. entwendeten Reiseschecks mit sowie Ort und Datum des Kaufs.
- Sie füllen das von Amex vorgesehene Rückerstattungsformular aus und legen zur Identifizierung einen Ausweis vor.
- Sie geben Amex alle erforderlichen Informationen und Unterstützung, die für die vollständige Ermittlung des Verlusts oder Diebstahls notwendig sind. Amex behält sich das Recht vor, Ermittlungen über den Verlust oder Diebstahl durchzuführen.

KEINE SCHECKSPERRE: Der Aussteller kann den Reisescheck nicht sperren oder die Zahlung verweigern.

DIE REISESCHECKS SIND NACH DEM KAUF SOFORT AUF DER ANGEGEBENEN OBEREN LINKEN LINIE ZU UNTERZEICHNEN
Die American Express Travel Related Services Company Inc. betreut die von den vorgenannten Ausstellern herausgegebenen Reiseschecks.

Französische Francs werden ausgestellt von:
SOCIETE FRANCAIS DU CHEQUE DE VOYAGE, S.A. mit einem Kapital von 7.500,000 Francs, Registrierungsnummer B318696374, Eingetragener Hauptsitz: 19/29 Rue du Capitaine Guynemer, Cedex 19, 92081 Paris La Defence, Frankreich.

Saudi Riyals werden ausgestellt von:
SAUDI TRAVELLERES CHEQUE COMPANY, Registrierungsnummer: 1010059195, Eingetragener Hauptsitz P.O. Box 7915, Riyadh 11472, Saudiarabien.

BENUTZUNG IHRER TRAVELERS CHEQUES

Im Gegensatz zu Bargeld haben Sie mit American Express Travelers Cheques die Gewissheit, dass Ihnen der wohl beste Service der Welt für Rückerstattungen von Travelers Cheques und Hilfeleistungen auf Reisen zu Diensten steht. Bitte lesen Sie weiter: Sie werden sehen, wie einfach es ist, finanziell sicher und sorgenfrei zu reisen.

- **Unterschreiben Sie Ihre Travelers Cheques umgehend in der oberen Zeile links,** sonst sind Sie nicht gegen Verlust oder Diebstahl geschützt.
- **Bitte zeichnen Sie die Travelers Cheques links unten erst dann gegen,** wenn Sie sie wirklich verwenden wollen, und nur in Gegenwart der Person, die den Travelers Cheque entgegennimmt. In Ausnahmefällen ist es möglich, dass Sie gebeten werden, sich auszuweisen.
- **Um Rückerstattungen möglichst rasch für Sie in die Wege leiten zu können,** rufen Sie bitte umgehend bei American Express an und melden Sie gestohlene oder verlorene Travelers Cheques. Tragen Sie die Seriennummern Ihrer Travelers Cheques sowie Ort und Datum des Kaufs in das dafür vorgesehene Travelers Cheques Verzeichnis ein. Diese Informationen werden benötigt, wenn verlorene oder gestohlene Travelers Cheques gemeldet werden.
- **Mit Travelers Cheques bezahlen.** American Express Travelers Cheques werden weltweit gerne in Geschäften, Restaurants, Hotels und Reisebüros angenommen. In nahezu allen Banken und großen Hotels erhalten Sie für Ihre Travelers Cheques Bargeld und in den meisten American Express Reisebüros und Repräsentanzen wird für das Einlösen von Travelers Cheques keine Gebühr erhoben.
- **Bitte beachten Sie:** In Form von American Express Travelers Cheques ist Ihr Geld sicher aufgehoben. Wechseln Sie nie mehr ein als Sie wirklich benötigen. Behalten Sie unverbrauchte Travelers Cheques einfach für Ihren nächsten Urlaub oder Geschäftsreise; oder legen Sie damit eine sichere Reserve an – wir lösen die Travelers Cheques jederzeit gern ein.

RÜCKERSTATTUNG VON TRAVELERS CHEQUES

Falls Sie American Express Travelers Cheques verloren haben oder sie Ihnen gestohlen wurden, wählen Sie bitte die Nummer des Landes, in dem Sie sich aufhalten.

Bitte die Travelers Cheques Abrechnung
und die Notruf-Karte
unbedingt getrennt von den
Travelers Cheques aufbewahren!

IHR TRAVELERS CHEQUES VERZEICHNIS

Wir empfehlen Ihnen, die Einzelheiten, wann und wo Sie die Travelers Cheques erworben haben, in dem für Sie vorbereiteten Verzeichnis unten einzutragen und dieses sorgfältig, jedoch getrennt von Ihren Travelers Cheques, aufzubewahren. Falls Sie uns verlorene oder gestohlene Travelers Cheques melden müssen, benötigen wir diese Informationen.

Wo gekauft			
Seriennummer	Betrag	Datum	Wo ausgegeben

WIE SIE IM FALLE VON VERLUST ODER DIEBSTAHL EINE RÜCKERSTATTUNG ERHALTEN

EUROPA UND MITTLERER OSTEN

An Arbeitstagen können Sie eine volle Ersatzleistung bei der nächstgelegenen Dienststelle von American Express oder einer Vertretung beantragen. Darüber hinaus können Sie das American Express Regional Refund Centre rund um die Uhr unter den folgenden Nummern **gebührenfrei** anrufen:

Bahrain* 25 68 34	Holland 06 022 0100
Deutschland* 0130 853100	Österreich* 0660 6840
Dänemark 80010100	Schweden 020 795 155
Frankreich 05 90 86 00	Schweiz* 155 0100
Großbritannien 0800 52 13 13	Spanien* 90099 4426

* Für diese Nummern wird eine örtliche Gebühr erhoben.
Von allen übrigen Ländern in Europa und im Mittleren Osten rufen Sie folgende Nummer direkt an: England (44) 1273 571600 (Diese Nummer ist nicht gebührenfrei: Sie können jedoch einen Rückruf oder eine Rückerstattung der Gesprächskosten verlangen.)

Eine Ersatzleistung kann sofort genehmigt werden. An Arbeitstagen werden Sie an die nächste Dienststelle, die komplette Ersatzleistungen durchführt, verwiesen und an Wochenenden, Feiertagen und in der Nacht an die nächste Ersatzleistungsstelle, wo man Ihnen bis zu $ 200 als Überbrückungshilfe bis zum nächsten Arbeitstag, an dem Sie dann die restliche Zahlung erhalten können, aushändigt.

LATEINAMERIKA UND KARIBIK

An Arbeitstagen können Sie eine volle Ersatzleistung bei der nächstgelegenen Dienststelle von American Express oder einer Vertretung innerhalb des Gebietes beantragen.

Darüber hinaus können Sie von Puerto Rico und den Virgin Islands aus eine Rückvergütung vom American Express Refund Centre über folgende Nummer anfordern:

gebührenfrei 1-800 221 7282

VEREINIGTE STAATEN VON AMERIKA UND KANADA

Rufen Sie einfach American Express Travelers Cheques an und beantragen Sie eine Ersatzleistung:

Rund um die Uhr 1-800 221 7282 **gebührenfrei**
auf dem amerikanischen Festland und in Kanada
1-800 221 7282 **gebührenfrei**
in Hawaii und Alaska

An Arbeitstagen wird Ihnen die nächste Dienststelle, wo Sie Ihre neuen Travelers Cheques abholen können, bekannt gegeben.

An Wochenenden, Feiertagen und in der Nacht werden Sie an das nächste Holiday Inn verwiesen wo man Ihnen bis zu $ 100 als Überbrückungshilfe bis zum nächsten Arbeitstag, an dem Sie dann die restliche Zahlung erhalten können, aushändigt.

AFRIKA

An Arbeitstagen können Sie eine volle Ersatzleistung bei der nächstgelegenen Dienststelle von American Express oder einer Vertretung beantragen. Ansonsten können Sie das American Express Regional Refund Centre rund um die Uhr unter folgender Nummer anrufen: England (44) 1273 571600

(Sie können entweder einen Rückruf oder eine Rückerstattung der Gesprächskosten verlangen.)

Die Ersatzleistung wird sofort genehmigt. An manchen Orten kann es sein, dass man Sie an die nächste Ersatzleistungsstelle verweist, wo man Ihnen bis zu $ 200 als Überbrückungshilfe bis zum nächsten Arbeitstag aushändigt. Die restliche Zahlung kann über die nächstgelegene Ersatzleistungsstelle oder per Post erfolgen.

AUSTRALIEN, SÜDPAZIFIK UND FERNOST

An Arbeitstagen können Sie eine Ersatzleistung bei dem nächstgelegenen American Express Reisebüro oder einer Vertretung beantragen.

5.2 MasterCard

Mit MasterCard bezahlen Sie einfach und bequem, nur mit Ihrer Unterschrift.

Mit MasterCard erzielen Sie Zins- und Liquiditätsvorteile.

Mit MasterCard sind Sie weltweit immer bei Kasse.

Mit MasterCard sparen Sie Zeit und Gebühren.

Flüge buchen, Autos mieten, tanken, Hotel- und Restaurantrechnungen bezahlen, bargeldlos einkaufen oder Bargeld auszahlen lassen ... diese und viele weitere Leistungen sind schon von der MasterCard bekannt. Die MasterCard Gold bietet Ihnen darüber hinaus zusätzliche Vorteile – und das alles zu einem äußerst günstigen Jahresbeitrag.

MasterCard

Ohne Geheimzahl (PIN) bezahlen und über Bargeld verfügen

Die MasterCard bzw. MasterCard Gold bietet Ihnen grenzenlose Unabhängigkeit. Bei mehr als 24 Millionen Akzeptanzstellen weltweit sind Sie als MasterCard Inhaber ein gern gesehener Kunde. Sie bezahlen ganz einfach, sicher und bequem nur mit ihrer Unterschrift – ohne persönliche Geheimzahl (PIN). Bargeldverfügungen sind so auch möglich. Allein in Deutschland stattet Sie ein Netz von Banken und Sparkassen gegen Vorlage der MasterCard und Ihres Personalausweises oder Reisepasses mit Bargeld aus; bis zu 2000 Euro innerhalb von 7 Tagen. Bei Banken im Ausland erhalten Sie alle 7 Tage bis zu 1000 US-$ in Landeswährung, sofern keine anderen Regelungen gelten (z. B. devisenrechtliche Bestimmungen).

In Deutschland und auf der ganzen Welt jederzeit kostengünstig Bargeld

Mit der MasterCard und Ihrer persönlichen Geheimzahl (PIN) können Sie in Deutschland und auf der ganzen Welt zum gleichen kostengünstigen Preis an fast 1 Mio. Geldautomaten Bargeld abheben; pro Tag i. d. R. 500 Euro (max. 2000 Euro innerhalb von 7 Tagen). Es fallen lediglich 1 % des Verfügungsbetrages (min. 2,75 Euro) an Kosten an. (Bei Verfügungen außerhalb der Euro-Länder zusätzlich 1,5 % Auslandseinsatzentgelt).

Den ganzen Monat einkaufen und nur einmal bezahlen ...

Die MasterCard-Umsätze werden monatlich gesammelt und anschließend in einer Summe Ihrem Konto belastet. Dadurch vergehen oftmals Wochen bis zur Abbuchung – Ihr Zins- und Liquiditätsvorteil. Über ihre Umsätze können Sie sich täglich am Kontoauszugdrucker oder im Rahmen des Online-Banking informieren.

Sicherheit

Ihre MasterCard ist sicherer als Bargeld. Im Falle eines Diebstahles oder Verlusts Ihrer Kreditkarte entfällt für Sie eine Haftung für Schäden aus Missbrauch, wenn Sie sofort nach dem Abhandenkommen uns, die zentrale Sperrannahmestelle oder eine Repräsentanz von MasterCard unterrichten. Für Schäden, die evtl. bereits vor Benachrichtigung eingetreten sind, haften Sie mit max. € 50,00, wenn Sie die Ihnen obliegenden Sorgfaltspflichten beachtet haben.

Versicherungsschutz auf Reisen

Wenn Sie Flugreisen oder öffentliche Verkehrsmittel, Mietwagen oder Hotels, Ferienhäuser oder -wohnungen mit der MasterCard bzw. MasterCard Gold bezahlt haben, sind Sie als Karteninhaber, Ihr Ehegatte, der eingetragene Lebenspartner, der in häuslicher Gemeinschaft wohnende Lebensgefährte sowie Ihre minderjährigen unverheirateten Kinder oder Kinder bis zum 25. Lebensjahr, sofern sie unterhaltsberechtigt sind und Unterhalt beziehen, bei der Benutzung der Verkehrsmittel bzw. während des Aufenthaltes im Hotelgebäude/Ferienhaus, Ferienwohnung unfallversichert. Der Versicherungsschutz erstreckt sich auch auf Unfälle, die versicherte Personen als Golfspieler erleiden.

Die Versicherungssummen betragen 260000 Euro je Person im Todesfall (für Kinder bis zum vollendeten 14. Lebensjahr 6000 Euro) und bis zu 260000 Euro im Invaliditätsfall. Außerdem werden pro Tag 30 Euro Krankenhaustagegeld gezahlt und bis zu 8000 Euro Bergungskosten sowie bis zu 2000 Euro Kurbeihilfe erstattet.

Zusatzkarte

Die Zusatzkarte für Ihren Partner verdoppelt alle Vorteile einer MasterCard. Unabhängig voneinander können Sie die Bequemlichkeit Ihrer Kreditkarte in Anspruch nehmen. Beantragen Sie deshalb gleich die Zusatzkarte für Ihren Partner mit.

MasterCard Gold

MasterCard Gold für höchste Ansprüche

Die MasterCard Gold ist mit den folgenden umfangreichen und exklusiven Zusatzleistungen ausgestattet.

➙ Höhere Liquidität

Im Ausland zahlen Ihnen Banken pro Monat bis zu 5000 US-$ (in einer Summe) in Landeswährung aus, sofern keine anderen devisenrechtlichen Bestimmungen gelten.

➙ Auslandsreise-Krankenversicherung

Übernahme der 100 %igen Kosten für ärztliche Behandlungen, Arznei- und Verbandsmittel, medizinisch notwendige Transporte in ein Krankenhaus, Unterkunft und Verpflegung bei stationärer Heilbehandlung, Operationen und Zahnbehandlungen. Versicherungsschutz besteht innerhalb der ersten 90 aufeinanderfolgenden Tage einer Auslandsreise.

➙ Fahrzeug und Personenschutzbrief für das Ausland

Bei Auslandsreisen erhalten Sie Hilfeleistungen bzw. Entschädigungszahlungen für z. B. medizinisch sinnvolle Krankenrücktransporte, Vermittlung ärztlicher Betreuung, Hilfe in Todesfällen, Rückruf-Services oder erhöhte Fahrtkosten durch Reiseabbruch.

Bei Auslandsreisen in Europa mit Pkw, Kombi, Wohnmobil oder Motorrad zusätzlich Hilfeleistungen oder Entschädigungszahlungen für bestimmte Folgekosten, z. B. nach Panne oder Unfall, Fahrzeugdiebstahl oder Totalschaden, Erkrankung oder Tod des Fahrers.

➙ Mietwagen-Haftpflichtversicherung

Abwehr oder Befriedigung von Schadensersatzansprüchen Dritter gegen eine das Mietfahrzeug (Pkw, Kombi oder Wohnmobil) nutzende versicherte Person, falls die bestehende Haftpflichtversicherung nicht ausreicht.

➙ Mietwagen-Rechtsschutzversicherung

Wahrnehmung rechtlicher Interessen der das Mietfahrzeug (Pkw, Kombi oder Wohnmobil) fahrenden versicherten Personen.

Nun liegt es an Ihnen

Senden Sie uns einfach den ausgefüllten Kartenantrag zu, dann können auch Sie in Kürze die vielen Vorteile der MasterCard nutzen.

Quelle: Werbeprospekt MasterCard und Kreditkarten-Service Zurich Versicherung AG, Versicherungspartner der Deutsche Bank AG

Aufgaben:

Daniela Boehm, langjährige Kundin der Deutschen Bank AG, bittet Sie um Beratung über die Vorzüge der MasterCard. Im Beratungsgespräch orientieren Sie sich am Inhalt eines Werbeprospektes der MasterCard.

① Legen Sie stichwortartig den Inhalt Ihrer Beratung nieder! Folgen Sie dabei den im 1. Teil des obigen Werbeprospektes abgedruckten Vorteilen.

② Die Kundin Daniela Boehm möchte den Unterschied zwischen der MasterCard und der MasterCard Gold wissen.

③ Die Kundin reicht Ihnen den ausgefüllten Kartenantrag ein (Seite 79).

a) Beurteilen Sie, ob Daniela Boehm die Voraussetzungen für den Erwerb einer MasterCard erfüllt.

b) Beschreiben Sie die mit der Beantragung der MasterCard verbundenen Arbeiten!

c) Wie kommt die Kundin Daniela Boehm in den Besitz der MasterCard und der PIN-Nummer?

④ Daniela Boehm hat am 30.07.20.. nach Beendigung ihres Urlaubs in Thüringen eine Hotelrechnung über 133,15 EUR zu zahlen. Das Hotel ist Vertragsunternehmen der MasterCard Kartengesellschaft. Daniela Boehm setzt ihre Kreditkarte zur Zahlung ein. Das Hotel erstellt folgenden Zahlungsbeleg:

KARTENZAHLUNG
MasterCard

Hotel-Restaurant
Linzmühle
Im Leubengrund 6
07768 Kahla

Terminal-Nr.			50096421
UU-Nr.			151504612
Pos-Nr.	1001239	Beleg	936
Karte gültig bis			07/12
			5232 2702 5678 9012
Betrag EUR			133,15
Referenz-Nr.			116733
Genehmigungs-Nr.			015 391

Unterschrift:

Boehm

30.07.20.. 0269 09:00
00 GENEHMIGUNG
Vielen Dank für Ihren Besuch!
Tel.: 036424/22484

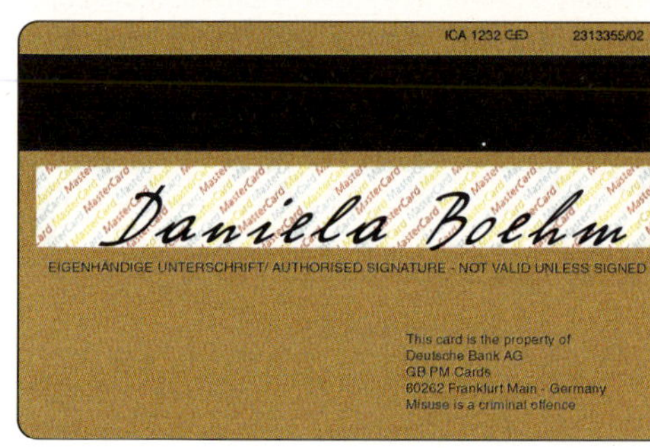

Erläutern Sie die Abwicklung der Zahlung mit MasterCard.

⑤ Die Kundin Daniela Boehm wünscht Auskunft darüber, wie sie sich beim Verlust oder Diebstahl der MasterCard zu verhalten hat. Erklären Sie ihr die erforderlichen Maßnahmen und die Schadensersatzregelung beim Verlust der MasterCard!

⑥ Daniela Boehm hat die MasterCard Gold erworben. Sie hat für sich und ihren Lebensgefährten eine Romreise gebucht. Die Reise wurde beim Reiseveranstalter mit der Kreditkarte bezahlt.

Am vierten Urlaubstag stürzt der Lebensgefährte Christian auf der Treppe des Hotels in Rom. Er erleidet einen Trümmerbruch am Fuß, der im Krankenhaus operiert werden muss. Er muss 5 Tage im Krankenhaus verweilen. Die Krankenhauskosten (einschl. Behandlung) bezahlt Daniela Boehm bar.

In der dritten Urlaubswoche mieten Daniela Boehm und ihr Lebensgefährte ein Auto, um die nähere Umgebung des Urlaubsortes zu erkunden. Die Pechsträhne ist noch nicht beendet. Bei einem eigenverantworteten Unfall entsteht ein großer Schaden. Welche Versicherungen – gemäß Prospekt – und welche Leistungen könnte die Karteninhaberin in Anspruch nehmen?

Deutsche Bank AG

Ich bestelle eine

[X] **MasterCard Gold (Hauptkarte)** für z.Z. EUR 82,00 p.a. ► [ ] **Zusatzkarte** für z.Z. EUR [ ] p.a.

[ ] **MasterCard (Hauptkarte)** für z.Z. EUR [ ] p.a. ► [ ] **Zusatzkarte** für z.Z. EUR [ ] p.a.

Bei Bestellung einer Zusatzkarte: Name des Hauptkarteninhabers: [ ] Karten-Nr. des Hauptkarteninhabers: [ ]

[X] Ich bestelle eine **PIN = Persönliche Identifikations-Nummer** für die beantragte Karte.

Einzugsermächtigung: Ich bin widerruflich damit einverstanden, daß alle im Zusammenhang mit der beantragten Karte von mir zu entrichtenden Beträge mittels Lastschrift

[X] von dem nachstehenden Konto eingezogen werden

[ ] von dem nachstehenden Konto des Hauptkarteninhabers eingezogen werden

Name des Kontoinhabers: Daniela Boehm

Konto-Nr.: 54192650

BLZ: 37070060

Kreditinstitut/Ort: Deutsche Bank Köln

Ich besitze folgende Karten: [ ] Visa [ ] American Express [ ] Diners Club [ ] MasterCard [X] ec-Karte

Privatanschrift

[X] Frau [ ] Herr

Titel, Vorname, Nachname: DANIELA BOEHM

Name (Fortsetzung): [ ]

Straße/Hausnummer (kein Postfach): WEYERTAL 76

Wohnhaft seit (MM/JJ): [ ]

PLZ: 50931 Ort: KOELN

Korrespondenzanschrift (wenn abweichend von Privatanschrift)

[ ] Frau [ ] Herr [ ] ohne Anrede

Vor- und Nachname: [ ]

gegebenenfalls Firma: [ ]

Straße/Hausnummer: [ ]

PLZ: [ ] Ort: [ ]

Telefon: Privat [X] Vorwahl 0221 Rufnummer 768390 — Berufl. [ ] Vorwahl [ ] Rufnummer [ ]

Geburtsdatum (TT/MM/JJ): 130560

[ ] verheiratet [X] nicht verheiratet

Anzahl unterhaltsberechtigte Kinder: [ ]

Staatsangehörigkeit: [X] deutsch [ ] andere

Beschäftigt in

Firma: ALLIANZ VERSICHERUNG

Straße/Hausnummer: [ ]

PLZ: [ ] Ort: [ ]

Netto-Monatseinkommen

[ ] bis EUR 1.000

[ ] bis EUR 2.500

[X] bis EUR 3.850

[ ] über EUR 3.850

wirtschaftlich selbständig seit [ ] M M J J

[ ] Handwerker

[ ] Freiberufler

beschäftigt seit (MM/JJ): 0488

[X] Angestellter/Beamter [ ] Hausfrau

[ ] Facharbeiter [ ] Auszubildender/Student

[ ] Pensionär/Rentner [ ] Sonstige

Immobilienbesitz: [X] Eigentumswohnung [ ] Einfamilienhaus [ ] Mehr-Familienhaus

19. Juni 20.. Boehm

Datum — Unterschriften Antragsteller — Hauptkarteninhaber bei Zusatzkarte / Kontoinhaber

Interne Vermerke

Zahlungsrahmen [ ] 10 15 20 30 — Kontoverb. seit (MM/JJ) [ ] — kein lfd. Konto [ ] — Vermittler-Nr. [ ] — Instituts-Nr. [ ]

Partner-Nr. [ ] — Ber.-/Bs.-Nr. [ ] - [ ] — Abr.-schl. [ ] — VIP-Schl. [ ] — Versandschl. [ ] — So.-Vers. [ ]

Zuständige/r Mitarbeiter/in — Telefon

Datum, Stempel und Unterschrift der Bank

Bedingungen für die Kreditkarten

Stand 31. Oktober 2009 – Auszug –

Deutsche Bank AG

Die nachfolgenden Bedingungen gelten für die Kreditkarten der Deutsche Bank Privat- und Geschäftskunden AG und der Deutsche Bank AG (nachfolgend einheitlich „Bank").

I. Zahlungsverkehrsbezogene Anwendungen

1 Verwendungsmöglichkeiten

1.1 Zu Zahlungsverkehrszwecken

(1) Mit der von der Bank ausgegebenen MasterCard und VISA (nachfolgend „Kreditkarte") kann der Karteninhaber im Inland und als weitere Dienstleistung auch im Ausland im Rahmen des MasterCard- bzw. VISA-Verbundes

- bei Vertragsunternehmen Waren und Dienstleistungen bargeldlos bezahlen
- und darüber hinaus als weitere Dienstleistung an Geldautomaten sowie an Kassen von Kreditinstituten – dort zusätzlich gegen Vorlage eines Ausweispapiers – Bargeld beziehen (Bargeldservice); über die Höchstbeträge beim Bezug von Bargeld wird die Bank den Karteninhaber gesondert unterrichten.

(2) Die Vertragsunternehmen sowie die dem Bargeldservice angeschlossenen Kreditinstitute und Geldautomaten sind an den Akzeptanzsymbolen zu erkennen, die auf der Kreditkarte zu sehen sind.

(3) Soweit mit der Kreditkarte zusätzliche Leistungen (z. B. Versicherungen) verbunden sind, informiert die Bank den Karteninhaber hierüber sowie über hierfür geltende besondere Regeln gesondert.

1.2 Als Speichermedium für Zusatzanwendungen

Verfügt die an den Karteninhaber ausgegebene Kreditkarte über einen Chip, so kann die Karte, sofern diese entsprechend ausgestattet ist, auch als Speichermedium für Zusatzanwendungen

- der kartenausgebenden Bank nach Maßgabe des mit der Bank abgeschlossenen Vertrages (bankgenerierte Zusatzanwendung) oder
- eines Vertragsunternehmens nach Maßgabe des mit diesem abgeschlossenen Vertrages (unternehmensgenerierte Zusatzanwendung) verwendet werden.

2 Persönliche Geheimzahl (PIN)

(1) Für die Nutzung von Geldautomaten und automatisierten Kassen kann dem Karteninhaber von der Bank eine persönliche Geheimzahl (PIN = Persönliche Identifikations-Nummer) zur Verfügung gestellt werden.

(2) Die Karte kann an Geldautomaten sowie an automatisierten Kassen, an denen im Zusammenhang mit der Verwendung der Karte die PIN eingegeben werden muss, nicht mehr eingesetzt werden, wenn die PIN dreimal hintereinander falsch eingegeben wurde. Der Karteninhaber sollte sich in diesem Fall mit seiner Bank, möglichst mit der kontoführenden Stelle, in Verbindung setzen.

3 Autorisierung von Kartenzahlungen durch den Karteninhaber

(1) Bei Nutzung der Kreditkarte ist

- entweder ein Beleg zu unterschreiben, auf den das Vertragsunternehmen die Kartendaten übertragen hat,
- oder an Geldautomaten und automatisierten Kassen die PIN einzugeben.

(2) Nach vorheriger Abstimmung zwischen Karteninhaber und Vertragsunternehmen kann der Karteninhaber – insbesondere zur Beschleunigung eines Geschäftsvorfalls – ausnahmsweise darauf verzichten, den Beleg zu unterzeichnen, und stattdessen lediglich seine Kreditkarten-Nummer angeben.

(3) Mit dem Einsatz der Karte erteilt der Karteninhaber die Autorisierung zur Ausführung der Kartenzahlung. Soweit dafür zusätzlich eine PIN oder die Unterschrift erforderlich ist, wird die Zustimmung erst mit deren Einsatz erteilt. Nach der Erteilung der Zustimmung kann der Karteninhaber die Kartenzahlung nicht mehr widerrufen.

4 Ablehnung von Kartenzahlungen durch die Bank

Die Bank ist berechtigt, die Kartenzahlung abzulehnen, wenn

- sich der Karteninhaber nicht mit seiner PIN legitimiert hat,
- der für die Kartenzahlung geltende Verfügungsrahmen der Karte oder die finanzielle Nutzungsgrenze nicht eingehalten ist oder
- die Karte gesperrt ist.

Hierüber wird der Karteninhaber über das Terminal, an dem die Karte eingesetzt wird, unterrichtet.

5 Ausführungsfrist

Der Zahlungsvorgang wird vom Zahlungsempfänger ausgelöst. Nach Zugang des Zahlungsauftrages bei der Bank ist diese verpflichtet sicherzustellen, dass der Kartenzahlungsbetrag spätestens zu dem im Preis- und Leistungsverzeichnis der Bank angegebenen Zeitpunkt beim Zahlungsdienstleister des Zahlungsempfängers eingeht.

6 Finanzielle Nutzungsgrenze

(1) Der Karteninhaber darf die Kreditkarte nur innerhalb des von der Bank für die Karte vergebenen Verfügungsrahmens und nur in der Weise nutzen, dass ein Ausgleich der Kartenumsätze bei Fälligkeit gewährleistet ist. Der Karteninhaber kann mit der Bank grundsätzlich eine Änderung seines Verfügungsrahmens der Karte vereinbaren.

(2) Auch wenn der Karteninhaber die finanzielle Nutzungsgrenze nicht einhält, ist die Bank berechtigt, den Ersatz der Aufwendungen zu verlangen, die aus der Nutzung der Kreditkarte entstehen. Die Genehmigung einzelner Kreditkarten-Umsätze führt weder zur Einräumung eines Kredites noch zur Erhöhung eines zuvor eingeräumten Kredites, sondern erfolgt in der Erwartung, dass ein Ausgleich der Kreditkarten-Umsätze bei Fälligkeit gewährleistet ist.

(3) Übersteigt die Buchung von Kreditkarten-Umsätzen das vorhandene Kontoguthaben oder einen vorher für das Konto eingeräumten Kredit, so führt die Buchung lediglich zu einer geduldeten Kontoüberziehung.

7 Sorgfalts- und Mitwirkungspflichten des Karteninhabers

7.1 Unterschrift

Der Karteninhaber hat die Kreditkarte nach Erhalt unverzüglich auf dem Unterschriftsfeld zu unterschreiben.

7.2 Sorgfältige Aufbewahrung der Kreditkarte

Die Karte ist mit besonderer Sorgfalt aufzubewahren, um zu verhindern, dass sie abhanden kommt und/oder missbräuchlich verwendet wird. Sie darf insbesondere nicht unbeaufsichtigt im Kraftfahrzeug aufbewahrt werden. Denn jede Person, die im Besitz der Karte ist, hat die Möglichkeit, mit ihr missbräuchliche Verfügungen zu tätigen.

7.3 Geheimhaltung der persönlichen Geheimzahl (PIN)

Der Karteninhaber hat auch dafür Sorge zu tragen, dass keine andere Person Kenntnis von seiner persönlichen Geheimzahl erlangt. Sie darf insbesondere nicht auf der Kreditkarte vermerkt oder in anderer Weise zusammen mit dieser aufbewahrt werden. Jede Person, die in den Besitz der Kreditkarte gelangt und die persönliche Geheimzahl kennt, hat die Möglichkeit, mit Kreditkarte und PIN zusammen Verfügungen zu tätigen (z. B. Geld an Geldautomaten abzuheben).

7.4 Unterrichtungs- und Anzeigepflichten des Karteninhabers

(1) Stellt der Karteninhaber den Verlust oder Diebstahl seiner Kreditkarte oder missbräuchliche Verfügungen mit seiner Kreditkarte und ggf. seiner PIN fest, so ist die Bank, und zwar möglichst die kontoführende Stelle, oder eine Repräsentanz des MasterCard-

bzw. VISA-Verbundes unverzüglich zu unterrichten, um die Kreditkarte sperren zu lassen. Dies gilt auch, wenn der Karteninhaber den Verdacht hat, dass eine andere Person unberechtigt in den Besitz seiner Karte und ggf. PIN gelangt ist. Die Kontaktdaten, unter denen eine Sperranzeige abgegeben werden kann, werden dem Karteninhaber gesondert mitgeteilt. Der Karteninhaber hat einen Diebstahl oder Missbrauch auch unverzüglich bei der Polizei anzuzeigen.

(2) Der Karteninhaber hat die Bank unverzüglich auch nach Feststellung einer nicht autorisierten oder fehlerhaft ausgeführten Kartenverfügung zu unterrichten und erforderlichenfalls eine Kartensperrung zu veranlassen.

(3) und (4) [...]

8 Zahlungsverpflichtung des Karteninhabers

(1) Die Bank ist gegenüber den Vertragsunternehmen sowie den Kreditinstituten, die die Kreditkarte zur Bargeldauszahlung an Schaltern oder Geldautomaten akzeptieren, verpflichtet, die vom Karteninhaber mit der Karte getätigten Umsätze zu begleichen.

(2) Die Bank unterrichtet den Karteninhaber mindestens einmal monatlich auf dem mit ihm vereinbarten Weg über alle im Zusammenhang mit der Begleichung der Kartenumsätze entstehenden Aufwendungen sowie Entgelte. [...] Der Abrechnungsbetrag ist mit Erteilung der Abrechnung gegenüber dem Karteninhaber fällig und wird dem vereinbarten Abrechnungskonto belastet. [...]

(3) Einwendungen und sonstige Beanstandungen des Karteninhabers aus seinem Vertragsverhältnis zu dem Vertragsunternehmen, bei dem die Karte eingesetzt wurde, sind unmittelbar gegenüber dem Vertragsunternehmen geltend zu machen.

(4) Die Zahlungsverpflichtung des Karteninhabers bleibt hiervon unberührt. Einwendungen können nach Ablauf von 60 Tagen ab dem Eingangsdatum des Umsatzbeleges gegenüber dem Vertragsunternehmen nicht mehr wirksam geltend gemacht werden. Hierzu müssen diese spätestens zwei Wochen vor Ablauf dieser Frist der Bank vorliegen.

9 Fremdwährungsumrechnung

Nutzt der Karteninhaber die Karte für Verfügungen, die nicht auf Euro lauten, wird das Konto gleichwohl in Euro belastet. Die Bestimmung des Kurses bei Fremdwährungsgeschäften ergibt sich aus dem Preis- und Leistungsverzeichnis der Bank. [...]

10 Entgelte und Auslagen

(1) Die vom Karteninhaber gegenüber der Bank geschuldeten Entgelte und Auslagen ergeben sich aus dem Preis- und Leistungsverzeichnis der Bank.

(2), (3) und (4) [...]

11 Erstattungs- und Schadensersatzansprüche des Karteninhabers

11.1 Erstattung bei nicht autorisierter Kartenverfügung

Im Falle einer vom Karteninhaber nicht autorisierten Kartenverfügung in Form

- der Abhebung von Bargeld oder
- der Verwendung der Karte bei einem Vertragsunternehmen

hat die Bank gegen den Karteninhaber keinen Anspruch auf Erstattung ihrer Aufwendungen. Die Bank ist verpflichtet, dem Karteninhaber den Betrag unverzüglich und ungekürzt zu erstatten. Wurde der Betrag einem Konto belastet, bringt die Bank dieses wieder auf den Stand, auf dem es sich ohne die nicht autorisierte Kartenverfügung befunden hätte.

11.2 Erstattung bei nicht erfolgter oder fehlerhafter Ausführung einer autorisierten Kartenverfügung

(1) Im Falle einer nicht erfolgten oder fehlerhaften Ausführung einer vom Karteninhaber autorisierten Kartenverfügung in Form

- der Abhebung von Bargeld oder
- der Verwendung der Karte bei einem Vertragsunternehmen

kann der Karteninhaber von der Bank die unverzügliche und ungekürzte Erstattung des Verfügungsbetrages insoweit verlangen, als die Kartenverfügung nicht erfolgte oder fehlerhaft war. Wurde der Betrag einem Konto belastet, bringt die Bank dieses wieder auf den Stand, auf dem es sich ohne die nicht erfolgte oder fehlerhafte Kartenverfügung befunden hätte.

(2) Der Karteninhaber kann über die Regelung in Absatz 1 hinaus von der Bank die Erstattung der Entgelte und Zinsen insoweit verlangen, als ihm diese im Zusammenhang mit der nicht erfolgten oder fehlerhaften Ausführung der autorisierten Kartenverfügung in Rechnung gestellt oder seinem Konto belastet wurden.

(3) Besteht die fehlerhafte Ausführung darin, dass eine autorisierte Kartenverfügung beim Zahlungsdienstleister des Zahlungsempfängers erst nach Ablauf der Ausführungsfrist in Nummer 1.5 eingeht (Verspätung), sind die Ansprüche des Karteninhabers nach den Absätzen 1 und 2 ausgeschlossen. Ist dem Karteninhaber durch die Verspätung ein Schaden entstanden, haftet die Bank nach Nr. 11.3.

(4) Wurde eine autorisierte Kartenverfügung nicht oder fehlerhaft ausgeführt, wird die Bank die Kartenverfügung auf Verlangen des Karteninhabers nachvollziehen und ihn über das Ergebnis unterrichten.

11.3 Schadensersatzansprüche des Karteninhabers aufgrund einer nicht autorisierten Kartenverfügung oder einer nicht erfolgten oder fehlerhaften Ausführung einer autorisierten Kartenverfügung

Im Falle einer vom Karteninhaber nicht autorisierten Kartenverfügung oder im Falle einer nicht erfolgten oder fehlerhaften Ausführung einer autorisierten Kartenverfügung kann der Karteninhaber von der Bank einen Schaden, der nicht bereits von Nr. 11.1 und 11.2 erfasst ist, ersetzt verlangen. Dies gilt nicht, wenn die Bank die Pflichtverletzung nicht zu vertreten hat. Die Bank hat hierbei ein Verschulden, das einer zwischengeschalteten Stelle zur Last fällt, wie eigenes Verschulden zu vertreten, es sei denn, dass die wesentliche Ursache bei einer zwischengeschalteten Stelle liegt, die der Karteninhaber vorgegeben hat. Handelt es sich bei dem Karteninhaber nicht um einen Verbraucher oder erfolgt der Einsatz der Karte in einem Land außerhalb Deutschlands und des Europäischen Wirtschaftsraumes (EWR) (Drittstaat) oder in der Währung eines Staates außerhalb des EWR (Drittstaatenwährungszahlung), beschränkt sich die Haftung der Bank für das Verschulden einer an der Abwicklung des Zahlungsvorgangs beteiligten Stelle auf die sorgfältige Auswahl und Unterweisung einer solchen Stelle. Hat der Karteninhaber durch ein schuldhaftes Verhalten zur Entstehung des Schadens beigetragen, bestimmt sich nach den Grundsätzen des Mitverschuldens, in welchem Umfang Bank und Karteninhaber den Schaden zu tragen haben. Die Haftung nach diesem Absatz ist auf 12.500 Euro je Kartenverfügung begrenzt. Diese betragsmäßige Haftungsbeschränkung gilt nicht

- für vom Karteninhaber nicht autorisierte Kartenverfügungen,
- bei Vorsatz oder grober Fahrlässigkeit der Bank,
- für Gefahren, die die Bank besonders übernommen hat, und
- für den dem Karteninhaber entstandenen Zinsschaden, soweit der Karteninhaber Verbraucher ist.

11.4 Frist für die Geltendmachung von Ansprüchen nach Nr. 11.1 bis 11.3

Ansprüche gegen die Bank nach Nr. 11.1 bis 11.3 sind ausgeschlossen, wenn der Karteninhaber die Bank nicht spätestens 13 Monate nach dem Tag der Belastung mit der Kartenverfügung darüber unterrichtet hat, dass es sich um eine von ihm nicht autorisierte, nicht erfolgte oder fehlerhafte Kartenverfügung handelt. [...]

11.5 Erstattungsanspruch bei einer autorisierten Kartenverfügung ohne genaue Betragsangabe und Frist für die Geltendmachung des Anspruchs

(1) Der Karteninhaber kann von der Bank die unverzügliche und ungekürzte Erstattung des Verfügungsbetrages verlangen, wenn

- er eine Kartenverfügung bei einem Vertragsunternehmen in der Weise autorisiert hat, dass bei der Autorisierung der genaue Betrag nicht angegeben wurde, und

11 Richard, Mühlmeyer - ISBN 978-3-8120-1236-2

- der Zahlungsvorgang den Betrag übersteigt, den der Karteninhaber entsprechend seinem bisherigen Ausgabeverhalten, dem Inhalt des Kartenvertrages und den jeweiligen Umständen des Einzelfalles hätte erwarten können. Mit einem etwaigen Währungsumtausch zusammenhängende Gründe bleiben außer Betracht, wenn der vereinbarte Wechselkurs zugrunde gelegt wurde.

(2) Der Karteninhaber ist verpflichtet, gegenüber der Bank die Sachumstände darzulegen, aus denen er seinen Erstattungsanspruch herleitet.

(3) Der Anspruch auf Erstattung ist ausgeschlossen, wenn er nicht innerhalb von acht Wochen nach dem Zeitpunkt der Belastung des Umsatzes auf dem Abrechnungskonto gegenüber der Bank geltend gemacht wird.

11.6 Haftungs- und Einwendungsausschluss

Ansprüche des Karteninhabers gegen die Bank nach Nr. 11.1 bis 11.5 sind ausgeschlossen, wenn die einen Anspruch begründenden Umstände

- auf einem ungewöhnlichen und unvorhersehbaren Ereignis beruhen, auf das die Bank keinen Einfluss hat und dessen Folgen trotz Anwendung der gebotenen Sorgfalt von ihr nicht hätten vermieden werden können, oder
- von der Bank aufgrund einer gesetzlichen Verpflichtung herbeigeführt wurden.

12 Haftung des Karteninhabers für von ihm nicht autorisierte Kartenverfügungen

12.1 Haftung des Karteninhabers bis zur Sperranzeige

(1) Verliert der Karteninhaber seine Kreditkarte und/oder PIN, werden sie ihm gestohlen oder kommen sie ihm sonst abhanden und kommt es dadurch zu einer von ihm nicht autorisierten Kartenverfügung in Form

- der Abhebung von Bargeld oder
- der Verwendung der Karte bei einem Vertragsunternehmen,

so haftet der Karteninhaber für Schäden, die bis zum Zeitpunkt der Sperranzeige verursacht werden, gemäß Absatz 3 nur, wenn er seine Pflichten vorsätzlich oder grob fahrlässig verletzt hat.

(2) Das Gleiche gilt, wenn es vor der Sperranzeige zu einer nicht autorisierten Kartenverfügung kommt, ohne dass ein Verlust, Diebstahl oder ein sonstiges Abhandenkommen der Karte und/ oder PIN vorliegt.

(3) Kommt es vor der Sperranzeige zu einer nicht autorisierten Verfügung, und hat der Karteninhaber seine Sorgfaltspflichten nach diesen Bedingungen vorsätzlich oder grob fahrlässig verletzt oder in betrügerischer Absicht gehandelt, trägt der Karteninhaber den hierdurch entstandenen Schaden in vollem Umfang. Grobe Fahrlässigkeit des Karteninhabers kann insbesondere dann vorliegen, wenn

- er den Verlust, Diebstahl oder die missbräuchliche Verfügung der Bank oder der Repräsentanz des MasterCard- bzw. VISA-Verbundes schuldhaft nicht unverzüglich mitgeteilt hat,
- die persönliche Geheimzahl auf der Karte vermerkt oder zusammen mit der Karte verwahrt war (zum Beispiel im Originalbrief, in dem sie dem Karteninhaber mitgeteilt wurde) oder
- die persönliche Geheimzahl einer anderen Person mitgeteilt und der Missbrauch dadurch verursacht wurde.

(4) Die Haftung für Schäden beschränkt sich jeweils auf den für die Karte geltenden Verfügungsrahmen.

12.2 Haftung des Karteninhabers ab Sperranzeige

Sobald der Verlust oder Diebstahl der Kreditkarte, die missbräuchliche Verwendung oder eine sonstige nicht autorisierte Nutzung von Karte und/oder PIN gegenüber der Bank oder einer Repräsentanz des MasterCard- oder VISA-Verbundes angezeigt wurde, übernimmt die Bank alle danach durch Verfügungen in Form

- der Abhebung von Bargeld oder
- der Verwendung der Karte bei einem Vertragsunternehmen

entstehenden Schäden. Handelt der Karteninhaber in betrügerischer Absicht, trägt der Karteninhaber auch die nach der Sperranzeige entstehenden Schäden.

13 Gesamtschuldnerische Haftung mehrerer Antragsteller

(1) Für die Verbindlichkeiten aus einer gemeinsam beantragten Kreditkarte haften die Antragsteller als Gesamtschuldner, d.h., die Bank kann von jedem Antragsteller die Erfüllung sämtlicher Ansprüche fordern.

(2) [...]

14 Eigentum und Gültigkeit der Kreditkarte

(1) Die Kreditkarte bleibt im Eigentum der Bank. Sie ist nicht übertragbar. Die Karte ist nur für den auf der Karte angegebenen Zeitraum gültig.

(2), (3) und (4) [...]

15 Vertragsdauer

[...]

16 Kündigung des Kreditkartenvertrages

[...]

17 Folgen der Kündigung

[...]

18 Einziehung und Sperre der Kreditkarte

[...]

II. Zusatzanwendungen

1 Speicherung von Zusatzanwendungen auf der Karte

[...]

5.3 Einlösung eines Fremdwährungsschecks

Der Kunde Stephen P. Smith legt Ihnen während seines Deutschlandaufenthalts folgenden Travellers Cheque zur Einlösung vor:

Aufgaben:

① Welche Arbeiten fallen bei Ihnen vor Auszahlung an?

② Erstellen Sie die Abrechnung für den Kunden in EUR!

Devisenkurse (EUR/GBP): Geld 0,8775 Brief 0,8815

Provision: $\frac{1}{8}$%, mindestens 6,00 EUR,

Der Sicht-Aufschlag beträgt eine halbe Geld-Brief-Spanne.

Währung - Menge	Kurs	EUR-Gegenwert
		– Provision
		Auszahlung

6 Garantien

6.1 Abwicklung einer Garantie

Die Otto Schwartz GmbH, Westfalenpark 54, 44139 Dortmund, möchte sich an folgender Ausschreibung in Ägypten beteiligen:

> Foreign Purchasing Commitee, Public Sector Organisation for Rice Mills, Marketing, 6 Falaki Square, Kairo.
>
> Tender No. 1-2000/01: Rehabilitation, supply, supervision of erection, startup and commissioning of two rice mills of 200-tons-a-day capacity, for white and broken rice.
>
> Garantie: je 25 000 USD.

Die Firma Otto Schwartz bittet die Deutsche Bank AG Dortmund, eine Garantie hinauszulegen.

Die Deutsche Bank AG kommt diesem Wunsche nach und händigt weisungsgemäß folgende Garantie aus:

Deutsche Bank

Dortmund, den 15. April 20..
Ort, Datum

An

Foreign Purchasing Commitee
Public Sector Organisation for Rice Mills
Marketing
6 Falaki Square
Kairo
(Garantienehmer)

...-garantie Nr. 306

Wir wurden davon unterrichtet, dass die Firma *Otto Schwartz GmbH, 44139 Dortmund,* Ihnen unter Ihrer Ausschreibung 1-2000/01 vom 30.03.20.. ein Angebot ~~(1)~~ ~~auf (2)~~ unterbreitet hat und dass Ihre Ausschreibungsbedingungen die Erstellung einer ...-garantie vorsehen.

Dies vorausgeschickt, verpflichten wir, die Deutsche Bank AG, Filiale *Dortmund*, uns hiermit unwiderruflich, an Sie auf Ihre erste schriftliche Anforderung hin unverzüglich einen Betrag bis zur Höhe von

USD 50 000

(in Worten: *USD Fünfzigtausend* ——————————)

zu zahlen, wenn Sie uns gleichzeitig schriftlich bestätigen, dass die Firma *Otto Schwartz GmbH* die mit ihrem Angebot eingegangenen Verpflichtungen nicht erfüllt hat.

Diese Garantie erlischt, selbst bei Nichtrückgabe dieser Urkunde, am 30.12.20.., es sei denn, dass Sie uns vor Ablauf dieses Tages, schriftlich bei uns in *Dortmund* eintreffend, nach Maßgabe der vorstehend aufgeführten Bedingungen aus ihr in Anspruch genommen haben.

Die Ausstellung dieser Garantie ist gemäß den gesetzlichen Bestimmungen der Bundesrepublik Deutschland zulässig.

Die Rechte und Pflichten aus dieser Garantie bestimmen sich nach dem Recht der Bundesrepublik Deutschland.

Deutsche Bank AG
Filiale *Dortmund*

(1) falls bekannt, z. B. „Nr. ______ vom ______"
(2) Angebotsgegenstand

Aufgaben:

① Wie bezeichnet man die vorstehende Garantie?

② Warum verlangt das Foreign Purchasing Commitee bei der Angebotsabgabe eine solche Garantie?

③ Bei der Deutschen Bank, Filiale Dortmund, geht am 30.09.20.. ein Schreiben des Foreign Purchasing Commitees ein, dessen Inhalt (auszugsweise) lautet:

> „Die Firma Schwartz GmbH hat die eingegangenen Verpflichtungen aus der Ausschreibung nicht erfüllt. Sie hat trotz Zuschlag den vorgesehenen Vertrag nicht unterzeichnet."

Wozu ist die Deutsche Bank AG aufgrund der ausgelegten Garantie verpflichtet?

④ Geben Sie an, in welchem Posten der Bilanz sich die Garantie bei Bestehen über das Jahresende hinaus niederschlägt!

6.2 Garantiearten

Benennen und erläutern Sie die folgenden Garantiearten!

Garantie 1:

An

Fred. A. Harris
Avenida Don Sepulchro
Lima / Peru
(Garantienehmer)

. . .-garantie Nr. 118

Wir wurden davon unterrichtet, dass zwischen Ihnen und der Firma *Neuing u. Co., 51065 Köln*, nachstehend „Verkäufer" genannt, am 30.08.20. . unter der Nr. 36 ein Vertrag ~~auf (1)~~ ______ zu einem Gesamtpreis von 960 000,— *EUR* abgeschlossen worden ist, der die Erstellung einer . . .-garantie in Höhe von 5 % des Gesamtpreises vorsieht.

Dies vorausgeschickt, verpflichten wir, die Deutsche Bank AG, Filiale *Köln*, uns hiermit unwiderruflich, an Sie auf Ihre erste schriftliche Anforderung hin unverzüglich einen Betrag bis zur Höhe von

48 000,— *EUR*

(in Worten: *achtundvierzigtausend* ______)

zu zahlen, wenn Sie uns gleichzeitig schriftlich bestätigen, dass der Verkäufer seinen vertraglichen Lieferpflichten nicht nachgekommen ist.

Garantie 2:

An

Mirsa Fratelli
Triest / Italien
(Garantienehmer)

. . .-garantie Nr. 63

Wir wurden davon unterrichtet, dass zwischen Ihnen und der Firma *Gebr. Müller, 45134 Essen*, nachstehend „Verkäufer" genannt, am 15.01.20. . unter der Nr. 308 ein Vertrag ~~auf (1)~~ ______ zu einem Gesamtpreis von 1 500 000,— *EUR* abgeschlossen worden ist, der eine Anzahlung in Höhe von 10 % des Gesamtpreises gegen die Erstellung einer . . .-garantie vorsieht.

Dies vorausgeschickt, verpflichten wir, die Deutsche Bank AG, Filiale *Essen*, uns hiermit unwiderruflich, an Sie auf Ihre erste schriftliche Anforderung hin unverzüglich einen Betrag bis zur Höhe von

150 000,— *EUR*

(in Worten: *einhundertfünfzigtausend* ______)

zu zahlen, wenn Sie uns gleichzeitig schriftlich bestätigen, dass der Verkäufer seinen vertraglichen Pflichten ~~zur (1)~~ ______ nicht nachgekommen ist und Sie demzufolge berechtigt sind, die geleistete Anzahlung zurückzufordern.

Garantie 3:

An

Firma
A. F. Köksol
Izmir / Türkei
(Garantienehmer)

. . .-erfüllungsgarantie Nr. 96

Wir wurden davon unterrichtet, dass zwischen Ihnen und der Firma *Salching OHG*, nachstehend „Verkäufer" genannt, am 30.10.20. . unter der Nr. 18 ein Vertrag ~~auf (1)~~ ______ zu einem Gesamtpreis von 800 000,— *EUR* abgeschlossen worden ist, der die Erstellung einer . . .-garantie in Höhe von 8 % des Gesamtpreises vorsieht.

Dies vorausgeschickt, verpflichten wir, die Deutsche Bank AG, Filiale *Hamburg*, uns hiermit unwiderruflich, an Sie auf Ihre erste schriftliche Anforderung hin unverzüglich einen Betrag bis zur Höhe von

64 000,— *EUR*

(in Worten: *vierundsechzigtausend* ______)

zu zahlen, wenn Sie uns gleichzeitig schriftlich bestätigen, dass die gelieferte Ware technisch nicht einwandfrei war.

6.3 Euler-Hermes-Garantie

Die Solartechnik GmbH, Hafentor 20, 20459 Hamburg, hat einen Vertrag über die Lieferung von 300 Sonnenkollektoren zum Preise von 670 000,00 EUR nach Bangkok/Thailand abgeschlossen. Zur Deckung der wirtschaftlichen und politischen Risiken beantragt die Solartechnik GmbH bei der Euler Hermes Kreditversicherungs-AG eine Fabrikationsrisiko- und Ausfuhr-Garantie.

Antrag auf Übernahme einer Ausfuhr [X] **garantie**
[ ] **bürgschaft**

Bitte senden Sie diesen Antrag an die für Sie zuständige Außenstelle der Euler Hermes Kreditversicherungs-AG

Land ____________________

Euler Hermes
Kreditversicherungs-AG
Postfach 50 07 40
22707 Hamburg

Wichtige Hinweise:

Bitte informieren Sie sich rechtzeitig über die für Ihr Ausfuhrgeschäft in Betracht kommenden Exportkreditgarantien. Die Hauptverwaltung und die Außenstellen der Euler Hermes Kreditversicherungs-AG stehen zur Aushändigung der im Antragsformular angesprochenen **Richtlinien, Allgemeinen Bedingungen** und **Entgeltsätze** sowie zur Auskunftserteilung und Beratung zur Verfügung.

Anträge auf Exportkreditgarantien sind möglichst vor Abschluss des Ausfuhrvertrages, spätestens vor Beginn des zu deckenden Risikos zu stellen. Nach Risikobeginn gestellte Anträge können als verspätet zurückgewiesen werden.

Sie können das Antragsverfahren beschleunigen, indem Sie mit dem Antrag aktuelle Bilanzen und/oder Auskünfte über den ausländischen Besteller (und ggf. über den Garanten) einreichen.

Bitte fügen Sie dem Antrag keine Verträge oder sonstigen Vertragsunterlagen bei; diese werden erst in einem etwaigen Entschädigungsverfahren geprüft.

Die Euler Hermes Kreditversicherungs-AG speichert und verarbeitet die im Zusammenhang mit der Antragsbearbeitung und der Vertragsdurchführung notwendigen **personenbezogenen Daten** (z. B. Name und Anschrift, Rechtsform- und Bonitätsinformationen) in Datensammlungen unter Beachtung des Bundesdatenschutzgesetzes und übermittelt sie an mit der Übernahme der Bundesdeckungen befasste öffentliche Stellen, soweit dies der ordnungsgemäßen Antragsbearbeitung und der Vertragsdurchführung der Exportkreditgarantien dient. Es kommt dabei nicht darauf an, ob eine Exportkreditgarantie tatsächlich übernommen wird.

Die Bearbeitung des Antrags ist entgeltpflichtig.

Wir beantragen für das nachfolgend dargestellte Ausfuhrgeschäft die Übernahme einer Exportgarantie als:

[ ] **Fabrikationsrisikobürgschaft (FB)** [X] **Fabrikationsrisikogarantie (FG)**
[ ] **Ausfuhrbürgschaft (B)** [X] **Ausfuhrgarantie (G)**
[ ] revolvierend [ ] revolvierend

zu den für die beantragte Exportkreditgarantie derzeit gültigen Allgemeinen Bedingungen.

Vertragswährung der Exportkreditgarantie: [X] Euro [ ] ____________ (Fremdwährung)

Die Entscheidung über diesen Antrag erfolgt nach Maßgabe der vom Bundesminister für Wirtschaft und Arbeit erlassenen Richtlinien für die Übernahme von Ausfuhrgewährleistungen vom 30. 12. 1983. Einem eventuell notwendig werdenden Konsultationsverfahren stimmen wir zu.

Ort und Datum
Hamburg, 10. Juni 20..

Unterschrift des Antragstellers/Firmenstempel
Solartechnik GmbH
ppa. Antoni

Seite 1 von 7 Seiten

i09 1000/1 0904

Die Euler Hermes Kreditversicherungs-AG übernimmt die beantragte Garantie.

Nach erfolgter Lieferung gehen Zahlungen in Höhe von insgesamt 370000,00 EUR ein. Infolge Zahlungsunfähigkeit des ausländischen Schuldners, der Krung Thai Ltd., Bangkok, sind die restlichen 300000,00 EUR verloren.

Aufgaben:

① Prüfen Sie anhand des unten abgedruckten Textes, ob und ggf. in welcher Höhe die Euler Hermes Kreditversicherungs-AG diesen Schaden trägt!

② Geben Sie an, welches Risiko ggf. durch die Euler Hermes AG abzudecken ist!

③ Erläutern Sie ggf. den Umfang (Beginn/Ende) der Haftung des Garantiegebers!

④ Entnehmen Sie „den Gegenstand der Deckung" dem abgedruckten Text!

1. Ausfuhrdeckung

In der Bundesrepublik Deutschland ist die Bearbeitung aller Ausfuhrdeckungen einem Konsortium übertragen, das aus der

Euler Hermes Kreditversicherungs-AG, Hamburg,
und der
Pricewaterhouse Coopers AG Wirtschaftsprüfungsgesellschaft (PwC AG),

besteht; federführend ist die Euler Hermes Kreditversicherungs-AG. Sie handeln im Auftrag und für Rechnung der Bundesrepublik Deutschland.

Entsprechend dem Ablauf eines Ausfuhrgeschäftes fallen die Risiken zu verschiedenen Zeiten an:

Das Risiko *vor* Versendung der Ware heißt: „Fabrikationsrisiko". Es ist zu decken vor Beginn der Fabrikation; die Deckung erlischt mit dem Versand der Ware, ggf. mit der Abnahme der Ware im Werk des Verkäufers, bei zollamtlicher Abfertigung oder bei der Verschiffung.

Das Risiko *nach* Versand der Ware ist das „Ausfuhrrisiko". Die Haftung des Bundes aus der Deckung beginnt grundsätzlich mit dem Versand der Ware und endet mit dem Eingang des Geldes beim Exporteur. Werden sowohl Fabrikationsrisiko wie auch Ausfuhrrisiko gedeckt, dann ist ein nahtloser Anschluss der Deckungen gegeben.

Einen anderen Zeitraum umfasst das Finanzkreditrisiko; die Haftung aus der Finanzkreditdeckung beginnt nämlich, sobald und soweit das Darlehen ausgezahlt ist, und endet, wenn die Darlehensforderung getilgt ist.

Neben dem Zeitabschnitt ist aber auch der Gegenstand der Deckung von Belang:

Bei der Fabrikationsrisikodeckung sind Gegenstand der Deckung die Selbstkosten der im Liefervertrag vereinbarten Lieferungen und Leistungen.

Im Fall des Ausfuhrrisikos ist Gegenstand der Deckung die im Vertrag für Lieferung und Leistung als Preis vereinbarte Geldforderung; im Liefervertrag vereinbarte Kreditzinsen können in die Deckung einbezogen werden.

Im Fall des Finanzkredites ist Gegenstand der Deckung die im Kreditvertrag vereinbarte Forderung gegen den ausländischen Schuldner auf Rückzahlung des Darlehens. Im Kreditvertrag vereinbarte Zinsen können in die Deckung einbezogen werden.

Es werden gedeckt:

bei den Garantien und Bürgschaften zur Deckung von Fabrikationsrisiken:

das Risiko, dass dem deutschen Hersteller der Ware wegen des Vermögensverfalls des ausländischen Bestellers oder aus im Ausland liegenden politischen Gründen die Fertigstellung und Versendung der Ware unmöglich ist oder nicht mehr zugemutet werden kann und er bei der anderweitigen Verwendung der in Fertigstellung begriffenen oder noch nicht versandten Ware einen Ausfall an seinen Selbstkosten erleidet.

Bei den Ausfuhrgarantien:

das wirtschaftliche Risiko,

das ist die Uneinbringlichkeit der Forderung infolge Zahlungsunfähigkeit des ausländischen Schuldners.

das politische Risiko,

das ist die Uneinbringlichkeit der Forderung infolge allgemeiner staatlicher Maßnahmen des Schuldnerlandes oder bestimmter politischer Ereignisse oder infolge von Stockungen bei der Durchführung oder Abwicklung von Zahlungs- oder Verrechnungsabkommen oder ähnlichen Vereinbarungen.

Sollte es einmal zu einem Schadensfall kommen, so entschädigt der Bund niemals den gesamten Ausfall, vielmehr ist der Exporteur am Schaden beteiligt. Die vom Exporteur zu tragende Selbstbeteiligung beträgt mindestens:

bei Garantien und Bürgschaften zur Deckung des Fabrikationsrisikos:

an den Selbstkosten 10% des Ausfalls

bei Ausfuhrgarantien:

für die wirtschaftlichen Risiken	15% des Ausfalls
für die politischen Risiken	5% des Ausfalls

In Anlehnung an: Ratgeber für das Auslandsgeschäft, Mittel- und langfristige Exportfinanzierung, Deutsche Bank AG

7 Gesamtwiederholung

7.1 Zusammenfassende Übung I

Die „Joy“ GmbH, Spielwaren Ex- und Importgesellschaft, Frankfurt a. M., unterhält bei Ihrem Kreditinstitut für die Abwicklung der laufenden Geschäfte EUR- und USD-Währungskonten. Das USD-Währungskonto wird unterhalten, weil die Fakturierung beim Im- und Export üblicherweise in USD erfolgt.

Der Geschäftsführer der „Joy“ GmbH, Hartmut Schlüter, hat in Taiwan einen neuen Lieferanten für Videospiele gefunden. Der Kontrakt mit „Electronic Toys Taiwan“, Taipeh, hat folgenden (gekürzten) Inhalt:

Kontrakt
Nr. 1064/97

Produkt:	Videospiele
Preis:	USD 420.000,00
Zahlungs-bedingungen:	Anzahlung USD 90.000,00 nach Kontraktabschluss; unwiderrufliches bestätigtes Dokumentenakkreditiv über USD 330.000,00, zahlbar am 10. Nov. 20.. Das Dokumentenakkreditiv soll bis zum 4. Sept. 20.. in Taipeh gültig sein.
Lieferungs-bedingung:	CIP Frankfurt-Airport
Versand:	Übergabe der Ware an den Luftfrachtführer in Taipeh, spätestens am 20. Aug. 20..
Bankverbindung des Verkäufers:	China Merchant Bank Hongkong

Der Verkäufer:	Der Käufer:
„Electronic Toys Taiwan“ Taipeh	„Joy“ GmbH; Spielwaren-Ex- und Importgesellschaft, Frankfurt a.M.

Aufgaben:

① a) Welche Form der Zahlungsabwicklung würden Sie Ihrem Firmenkunden für die Zahlung der USD 90 000 empfehlen?

b) Erläutern Sie die Zahlungsabwicklung, beginnend mit der Erteilung des Zahlungsauftrages. (Gehen Sie von einer Abwicklung über SWIFT aus; die China Merchant Bank, Hongkong, ist Korrespondenzbank Ihres Instituts.)

c) 90 000,00 USD werden dem Währungskonto der „Joy“ GmbH belastet. Die Abwicklungsgebühr von 1,2 ‰, mindestens 75,00 EUR, wird dem laufenden EUR-Konto des Kunden belastet (Kurs EUR/USD 1,4664). Errechnen Sie den Belastungsbetrag für die Abwicklungsgebühr.

② a) Erläutern Sie die vereinbarte Akkreditivart!

b) Erläutern Sie die vereinbarte Lieferungsbedingung!

c) Welche Dokumente werden aufgrund der hier genannten Bedingungen im Rahmen der Akkreditivabwicklung gefordert?

d) Erläutern Sie die rechtliche Bedeutung des Versanddokuments!

e) Welchen Vermerk muss das Versanddokument in Bezug auf die Frachtkosten tragen?

f) Nach welchen Kriterien erfolgt die Prüfung der eingereichten Dokumente?

g) Wie wird sich die benannte Bank (Zahlstelle) bei Vorlage von Dokumenten verhalten, die nicht den Akkreditivbedingungen entsprechen?

h) Welche Möglichkeit gibt es für den Akkreditivbegünstigten, bei Vorlage akkreditivkonformer Dokumente das gewährte Zahlungsziel vorzufinanzieren?

i) Wodurch wird die Kreditgewährung abgedeckt? Wie kann der Kredit besichert werden?

Von dieser Lieferung hat die „Joy" GmbH eine Warenpartie im Wert von USD 180000,00 an einen Geschäftspartner in der Schweiz verkauft. Es wurden u.a. folgende Bedingungen vereinbart:
- Lieferungsbedingung: CPT Zürich, späteste Lieferung ab Frankfurt a.M. am 05.09.20..
- Zahlungsbedingung: „d/p" (Dokumente gegen Kasse)

③ a) Beschreiben Sie die Vor- und Nachteile dieser Zahlungsbedingung für die „Joy" GmbH!

b) Erklären Sie die vereinbarte Lieferungsbedingung!

c) Erklären Sie die Abwicklung dieses Dokumenteninkassos!

Den aus dem Exportgeschäft in die Schweiz am 20.09.20.. (Valuta) erwarteten Zahlungseingang von USD 180000,00 braucht die „Joy" GmbH erst in 50 Tagen wieder zur Bezahlung des Importes (Akkreditiv) bereitzustellen.

④ Welche Empfehlung können Sie Ihrem Kunden hinsichtlich der vorübergehenden Verwendung dieses USD-Betrages geben?

⑤ Der schweizerische Abnehmer möchte eine Sicherheit für den Fall, dass die „Joy" GmbH ihren vertraglichen Lieferpflichten nicht nachkommt.

Beraten Sie die „Joy" GmbH, wie sie die Forderung ihres Abnehmers erfüllen kann.

12 Richard, Mühlmeyer - ISBN 978-3-8120-1236-2

7.2 Zusammenfassende Übung II

15. Juni 20..:

Die Herde & Schaub GmbH, Düsseldorf, schließt mit der Martinez S. A., Quito/Ecuador, den folgenden Kontrakt ab:

Kontrakt
Nr. 1064/02

Produkt:	80 Ölpumpen
Preis:	USD 450.000,00
Zahlungsbedingungen:	20 % = USD 90 000,00 Vorauszahlung, sofort, 40 % = USD 180 000,00 Zahlung bei Erhalt der Lieferung, am 10.09.20.., 40 % = USD 180 000,00 am 10.11.20..
Lieferungsbedingung:	CIP Quito mit Containern
Versand:	Ab Werk Düsseldorf mit LKW via Rotterdam, von da ab am 11.08.20.. Seetransport mit M/S Lydia nach Quito/Ecuador zur Weiterleitung der Container mit LKW an den Käufer
Bankverbindung – des Verkäufers:	HSBC Trinkaus & Burkhardt KGaA Düsseldorf (BLZ 300 308 00)
– des Käufers:	Banco Comercial e Hipotecario, Quito

Düsseldorf, den 15. Juni 20..

Der Verkäufer:
Herde & Schaub GmbH
Düsseldorf

ppa.

Der Käufer:
Martinez S.A.
Quito/Ecuador

Martinez

Beide Unternehmen stehen seit vielen Jahren in angenehmer Geschäftsverbindung und haben bereits drei größere Projekte zur Zufriedenheit beider Vertragspartner abgewickelt.

3. Juli 20..:

Der Exporteur erhält per Luftpost von der Banco Comercial e Hipotecario Quito einen Bankenorderscheck über USD 90 000,00, gezogen auf die JP Morgan Chase New York als vereinbarte Anzahlung.

4. Juli 20..:

Der Exporteur reicht den am 3. Juli erhaltenen Scheck beim Bankhaus Trinkaus & Burkhardt in Düsseldorf ein.

a) aa) Wer ist Aussteller dieses Schecks?

ab) Nennen Sie die vom Bankhaus Trinkaus & Burkhardt bei der Hereinnahme des Schecks durchzuführenden Prüfhandlungen. Begründen Sie diese Prüfhandlungen!

Die Firma Herde & Schaub ist sich nicht schlüssig, ob sie den Scheck ihrer Hausbank zum Ankauf (E. v.) oder zum Inkasso einreichen soll.

b) Worauf ist diese Unschlüssigkeit zurückzuführen?

c) Stellen Sie dem Kunden zur Entscheidungsfindung die beiden Möglichkeiten der Beschaffung des USD-Gegenwertes vergleichend gegenüber unter Berücksichtigung folgender Gesichtspunkte. Füllen Sie in diesem Zusammenhang die nachfolgende Tabelle aus!

ca) Wann erhält der Einreicher den EUR-Gegenwert?

cb) Zu welchem Kurs ist der Scheckbetrag umzurechnen?

cc) Wer trägt das Risiko eines sich verschlechternden USD nach Hereinnahme des Schecks durch das Bankhaus Trinkaus und Burkhardt?

cd) Mit welchen Belastungen (unter Angabe des dabei anzuwendenden Kurses) muss der Scheckeinreicher rechnen, wenn der Scheck unbezahlt zurückkommt?

Scheckhereinnahme zur Gutschrift E. v.	Scheckhereinnahme zum Inkasso
ca)	ca)
cb)	cb)
cc)	cc)
cd)	cd)

Der Kunde möchte über den Scheckgegenwert sofort verfügen.

d) Fertigen Sie die Kunden-Abrechnung an und berücksichtigen Sie dabei 1,5 ‰ Provision und einen USD-Kassa-Kurs von 1,4181 – 1,4241.

10. Juli 20..:

Der Exporteur bittet das Bankhaus Trinkaus & Burkhardt um Angebote für den Abschluss von zwei Kurssicherungsgeschäften im Zusammenhang mit den noch zu erwartenden Restzahlungen.

e) ea) Ermitteln Sie den Zweimonats-Terminkurs für den US-Dollar unter Berücksichtigung des unter d) aufgeführten Kassakurses und eines Deports von 0,0019!

eb) Ermitteln Sie den EUR-Gegenwert für die Abschlusszahlung von USD 180 000,00 per 10.11. unter Berücksichtigung eines 4-Monats-Termindollars von 1,4153 – 1,4213!

Die Firma Herde & Schaub entscheidet sich nur für die Kurssicherung ihrer Forderung über USD 180 000,00 per 10.11.20..

ec) Warum mag die Kundin an der unter ea) genannten Kurssicherung ihrer Forderung nicht interessiert sein?

10. September 20..:

Beim Bankhaus Trinkaus & Burkhardt Düsseldorf trifft eine SWIFT-Nachricht der JP Morgan Chase New York ein, in der ihr die Gutschrift von USD 180 000,00 im Auftrag der Banco Comercial e Hipotecario Quito wegen des Kontrakts Nr. 1064/02 avisiert wird.

f) fa) Welche Funktion hat das „SWIFT-System“?

fb) Ermitteln Sie den EUR-Gegenwert für den Exporterlös bei einem USD-Kurs von 1,4219 – 1,4279 (Spesen bleiben unberücksichtigt)!

10. November 20..:

Wie vereinbart trifft die Endzahlung über USD 180 000,00 pünktlich bei der JP Morgan Chase New York ein.

g) ga) Wem schreibt die JP Morgan Chase New York diesen USD-Betrag gut?

gb) Am 10.11.20.. wird der Kassadollar mit 1,4381 – 1,4441 notiert. Ermitteln Sie rechnerisch, ob, und wenn ja, mit wie viel EUR sich der Abschluss des Devisentermingeschäfts für die Herde & Schaub GmbH gelohnt hat!

7.3 Zusammenfassende Übung III

Die TEK Elektronic GmbH, Güldene Str. 97, 23569 Lübeck, möchte elektronische Bauteile im Werte von 860 000,00 EUR aus Japan importieren. Verhandlungen mit einem japanischen Exporteur wurden bereits geführt. Die HSH Nordbank AG als Hausbank der TEK Elektronic GmbH soll die Zahlungsabwicklung und die Finanzierung übernehmen. Der japanische Exporteur fordert bei Bestellung der elektronischen Bauteile eine Anzahlung von 25% des vereinbarten Preises.

Aufgabe:

① Erläutern Sie als Firmenkundenbetreuer der Nordbank zwei wirtschaftliche Risiken, die sich hieraus für die TEK Elektronic GmbH ergeben können!

Zur Minderung der von Ihnen erläuterten Risiken schlagen Sie dem Geschäftsführer der TEK Elektronic GmbH vor, die zu leistende Anzahlung durch ein Bankaval der Hausbank des japanischen Exporteurs abzusichern.

Aufgabe:

② Erklären Sie Ihrem Kunden die Bedeutung des empfohlenen Bankavals für sein Unternehmen!

③ Erläutern Sie, welches Interesse die Nordbank an der Stellung dieses Avals hat!

Zwischen dem deutschen Importeur und dem japanischen Exporteur besteht noch keine Einigung über die Lieferungsbedingung. Es stehen FOB Tokyo oder CIF Hamburg zur Diskussion.

Aufgabe:

④ Erläutern Sie Ihrem Kunden jeweils den Kosten- und den Gefahrenübergang bei diesen Klauseln und erklären Sie, welche Kriterien bei der Entscheidung für eine der beiden Lieferungsbedingungen den Ausschlag geben sollten!

Bei der Zahlungsabwicklung besteht der japanische Exporteur auf Stellung eines unwiderruflichen Dokumentenakkreditivs. Das Akkreditiv soll bei der Hausbank des japanischen Exporteurs zahlbar gestellt werden und auf Yen lauten.

Aufgaben:

⑤ Erläutern Sie Ihrem Kunden das Wesen des unwiderruflichen Dokumentenakkreditivs und die Bedeutung der genannten Akkreditivklauseln für den Exporteur!

⑥ Erklären Sie, welches Risiko für die TEK Elektronic GmbH bei Inanspruchnahme des Dokumentenakkreditivs durch den japanischen Exporteur verbleibt!

⑦ Erklären Sie, welches Risiko Ihre Bank eingeht, wenn sie für die TEK Elektronic GmbH das unwiderrufliche Dokumentenakkreditiv eröffnet!

⑧ Erläutern Sie, wie sich Ihre Bank gegen dieses Risiko absichern kann!

7.4 Test (programmierte Aufgaben)

① Ein deutscher Exporteur hat Ware für 100 000,00 EUR an die Firma Ka Hung Industrial Co., Kowloon, Hong Kong, FOB Hamburg verschifft. Es wurde Zahlung in EUR vereinbart. Die Zahlung ist mit einem unwiderruflichen, unbestätigten Dokumenten-Akkreditiv der Bank of China avisiert worden. Welches Risiko bleibt dem deutschen Exporteur?

a) Kursrisiko
b) Abnahmerisiko
c) Transferrisiko
d) Transportrisiko ab Verschiffungshafen

② Bei der Erfüllung von Kaufverträgen im Außenhandel können sich für beide Vertragspartner Risiken ergeben. Was bedeutet das Konvertierungsrisiko des Exporteurs?

a) Der Importeur nimmt die vertragsmäßig gelieferte Ware nicht ab.
b) Der Importeur erfüllt seine Zahlungsverpflichtungen nicht vertragsgemäß.
c) Das Importeurland unterliegt der Devisenbewirtschaftung und überweist den Kaufpreis nicht sofort.
d) Das Importeurland unterliegt der Devisenbewirtschaftung und tauscht den Kaufpreis nicht sofort in die Währung des Exporteurs um.
e) Der Kurs der Währung des Importeurlandes unterliegt größeren Schwankungen.

③ Ordnen Sie die folgenden Incoterms nach dem Kosten- und Gefahrenanteil. Setzen Sie an die erste Stelle die Lieferklausel, bei der der Kosten- und Gefahrenanteil des Importeurs am größten ist, setzen Sie an die letzte Stelle die Lieferklausel, bei der der Kosten- und Gefahrenanteil des Exporteurs am größten ist.

a) FAS benannter Verschiffungshafen
b) EX QUAY benannter Bestimmungshafen
c) CIF benannter Bestimmungshafen
d) EX WORKS benannter Ort
e) C&F benannter Bestimmungshafen
f) FOB benannter Verschiffungshafen

④ Welches der folgenden Risiken lässt sich durch Vereinbarung von Incoterms ausschließen oder begrenzen?

a) Währungsrisiken
b) Transferrisiken für Zahlungen
c) Transportrisiken
d) Kursrisiken
e) Auf- und Abwertungsrisiken
f) Abnahmerisiken (Exporteur)
g) Qualitätsrisiken (Importeur)

⑤ Welche Pflichten hat ein inländischer Exporteur bei einem Ausfuhrgeschäft auf der Basis „FOB Hamburg"?

a) Er muss alle Kosten und Gefahren von dem Zeitpunkt an tragen, in dem die Ware die Reling des Schiffes im Hafen von Sydney überschritten hat.
b) Er muss alle Kosten und Gefahren für die Ware tragen, bis sie im Hafen von Hamburg die Reling des Schiffes überschritten hat.
c) Er muss auf seine Kosten und Gefahr die Ausfuhrerklärung und ein reines Versanddokument mit dem Vermerk „freight payable at destination" beschaffen.
d) Er muss auf seine Kosten den Seefrachtvertrag abschließen.
e) Er muss auf seine Kosten den Seeversicherungsvertrag abschließen und die Prämie zahlen.

⑥ Welche der folgenden Pflichten hat ein inländischer Importeur bei einem Einfuhrgeschäft auf der Basis „CIF Bremen"?

a) Er muss die Kosten für die Beschaffung des Ursprungszeugnisses und anderer auf seinen Wunsch beschafften Dokumente tragen.
b) Er muss die Kosten für die Beschaffung eines vollständigen Satzes Orderkonnossemente tragen.
c) Er muss die bei der Löschung in Bremen entstehenden Kosten tragen.
d) Er muss die Kosten für die Seeversicherung tragen.
e) Er muss alle Kosten tragen bis die Ware im Hafen von Bremen die Reling überschritten hat.

⑦ Die Hewea GmbH in Osnabrück exportiert erstmalig elektronische Bauteile nach Australien. Die Ware soll per Schiff von Hamburg nach Sydney transportiert werden.

Neben dem Warenwert von 150 000,00 EUR (inkl. kalkuliertem Gewinn) fallen bei dem Exportgeschäft u. a. folgende Kosten an (Fremdwährungsbeträge wurden bereits in Euro umgerechnet):

1 563,00 EUR Verpackungskosten
669,00 EUR Transportkosten zum Verschiffungshafen Hamburg
450,00 EUR Verladekosten auf das Schiff in Hamburg
1 010,00 EUR Transportversicherung für den Transport von Hamburg nach Sydney
5 762,00 EUR Seefracht
398,00 EUR Löschen der Ladung in Sydney
1 236,00 EUR Einfuhrzoll in Australien

Die Hewea GmbH möchte die anfallenden Kosten in den Angebotspreis einrechnen.

Ermitteln Sie den Angebotspreis in Euro unter Berücksichtigung der relevanten Kosten, wenn der australische Importeur

a) als Lieferbedingung „FOB Hamburg"

b) als Lieferbedingung „CIF Sydney"

wählt!

⑧ Exporteur und Importeur verfolgen bei der Vereinbarung von Zahlungsbedingungen unterschiedliche Interessen. Welche Interessen verfolgen

(1) der Importeur
(2) der Exporteur
(3) beide?

a) Er ist interessiert, die Zahlung so früh wie möglich zu erhalten, am besten vor Auslieferung der Ware.
b) Er ist interessiert, das Währungsrisiko auf den anderen Vertragspartner abzuwälzen.
c) Er möchte das Risiko der Nicht- oder Schlechtlieferung ausschließen.
d) Er möchte das Risiko der verspäteten oder verweigerten Zahlung vermeiden.
e) Er möchte keine Kredite gewähren.
f) Er möchte Kreditaufnahmen bei Banken wegen verzögerten Zahlungseingangs vermeiden.
g) Er möchte so spät wie möglich zahlen, am besten erst nach Eingang des Erlöses aus dem Weiterverkauf der Ware.
h) Er möchte Zahlung in der Währung des Importlandes.
i) Er möchte das Risiko der Nichtzahlung ausschalten.

⑨ Welche Bedeutung haben Dokumente bei der Abwicklung von Außenhandelsgeschäften? Richtige Antworten ankreuzen.

a) Durch die Andienung der Dokumente kann die Zahlungspflicht des Importeurs ausgelöst werden.
b) Durch die Andienung der Dokumente kann die Lieferpflicht des Exporteurs ausgelöst werden.
c) Mit Dokumenten kann bescheinigt werden, dass die Ware ordnungsgemäß und unbeschädigt geliefert wurde.
d) Dokumente werden immer dann eingeschaltet, wenn der Exporteur die Zahlung vor der Lieferung erhalten möchte.
e) Dokumente werden immer dann eingeschaltet, wenn dem Importeur bei einem offenen Zahlungsziel ein Kredit eingeräumt werden soll.
f) Durch Übergabe von Dokumenten kann die Verfügungsgewalt über die Ware übertragen werden.

⑩ Welche Aussagen über das Konnossement treffen zu?

a) Das Konnossement ist ein geborenes Orderpapier.
b) Die Übergabe eines indossierten Konnossements kann den Eigentumsübergang bewirken.
c) Das Übernahmekonnossement wird erst ausgestellt, wenn die Ware an Bord genommen worden ist.
d) Aus dem Konnossement geht regelmäßig der Wert der zu transportierenden Ware hervor.
e) Von einem reinen (clean) Konnossement spricht man, wenn darin keine Vermerke hinsichtlich erkennbarer Verpackungsschäden enthalten sind.
f) Im Bankverkehr wird das Konnossement als Inkassopapier und als Akkreditivpapier verwendet.

⑪ Welche Feststellung(en) zu den Dokumenten im Außenhandel ist (sind) richtig?

a) Der Luftfrachtbrief (Air Waybill) repräsentiert die Ware.

b) Sind mehrere gleichartige Lieferungen unter ähnlichen Bedingungen möglich, wird von der Versicherung eine Generalpolice ausgestellt. Um für die jeweilige Lieferung den Nachweis der Versicherung erbringen zu können, werden Versicherungszertifikate zusätzlich ausgestellt, die nur einen Auszug aus der Generalpolice darstellen.
c) Der Luftfrachtbrief ist ein Dokument mit Sperrfunktion. Der Exporteur hat so lange die Verfügungsgewalt über die Ware, d.h., er kann Weisungen im Zusammenhang mit dem Warentransport erteilen, wie er im Besitz seines Exemplars des Dokuments ist und so lange die Ware noch nicht an den Importeur ausgehändigt wurde.
d) Jedes Konnossement bestätigt, dass sich die Ware an Bord eines Schiffes befindet.
e) Multimodale Transportdokumente bescheinigen eine Versendung der Ware mit verschiedenen Transportmitteln. Es muss mindestens eine Umladung der Ware vorgenommen werden.

⑫ Welche Risiken sind für den Importeur bzw. Exporteur bei einem unwiderruflichen, bestätigten Dokumentenakkreditiv nicht ausgeschaltet?
a) Die vom Exporteur gelieferte Ware weist verschiedene Mängel auf.
b) Der Exporteur reicht akkreditivgerechte Dokumente ein, der Importeur ist jedoch an der Lieferung nicht mehr interessiert und verweigert die Zahlung.
c) Der Importeur bittet seine Bank, die Akkreditiveröffnung zu widerrufen.
d) Die eröffnende Bank verweigert die Einlösung akkreditivkonformer Dokumente.
e) Der Exporteur hat an dem Auftrag kein Interesse mehr und lässt die Akkreditivfrist verstreichen.

⑬ Die REIKU-Maschinen GmbH, Münster, hat mit einem japanischen Importeur, der German Food Co., einen Vertrag über die Lieferung von Brotbackautomaten zum Preis von 50000,00 EUR geschlossen. Als Zahlungsbedingung wurde ein unwiderrufliches, unbestätigtes Dokumenten-Akkreditiv und als Lieferungsbedingung „CIF Yokohama" vereinbart. Zahlstelle ist die Bank der German Food Co., die Bank of Tokyo.

Welche der folgenden Aussagen sind in diesem Zusammenhang zutreffend?
a) Die REIKU-Maschinen GmbH trägt das Versicherungsrisiko bis Yokohama.
b) Für die REIKU-Maschinen GmbH bleibt das Zahlungsrisiko durch die German Food Co. bestehen.
c) Die Bank of Tokyo muss dieses Akkreditiv bestätigen.
d) Im Kaufvertrag zwischen der REIKU-Maschinen GmbH und der German Food Co. sind die Einzelheiten des zu eröffnenden Akkreditivs für alle Beteiligten verbindlich festgelegt.
e) Für die German Food Co. bleibt das Risiko bestehen, dass die Ware nicht den Dokumenten entspricht.
f) Die REIKU-Maschinen GmbH trägt das Gefahrenrisiko bis Yokohama.

⑭ In welcher Reihenfolge werden die sich bei einem Dokumentenakkreditiv ergebenden Vorgänge abgewickelt. Geben Sie die richtige Reihenfolge der Ziffern an!
(1) Mit den Dokumenten nimmt der Importeur die Ware in Empfang.
(2) Der Importeur gibt seiner Bank einen Akkreditiveröffnungsauftrag.
(3) Der Exporteur nimmt den Warenversand vor.
(4) Exporteur und Importeur schließen einen Kaufvertrag ab.
(5) Nach Erhalt prüft die eröffnende Bank die Dokumente und dient sie dem Importeur an.
(6) Die benannte Bank leistet Zahlung an den Exporteur.
(7) Eröffnende Bank und benannte Bank verrechnen den Akkreditivgegenwert.
(8) Die Bank des Importeurs (eröffnende Bank) eröffnet das Akkreditiv bei der Bank des Exporteurs (avisierende Bank).
(9) Die avisierende Bank informiert den Exporteur über die Akkreditiveröffnung und fügt ggf. ihre Bestätigung bei.
(10) Der Exporteur reicht die Dokumente bei der benannten Bank (Zahlstelle) ein.
(11) Der Importeur wird mit dem Dokumentengegenwert belastet.
(12) Die benannte Bank prüft die Dokumente und versendet sie an die eröffnende Bank.

⑮ Welche Aussage zum Dokumenten-Akkreditiv ist richtig?
a) Bestätigt eine Bank ein Dokumenten-Akkreditiv, so tritt sie dadurch in die Akkreditivverpflichtung der eröffnenden Bank mit ein.
b) Akkreditive sind i.d.R. widerruflich und bestätigt.
c) Akkreditive unterliegen grundsätzlich den Einheitlichen Richtlinien und Gebräuchen für Dokumentenakkreditive (ERA).
d) Eine Bank, die von der eröffnenden Bank beauftragt wird, ein Akkreditiv zu bestätigen, muss diesem Auftrag in jedem Fall nachkommen.

⑯ Entscheiden Sie, welche der folgenden Feststellungen zum Dokumenteninkasso richtig sind!

a) Die Zahlungsbedingung „Dokumenteninkasso" wird i.d.R. vereinbart, wenn es sich um ein Erstgeschäft zweier Außenhandelsfirmen handelt.

b) Die Bank des Exporteurs leitet die Dokumente nach einer detaillierten Prüfung an die Inkassobank weiter.

c) Bei der Inkassoform „Dokumente gegen Akzept" werden dem Importeur die Dokumente gegen Akzeptierung einer Tratte ausgehändigt.

d) Die Inkassobank garantiert dem Exporteur die Zahlung.

e) Sind die Dokumente gegen Zahlung ausgehändigt (d/p), zahlt die Inkassobank den Betrag an die Einreicherbank, die ihrerseits die Summe dem Exporteur gutschreibt.

⑰ In welcher Reihenfolge werden die sich bei einem Dokumenteninkasso ergebenden Vorgänge abgewickelt? Geben Sie die richtige Reihenfolge der Ziffern an!

(1) Mit den Dokumenten nimmt der Importeur die Ware in Empfang.

(2) Exporteur und Importeur schließen einen Kaufvertrag ab.

(3) Der Exporteur erhält die Zahlung (Kontogutschrift) von der Einreicherbank.

(4) Die Inkassobank legt dem Importeur die Dokumente zur Zahlung vor.

(5) Der Exporteur nimmt den Warenversand gemäß Kontraktbedingungen vor.

(6) Die Inkassobank zahlt den Inkassobetrag an die Einreicherbank.

(7) Der Exporteur reicht den Inkassoauftrag und die vereinbarten Dokumente bei seiner Bank ein.

(8) Die Bank des Exporteurs (Einreicherbank) leitet den Inkassoauftrag und die Dokumente an die Bank des Importeurs (Inkassobank) weiter.

(9) Der Importeur zahlt den Inkassobetrag und erhält – Zug-um-Zug – die Dokumente von der Inkassobank ausgehändigt.

⑱ Welche Aussagen zum SWIFT-System sind richtig?

a) SWIFT ist ein Echtzeit-Brutto-System, in dem Zahlungsaufträge zum Zeitpunkt des Entstehens bei ausreichendem Guthaben oder freier Kreditlinie auf dem Konto des Auftraggebers einzeln verarbeitet und unverzüglich abgewickelt werden.

b) SWIFT ist ein vollautomatisches und belegloses Datentransfersystem, das weltumspannend eingesetzt wird.

c) Im SWIFT-System besteht das Risiko, dass bei eintretender Zahlungsunfähigkeit eines Teilnehmers dessen Zahlungsvorgänge zurückgerechnet werden müssen.

d) Der besondere Vorteil des SWIFT-Systems liegt darin, dass die Nachrichten nach festgelegten Standards aufbereitet sind. Dadurch wird Schnelligkeit, Sicherheit und Wirtschaftlichkeit erzielt.

e) Im SWIFT-System werden bei grenzüberschreitenden Zahlungen immer zwei Zentralbanken beteiligt: eine nationale Zentralbank, die das Konto des Auftraggebers belastet, und eine andere nationale Zentralbank, die für die Gutschrift auf dem Konto des Begünstigten sorgt.

f) SWIFT ist kein Clearingsystem. Die Verrechnung der Zahlungen erfolgt über das Korrespondenzbanknetz.

⑲ Neben Überweisungen können nichtdokumentäre Zahlungen im Außenwirtschaftsverkehr auch mittels Scheck ausgeführt werden. Geben Sie an, welche Aussagen in diesem Zusammenhang richtig sind!

a) Zahlungen können entweder durch einen vom Kreditinstitut des Zahlungspflichtigen auf einen Korrespondenten gezogenen Scheck (Bank-auf-Bank-Ziehung) oder durch einen vom Zahlungspflichtigen auf sein Kreditinstitut gezogenen Scheck (Kunde-auf-Bank-Ziehung) erfolgen.

b) Eine Scheckzahlung kann auch per SWIFT erfolgen.

c) Wenn das Kreditinstitut im Auftrag des Zahlungspflichtigen eine Zahlung durch Bankorderscheck in Fremdwährung vornimmt, rechnet es den Fremdwährungsbetrag zum Devisen-Briefkurs um und belastet den Zahlungspflichtigen mit dem Gegenwert zuzüglich einer Abwicklungsgebühr und Spesen.

d) Der Auftrag des Kunden an sein Kreditinstitut, eine Scheckzahlung vorzunehmen, kann formlos erfolgen.

e) Aus dem Ausland eingehende Fremdwährungsschecks kann der Schecknehmer von seiner Bank ankaufen oder einziehen lassen.

⑳ Banken tätigen Devisen- und Sortengeschäfte und wenden dabei folgende Kurse an:

(1) Sortengeldkurs
(2) Sortenbriefkurs
(3) Devisengeldkurs
(4) Devisenbriefkurs
(5) Sichtkurs

Entscheiden Sie, welcher Kurs bei den folgenden Geschäften zugrunde gelegt wird!

a) Ankauf eines USD-Schecks im Kundenauftrag unter sofortiger Gutschrift E. v.
b) Gutschrift des EUR-Gegenwertes aus einem USD-Akkreditiv zugunsten eines Geschäftskunden.
c) Ausführung einer USD-Zahlung im Kundenauftrag mittels Bankenorderscheck.
d) Verkauf von USD-Reiseschecks an einen Privatkunden.
e) Verkauf von USD-Banknoten an einen Geschäftskunden. Die Verrechnung erfolgt über das laufende EUR-Konto des Kunden.
f) Belastung eines USD-Schecks, der mangels Deckung von der bezogenen Bank nicht eingelöst wurde. Dem Kunden war bei Einreichung Gutschrift E. v. erteilt worden.

㉑ Eine Bank stellt einen Dollar-Geldkurs von 1,4316. Was bedeutet das?

a) Zu diesem Kurs kauft die Bank Fremdwährungsschecks in Dollar an.
b) Zu diesem Kurs kauft die Bank US-Dollar gegen Euro.
c) Zu diesem Kurs verkauft die Bank US-Dollar gegen Euro.

㉒ Was versteht man im Devisenhandel unter einem Deport?

a) Der Terminkurs einer Währung ist höher als der Kassakurs.
b) Der Sortenkurs einer Währung liegt über dem Devisenkurs.
c) Der Terminkurs einer Währung liegt unter dem Kassakurs.
d) Der Devisenkurs einer Währung ist höher als der Sortenkurs.

㉓ Ein Exporteur erwartet in drei Monaten 100 000,00 USD. Der Tageskassakurs beträgt derzeit 1,4541 G / 1,4601 B. Von seiner Bank wird ihm mitgeteilt, dass der Deport bei Termingeschäften für 3 Monate 0,0063 beträgt. Der Kunde schließt zu diesen Bedingungen einen Terminverkauf seiner zu erwartenden Devisen ab. Bei der Abwicklung des Termingeschäfts ist der Tageskassakurs für USD 1,4751 G / 1,4811 B.

Welches Ergebnis in EUR brachte das Termingeschäft für den Exporteur (ohne Berücksichtigung von Spesen)?

a) Vorteil von 2 396,29 EUR
b) Nachteil von 645,07 EUR
c) Vorteil von 1 267,86 EUR
d) Nachteil von 1 366,12 EUR
e) Vorteil von 1 289,44 EUR

㉔ Ordnen Sie die folgenden Begriffe den folgenden Aussagen zu!

Begriffe:

(1) Devisenkassageschäfte
(2) Devisentermingeschäfte
(3) Devisenoptionsgeschäfte
(4) Swapgeschäfte
(5) Outright-/Sologeschäfte

Aussagen:

a) Der Käufer hat das Recht, eine bestimmte Devise an einem bestimmten Zeitpunkt oder innerhalb eines bestimmten Zeitraums zu einem festgelegten Basiskurs zu erwerben oder zu liefern.
b) Ein Kreditinstitut schließt ein Devisentermingeschäft ohne ein Kassageschäft ab.
c) Exporteure und Importeure können durch diese Geschäfte Kursrisiken bei Forderungen und Verbindlichkeiten in fremder Währung ausschalten, sodass eine zuverlässige Kalkulation möglich wird.
d) Diese Geschäfte müssen erst zu einem späteren, vertraglich vereinbarten Termin erfüllt werden, wobei der Abrechnungskurs schon am Abschlusstag feststeht.
e) Diese Geschäfte umfassen den Kauf oder Verkauf von Devisen, die spätestens zwei Tage nach Abschluss zur Verfügung stehen.
f) Hierbei handelt es sich um die Koppelung eines Termingeschäfts mit einem Kassageschäft zwischen denselben Kontrahenten über gleiche Devisenbeträge.

13 Richard, Mühlmeyer - ISBN 978-3-8120-1236-2

8 Finanzierung des Außenhandels (Exkurs)

8.1 Gewährung eines Importvorschusses (Import-Anschlussfinanzierung)

Ein deutscher Weinimporteur hat mit einem tunesischen Exporteur einen Vertrag über die Lieferung von 40 000 Liter tunesischen Qualitäts-Rotwein zum Preise von 78 000,00 EUR abgeschlossen. Die Ware ist bereits an einen inländischen Abnehmer weiterverkauft.

Folgende Zahlungsbedingungen wurden vereinbart:

Importhändler – tunesischer Exporteur:
Dokumenteninkasso d/p

Importhändler – inländischer Abnehmer:
Zahlung gegen Vorlage der Dokumente nach Ankunft der Ware.

Dem deutschen Weinimporteur stehen nicht genügend liquide Mittel zur Verfügung, und er bittet deshalb seine Hausbank um eine kurzfristige Finanzierung des Geschäfts. Die Hausbank erklärt sich bereit, 100 % des Einstandspreises der Ware zu bevorschussen.

Aufgaben:

① Der Weinimporteur rechnet mit dem Eingang der Dokumente am 20. Juli 20.. Dem inländischen Abnehmer werden die Dokumente, nachdem die Ware eingegangen ist, am 10. August 20.. vorgelegt. Für welchen Zeitraum wird ein Importvorschuss benötigt?

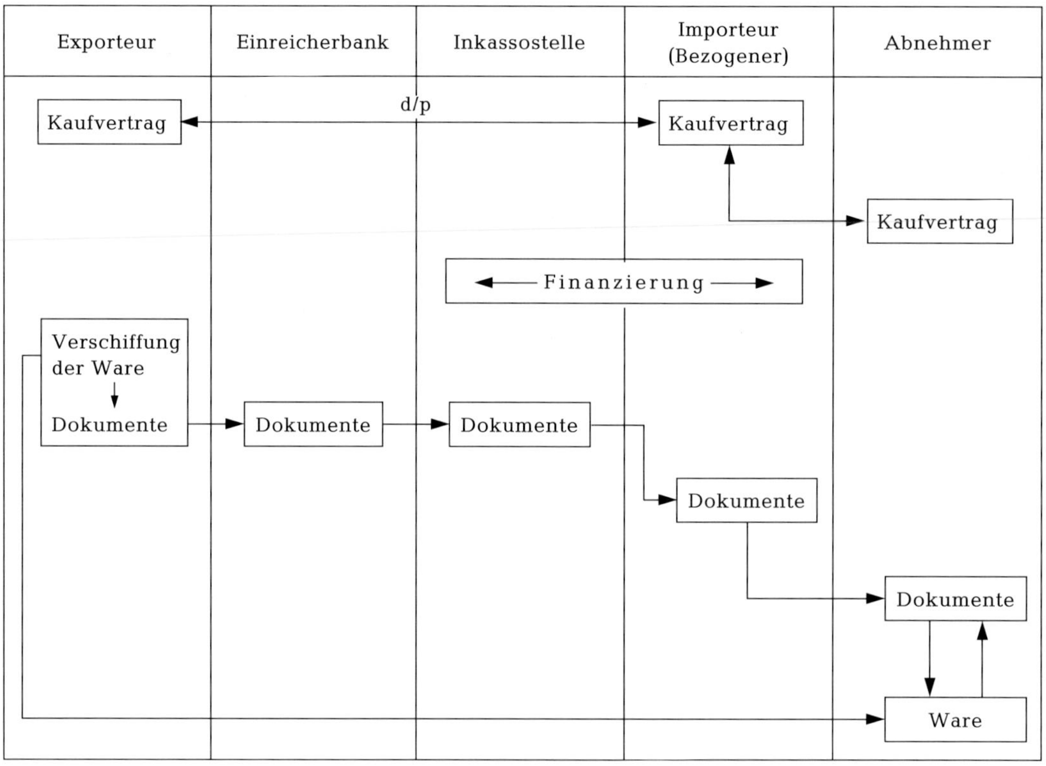

② a) Geben Sie an, welche Finanzierungsvereinbarung zwischen Inkassostelle und Importeur getroffen wird! (Inhalt in Stichworten).

b) Welche Vertragsart liegt vor?

c) Was wird vor Abschluss des Vertrages von der Inkassostelle geprüft?

d) Worin besteht die Sicherheit der Bank, wenn sie die Dokumente aufgenommen, aber noch nicht an den Importeur weitergegeben hat?

e) Welche Regelungen zur Absicherung des Kredits wird die Bank mit dem Importeur treffen, bevor sie die Dokumente an ihn ausliefert?

f) Wie erfolgt die Rückführung des Kredits?

8.2 Finanzierung eines Importgeschäftes durch Akzeptkredit

Die Maschinenbau Wolf AG, 63450 Hanau, hat mit der Northampton Engineering Company, Northampton/Großbritannien, einen Importkontrakt zur Lieferung von 4 Greifvorrichtungen zu Schachtgreifer Type XL 24 im Gesamtwert von 120 000,00 EUR abgeschlossen. Mit dem englischen Exporteur wurde vereinbart, dass die Zahlung bei Erhalt der Rechnung erfolgen soll. Die Wolf AG hat die Schachtgreifer, bei denen nur noch die zu liefernden Greifvorrichtungen montiert werden müssen, bereits an einen inländischen Abnehmer, die Bauunternehmung Reuter & Co., Hanau, weiterveräußert. Mit dieser Firma wurde als Zahlungsbedingung „zahlbar 50 Tage nach Erhalt der Rechnung" vereinbart. Die Maschinenbau Wolf AG bittet ihre Hausbank, die Commerzbank AG Frankfurt, um Finanzierung dieses Geschäfts. Die Commerzbank bietet eine Finanzierung mit einem Akzeptkredit an.

Aufgaben:

① Was versteht man unter einem Akzeptkredit?

② Für welchen Zeitraum wird eine Finanzierung benötigt?

③ Am 01.12.20.. erhält die Maschinenbau Wolf AG die Warenlieferung aus England. Zur Bezahlung der Rechnung in Höhe von 120 000,00 EUR zieht sie am gleichen Tag eine Tratte in dieser Höhe auf die Commerzbank Frankfurt und reicht sie der Bank ein. Die Diskontspesen will die Firma aus liquiden Mitteln begleichen.
Erstellen Sie die Tratte! (Wechsellaufzeit 2 Monate).

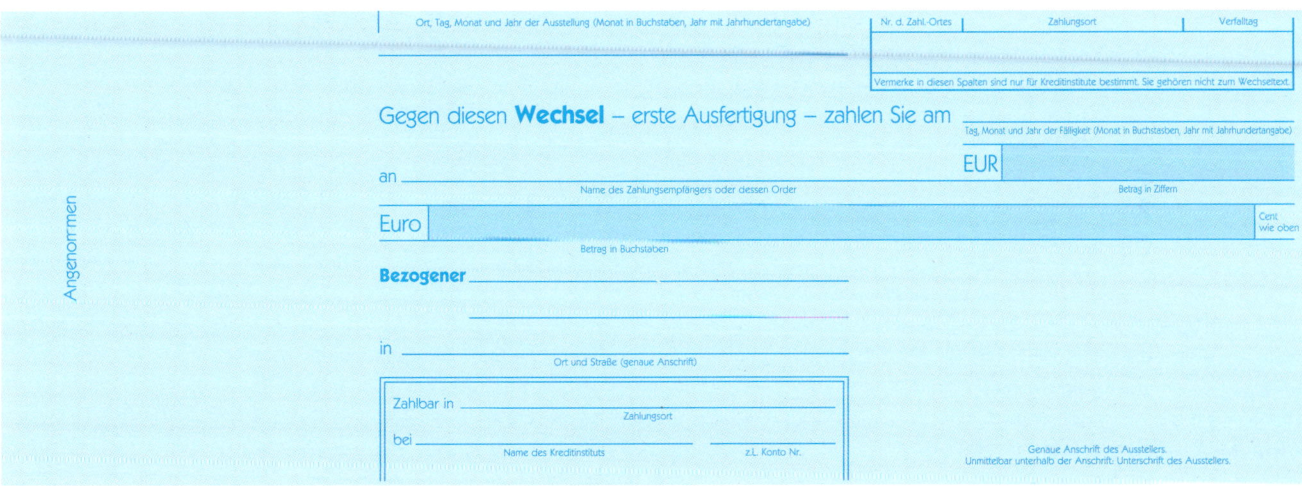
Ort, Tag, Monat und Jahr der Ausstellung (Monat in Buchstaben, Jahr mit Jahrhundertangabe) | Nr. d. Zahl.-Ortes | Zahlungsort | Verfalltag

Vermerke in diesen Spalten sind nur für Kreditinstitute bestimmt. Sie gehören nicht zum Wechseltext.

Gegen diesen **Wechsel** – erste Ausfertigung – zahlen Sie am ______
Tag, Monat und Jahr der Fälligkeit (Monat in Buchstaben, Jahr mit Jahrhundertangabe)

an ______ EUR ______
Name des Zahlungsempfängers oder dessen Order — Betrag in Ziffern

Euro ______ Cent wie oben
Betrag in Buchstaben

Bezogener ______

in ______
Ort und Straße (genaue Anschrift)

Zahlbar in ______
Zahlungsort
bei ______ ______
Name des Kreditinstituts — z.L. Konto Nr.

Angenommen

Genaue Anschrift des Ausstellers.
Unmittelbar unterhalb der Anschrift: Unterschrift des Ausstellers.

④ Wodurch vervollständigt die Commerzbank das ihr eingereichte Wechselformular?

⑤ Die Commerzbank diskontiert am 01.12.20.. das eigene Akzept. Erstellen Sie die Abrechnung der Commerzbank für die Maschinenbau Wolf AG.
Kosten der Diskontierung: Diskont einschl. Akzeptprovision 8 % p.a.

Abrechnung für Maschinenbau Wolf AG

Diskontierung per 01.12.20..

Nennwert des Wechsels, fällig am.................. ,	.... EUR
– Diskont (einschl. Akzeptprovision) für 62 Tage (act/360)	.... EUR
Gutschrift auf KK-Konto Nr. 16876563, Wert 01.12.20..	.... EUR

⑥ Nehmen Sie für die Akzeptkreditgewährung und für die Anschlussdiskontierung die entsprechenden Buchungen vor! (Buchungssätze)

⑦ Welche Buchungen ergeben sich für die Commerzbank beim Jahresabschluss? Berücksichtigen Sie dabei auch den abzugrenzenden Diskontertrag.

⑧ Unter welchen Positionen werden „Kundenakzeptforderungen" in der Bankbilanz ausgewiesen?

⑨ Buchen Sie die Wechseleinlösung am 01.02.20..!

⑩ Nennen Sie die Vorteile dieser Finanzierungsform für die Maschinenbau Wolf AG!

8.3 Finanzierung eines Importgeschäftes durch Rembourskredit

Die Vereinigten Textilwerke Jansen & Co. importieren Musselin Kunstseidengarn aus Japan. Mitte Mai 20.. schließt die Firma mit der Selling Organisation of the Japanese Wool & Cotton Merchants, Tokyo, einen Vertrag über die Lieferung von Seide im Werte von 126000,00 EUR ab.

Die Vereinigten Textilwerke benötigen eine Überbrückungsfinanzierung für den Zeitraum bis zum Absatz des Fertigprodukts (Zinssätze für die Diskontierung von Akzepten im Inland 8% p.a., in Japan 4,5% p.a.). Mit dem Lieferanten wurde folgende Zahlungsbedingung vereinbart:

> Zahlung durch unwiderrufliches Dokumenten-Akkreditiv in Verbindung mit einem Rembourskredit, der über die Bank of Tokyo abgewickelt wird (Laufzeit 90 Tage nach Verschiffung der Ware).

Die Hausbank der Vereinigten Textilwerke, die Deutsche Bank AG München, erklärt sich nach Prüfung des Vertrages bereit, wegen der zweifelsfreien Bonität der Firma Jansen & Co. den Rembourskredit abzuwickeln. Zu diesem Zweck will sie die zwischen ihr und der Bank of Tokyo bestehende Kreditlinie in Anspruch nehmen. Die Firma Jansen & Co. reicht daraufhin am 01.06.20.. der Deutschen Bank AG München folgenden Akkreditiveröffnungsauftrag ein:

Deutsche Bank AG
– München –

Firmenstempel:
Vereinigte Textilwerke
Jansen & Co.
München

Auftrag zur Eröffnung eines unwiderruflichen Dokumenten-Akkreditivs

Datum	Telefon	Referenz	Gegenwert zu Lasten Konto Nr.
1. Juni 20..	638956	Ri/Mü	112233445

Wir bitten Sie, in unserem Auftrag und für unsere Rechnung ein Akkreditiv zu nachstehenden Bedingungen zu eröffnen.

[ ] übertragbar — [x] mit kurzem, telegrafischem Voravis — [ ] telegrafisch im vollen Wortlaut, d. h. das Akkreditiv soll aufgrund des Telegramms benutzbar sein

Akkreditivbetrag	126 000,00 EUR benutzbar durch Ziehung einer Tratte durch den Begünstigten mit einer Laufzeit von 90 Tagen nach Verladedatum auf die Bank of Tokyo.
Begünstigter Name und volle Anschrift	Selling Organisation of the Japanese Wool and Cotton Merchants, 1-1-1, Otemachi, Chiyoda-ku, Tokyo 100, Japan
Dokumente Das Akkreditiv soll gegen Beibringung folgender Dokumente benutzbar sein	- unterschriebene Handelsrechnung (3fach) - Versicherungspolice oder Versicherungszertifikat ausweisend "Prämie bezahlt" für vollen Rechnungsbetrag plus 10 % folgende Risiken deckend: Seetransport, Krieg, Minen - Voller Satz reiner An-Bord-Konnossemente an Order und blanko indossiert mit dem Vermerk "Fracht bezahlt" - Inspektionszertifikat - Packliste (3fach)
lautend über (Menge, Einzelpreis, Lieferungsbedingungen wie cif/c&f/fob/fas/frei deutsche Grenze usw. sowie Beschreibung der Ware)	250 000 yards Spun Rayon Grey Muslin, bright, 100 % A-Grade of Japanese Origin gemäß Proforma-Rechnung vom 20..–05–10 cif Hamburg
Verschiffung/ Versendung/ Übernahme	von: Tokyo — nach: Hamburg [x] Teillieferungen sind gestattet — [ ] Teillieferungen sind nicht gestattet — letzter Tag der Verschiffung/Versendung/Übernahme: 30. Juni 20.. bei Bahn-, Lkw-, Luftfracht- und Postlieferungen an die Adresse von und zur Verfügung von
Gültigkeit	bis zum (einschl.) 15. Juli 20.. — Die Dokumente müssen vorgelegt werden innerhalb von 10 Tagen ab Ausstellungsdatum des Verladedokuments [ ] bei Ihnen — [ ] bei Ihrem Korrespondenten
Avisierung/ Bestätigung	Das Akkreditiv ist von Ihrem Korrespondenten [ ] nur zu avisieren — [x] zu bestätigen
Versicherung/ Fremde Kosten	[ ] Versicherung wird durch uns gedeckt — [x] Versicherung ist vom Verkäufer zu decken — [x] Fremde Kosten zu unseren Lasten — [ ] Fremde Kosten zu Lasten des Begünstigten

Sollten Ihnen außer den unter dem Akkreditiv beizubringenden Dokumenten zusätzliche Dokumente oder Schriftstücke zugehen, sind Sie ermächtigt, diese ungeprüft – und ohne von Ihrem Inhalt Kenntnis zu nehmen – an uns weiterzuleiten, ohne daß dadurch eine Verantwortung für Sie begründet wird.

Vordruck gemäß Anlage Z 1 zur AWV ist beigefügt.

Vereinigte Textilwerke
Jansen & Co.

Rechtsverbindliche Unterschrift

Dieses Akkreditiv soll den ›Einheitlichen Richtlinien und Gebräuchen für Dokumenten-Akkreditive‹ (Revision 2007), Publikation Nr. 600 der Internationalen Handelskammer unterliegen.

00-622 12 77

Aufgaben:

① Am 20.06.20.. (Verschiffungsdatum) liefert die Selling Organisation of the Japanese Wool & Cotton Merchants Kunstseidengarn im Werte von 71 930,00 EUR. Sie zieht über den Gegenwert in Yen eine Tratte auf die Bank of Tokyo und bittet die Bank, den Wechsel zu diskontieren.

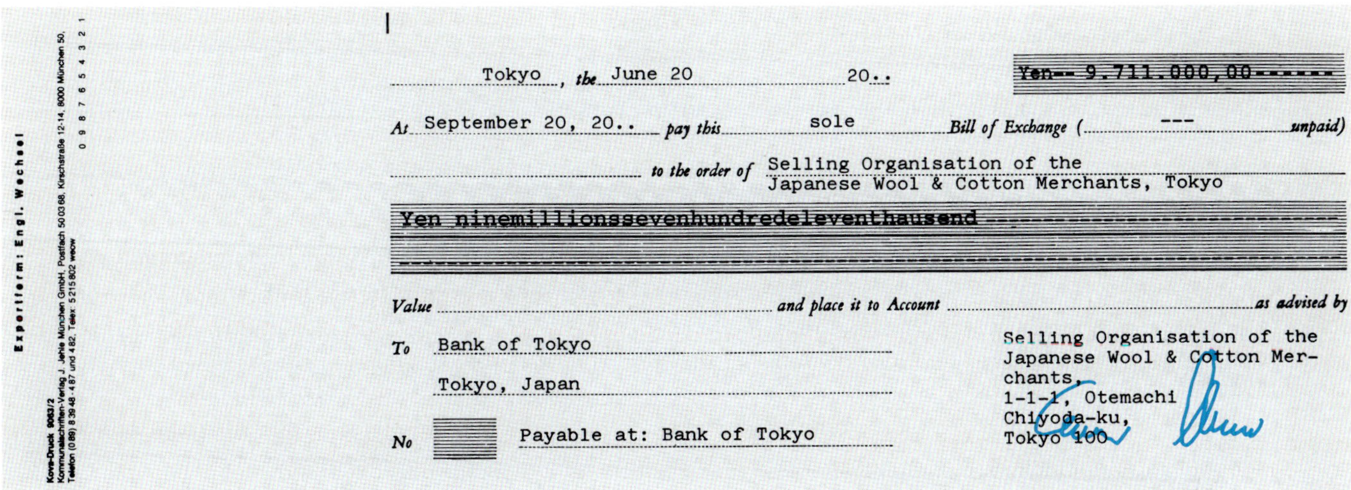
Exportform: Engl. Wechsel

Tokyo, the June 20 20.. Yen-- 9.711.000,00------

At September 20, 20.. pay this sole Bill of Exchange (--- unpaid)

to the order of Selling Organisation of the Japanese Wool & Cotton Merchants, Tokyo

Yen ninemillionssevenhundredeleventhausend

Value and place it to Account as advised by

To Bank of Tokyo
Tokyo, Japan

No Payable at: Bank of Tokyo

Selling Organisation of the Japanese Wool & Cotton Merchants, 1-1-1, Otemachi Chiyoda-ku, Tokyo 100

Laut Vereinbarung trägt der Importeur die Finanzierungskosten. Mit welchem Yen-Betrag belastet die Bank of Tokyo die Deutsche Bank München (Deutsche Zinsrechnung!, Diskontsatz 4,5 % p.a.)?

② Warum ziehen die Vereinigten Textilwerke den Rembourskredit einer Finanzierung durch einen Akzeptkredit bei ihrer Hausbank vor?

③ Kennzeichnen Sie die Abwicklung dieses Rembourskredits, indem Sie die folgenden Merkmale in das Schaubild eintragen:

- Verschiffung
- Rembourslinie = Fazilität
- Akzeptierung, Diskontierung des Wechsels und Gutschrift des Gegenwertes
- Weiterleitung der Dokumente
- Weiterleitung der Dokumente
- Akkreditivauftrag
- Akkreditivhinauslegung
- Kaufvertrag
- Kreditvertrag
- Bestätigung über die Akkreditiveröffnung
- Einreichung von Dokumenten und Tratte
- Belastung der Wechselsumme bei Verfall
- Anschaffung des Akzeptgegenwertes

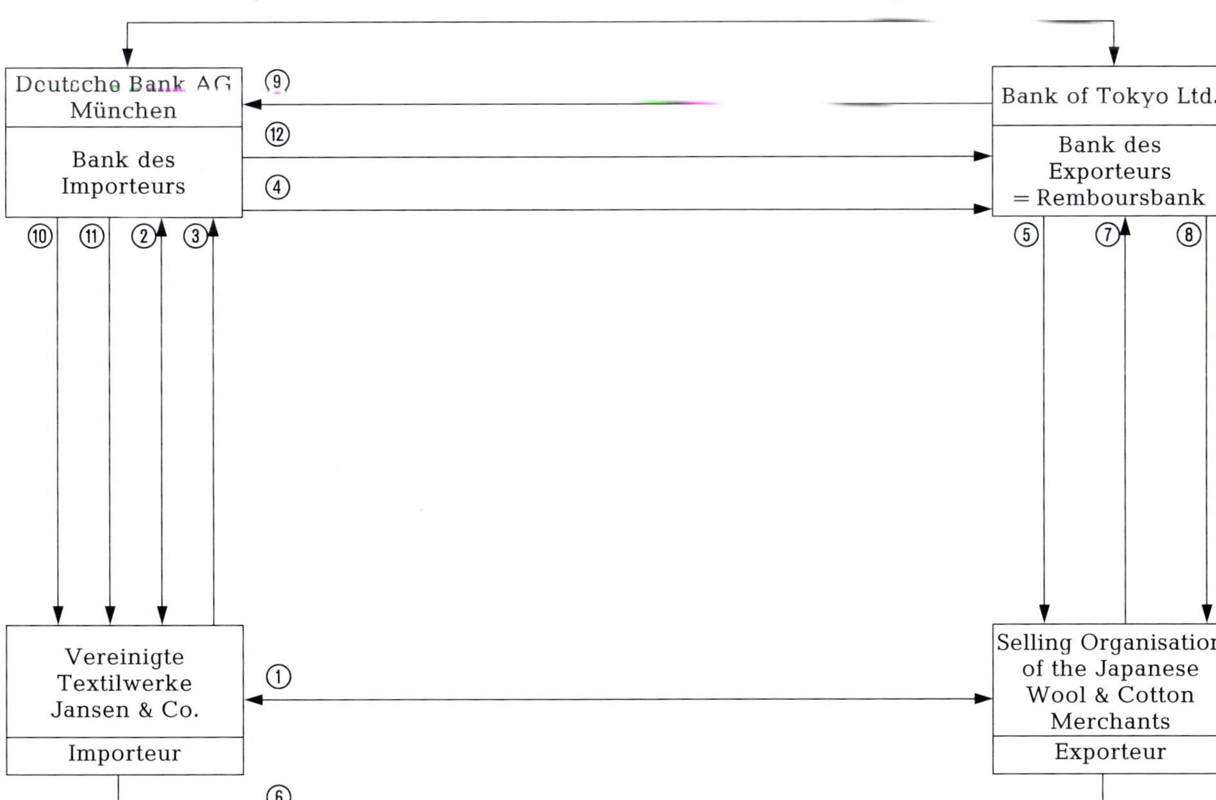

14 Richard, Mühlmeyer - ISBN 978-3-8120-1236-2

④ Vor Verfall des Akzepts am 20.09.20.. wird gegen die Vereinigten Textilwerke Jansen & Co. ein Insolvenzverfahren eröffnet. Welche Ansprüche können aufgrund der bestehenden Verträge geltend gemacht werden?

8.4 Gewährung eines Exportvorschusses

Die Bremer Exportfirma Willeke & Sump OHG hat mit der australischen Firma Warner & Son, Sydney, einen Exportkontrakt über die Lieferung von 300 elektronischen Bauteilen im Werte von 85 000,00 EUR abgeschlossen. Die Zahlungsabwicklung soll auf der Basis „documents against payment; d/p" erfolgen. Die Ware wird der Exportfirma von einem deutschen Zulieferer, mit dem „Zahlung nach Erhalt der Rechnung" vereinbart wurde, zur Verfügung gestellt.

Nachdem die Willeke & Sump OHG die Ware von ihrem Lieferanten erhalten und zur Verschiffung nach Sydney verladen hat, reicht sie die erforderlichen Exportdokumente ihrer Hausbank, der Deutschen Bank AG Bremen, zum Inkasso ein. Um den Zeitraum bis zum Eingang des Inkassoerlöses finanziell zu überbrücken, bittet die OHG ihre Hausbank, ihr gegen die eingereichten Dokumente einen Exportkredit zu gewähren.

Aufgaben:

① Um welche Art der Exportfinanzierung handelt es sich? Nehmen Sie den abgedruckten Text zu Hilfe!

Finanzierung von Exportgeschäften

Zwischen dem Abschluss eines Exportgeschäftes und dem Eingang des Erlöses aus dem Ausland liegt im Allgemeinen eine größere Zeitspanne, die vornehmlich von den vereinbarten Zahlungsbedingungen, oft auch von den Transfergewohnheiten und -möglichkeiten im Abnehmerland abhängt. Die Abwicklung eines Ausfuhrgeschäftes erfordert deshalb vielfach einen höheren Finanzbedarf als ein vergleichbares Binnenhandelsgeschäft. Bei der Lieferung von Investitionsgütern namentlich nach Entwicklungsländern sind heute angesichts der meist angespannten Finanz- und Devisenlage dieser Staaten und infolge des scharfen internationalen Wettbewerbs sogar Kreditfristen von mehreren Jahren üblich. Exportaufträge lösen aber auch schon vor der Lieferung der Ware ins Ausland einen Bedarf an Mitteln zum Ankauf oder zur Herstellung des Exportgutes aus.

Es können also drei Phasen im Exportgeschäft auftreten, die eine Finanzierung erfordern: die Herstellung des Exportgutes, der Transport der Ware ins Ausland einschließlich des Erlöstransfers und die Einräumung von Zahlungszielen. Im weitesten Sinne umfasst der Begriff der Exportfinanzierung daher die Finanzierung der Herstellung des Exportgutes (Vorfinanzierung), die Finanzierung während des Warentransports und/oder der Transferdauer und die Finanzierung von Zahlungszielen.

Nach zeitlichen Gesichtspunkten wird zwischen kurz- (ursprünglich bis zu sechs Monaten), mittel- (bis zu zwei Jahren) und langfristiger (über zwei Jahre) Exportfinanzierung unterschieden; heute muss mit durchweg verlängerten Fristen gerechnet werden.

Quelle: Hamburger Beiträge aus der Wirtschaftspraxis

② Die Deutsche Bank bevorschusst die eingereichten Dokumente zu 85%. Welcher Kreditbetrag steht dem Kunden zur Verfügung?

Begründen Sie, warum die Bank nicht den gesamten Inkassowert bevorschusst!

③ Die Willeke & Sump OHG reicht folgende Dokumente ein:
Konnossement 3/3,
Versicherungspolice 2/2,
Konsulatsfaktura 1,
Handelsfaktura 4/4.

Die Bank verlangt für die Bevorschussung keine zusätzlichen Sicherheiten.

Welche besonderen Anforderungen sind aus diesem Grunde an die Dokumente zu stellen?

④ Wie erfolgt die Abwicklung des Kredits, wenn Warner & Son, Sydney, die Dokumente aufnehmen?

⑤ Wie erfolgt die Abwicklung des Kredits, wenn Warner & Son die Dokumente nicht aufnehmen und die Firma Willeke & Sump OHG den Kredit nicht abdecken kann?

8.5 Finanzierung eines Exportgeschäfts mittels Forfaitierung

Die Firma Herde & Schaub GmbH, Grafenberger Allee 60, 40237 Düsseldorf, benötigt liquide Mittel. Diese möchte sie sich durch den Verkauf von Forderungen aus Exportgeschäften beschaffen. Die Firma bittet die WGZ Bank AG, Düsseldorf, ihre Forderungen anzukaufen, zu forfaitieren.

Folgender Forfaitierungsvertrag – Auszug – wird am 15. März 2009 zwischen der Herde & Schaub GmbH und der WGZ Bank AG abgeschlossen:

WGZ BANK AG
WESTDEUTSCHE
GENOSSENSCHAFTS-ZENTRALBANK

40468 DÜSSELDORF 1
SWIFT-Code: GENO DE DDXXX

Firma
Herde & Schaub GmbH
Grafenberger Allee 60
40237 Düsseldorf

Düsseldorf, den 15. März 2009

Forfaitierung Ecuador

Wir beziehen uns auf das mit Ihnen in unseren Geschäftsräumen geführte Gespräch und unterbreiten Ihnen folgendes Forfaitierungsangebot:

Anzukaufende Forderung:	5 Solawechsel, ausgestellt von Martinez S.A., Avenida Libertad No. 155, Quito/ Ecuador, avaliert von Banco Comercial e Hipotecario, Quito, zahlbar bei uns, zu unserer freien Verfügung spätestens 4 Jahre nach Ausstellung.
Gesamtbetrag der anzukaufenden Forderungen:	1 000 000,00 EUR
Forfaitierungskosten:	Diskontsatz 8 % p.a. (365/360), 1,0 % p.a., p.r.t., Bereitstellungsprovision für die Zeit ab Abschluss dieses Forfaitierungsvertrages.

Wir bitten Sie, uns Ihr Einverständnis mit dem Inhalt dieses Schreibens durch Unterzeichnung und Rückgabe der beigefügten Kopie dieses Schreibens zu bestätigen.

Mit freundlichen Grüßen

WGZ Bank AG

Am 24. August 2009 reicht die Herde & Schaub GmbH der WGZ Düsseldorf folgende Wechselforderung zum Ankauf ein:

Solawechsel

Per Aval
Banco Comercial e Hipotecario
Quito 24. August 2009

Ort, Tag, Monat und Jahr der Ausstellung (Monat in Buchstaben, Jahr mit Jahrhundertangabe)
Quito, 24. August 2009

Nr. d. Zahl.-Ortes	Zahlungsort	Verfalltag
	Düsseldorf	24.08.2013

Vermerke in diesen Spalten sind nur für Kreditinstitute bestimmt. Sie gehören nicht zum Wechseltext.

24. August 2013
Tag, Monat und Jahr der Fälligkeit (Monat in Buchstaben, Jahr mit Jahrhundertangabe)

zahl(n) ich/wir gegen diesen **Sola-Wechsel**

EUR 200 000,00
Betrag in Ziffern

Euro Zweihunderttausend-- Cent wie oben
Betrag in Buchstaben

an Herde & Schaub GmbH
Grafenberger Allee 60
in 40237 Düsseldorf
Ort und Straße (genaue Anschrift)

Zahlbar in Düsseldorf
Zahlungsort
bei WGZ BANK AG
Name des Kreditinstituts
z.L. Konto Nr. 34563489

Martinez S. A.
Avenida Libertad No. 155
Quito Ecuador
Genaue Anschrift des Ausstellers.
Unmittelbar unterhalb der Anschrift: Unterschrift des Ausstellers.

Für uns an die Order

ohne Regress
Herde & Schaub GmbH
Grafenberger Allee 60
40237 Düsseldorf

Forfaitierung

Forfaitierung ist der Ankauf mittelfristiger Forderungen, resultierend aus dem Export von Investitionsgütern, unter Verzicht des Rückgriffs auf den Forderungsverkäufer im Nicht-Zahlungsfall durch den Schuldner.

Was wird forfaitiert?

In der Regel werden nach eventueller Anzahlung und Dokumentenrate noch verbleibende Restforderungen (70–90% der Gesamtkaufpreisforderung) mit einer Laufzeit von ca. 3 bis 5 Jahren à forfait angekauft.

Eine Begrenzung der forfaitierbaren Beträge sowohl nach unten wie auch nach oben gibt es nicht, doch sollten die einzelnen Fälligkeiten mindestens 25 000,00 EUR betragen.

Form der Forderung

Da ein Forfaiteur nur am Kauf abstrakter, vom Grundgeschäft losgelöster Forderungen interessiert ist, empfiehlt es sich in jedem Fall für den Exporteur, sich vom Importeur für die Kapital- und Zinsforderungen Wechsel, und zwar Solawechsel, geben zu lassen, die praktisch ein abstraktes Zahlungsversprechen darstellen.

Wechsel

Ein Wesensmerkmal der Forfaitierung ist der rückgriffslose Ankauf von Wechseln durch den Forfaiteur. Er wird Eigentümer eines Wechsels, indem ihn der Verkäufer (Exporteur) an den Käufer (Forfaiteur) indossiert (Art. 11 ff. WG). Da aber auch der Indossant mangels eines entgegenstehenden Vermerks für die Zahlung des Wechsels haftet, eine solche Haftung aber mit der Forfaitierung nicht vereinbar wäre, hat er die Möglichkeit, sein Indossament durch einen Zusatz zu „neutralisieren" (Art. 15 WG). Ein solches Indossament nennt man „Angstindossament". Die Ergänzung kann wie folgt lauten (ein verbindlicher Wortlaut wird vom Gesetzgeber nicht vorgeschrieben): „Ohne Regress", „Ohne Rückgriff", „Ohne Obligo", „Without recourse", „sans recours" oder ähnlich.

Beim *Akzept*, dem vom Exporteur auf den Importeur gezogenen und von diesem akzeptierten Wechsel, haftet aber der Exporteur als Aussteller des Wechsels (Art. 9 WG). Hier ist ein entsprechender Zusatz, analog zum Indossament, rechtsunwirksam. Um Akzepte dennoch forfaitieren zu können, behilft man sich mit einer so genannten Freistellungs- oder Enthaftungserklärung. Sie hat keine wechselrechtliche, wohl aber zivilrechtliche Bedeutung.

Beim *Solawechsel* haftet der Exporteur nur aus dem Indossament; aber hier hat er die Möglichkeit, sich durch das Angstindossament aus dem Obligo zu befreien.

Buchforderung

In gewissen Ausnahmefällen ist auch der Verkauf von (nicht durch Wechsel besicherten) Buchforderungen möglich. Dabei ist aber unerlässlich, dass eine Bestätigung des Schuldners beigebracht wird, durch die einwandfrei belegt wird, an welchen Daten welche Beträge zur Zahlung fällig werden.

Besicherung der Forderung

Da ein Forfaiteur nicht die Bonität eines jeden Importeurs kennen kann, erwartet er die Besicherung des Zahlungsversprechens des Importeurs durch dessen Bank oder eine andere, international bekannte Bank.

Eine solche Besicherung kann dargestellt werden durch

- Bankgarantie,
- Bürgschaft,
- Bürgschaft zur Einlösung eines Wechsels (Wechseleinlösungsbürgschaft).

Wer forfaitiert?

Die Bank tritt – von einigen wenigen Ausnahmefällen einmal abgesehen – prinzipiell als Käufer der Forderungen auf; d.h., sie kauft die zu forfaitierenden Forderungen (Wechsel) in eigenem Namen und für eigene Rechnung an. Der Forfaitierungsvertrag – ein Kaufvertrag, kein Kreditvertrag – wird also zwischen dem Forderungsverkäufer (Exporteur) einerseits und der Bank andererseits abgeschlossen.

Kommt der Liefervertrag zum Abschluss, wird der Exporteur danach trachten, die Finanzierung dieses Geschäfts gesichert zu sehen. Er wird also erneut die Bank kontaktieren, um den Forfaitierungsvertrag mit ihr abzuschließen. Der nun von der Bank genannte und vom Kunden akzeptierte Diskontsatz unterliegt während der gesamten Laufzeit der Forderungen keinerlei Schwankungen mehr. Der Exporteur hat also von diesem Zeitpunkt an eine genaue Übersicht über die Kosten, die auf ihn zukommen.

Respekttage

Sind die Forderungen nicht in dem Land, auf dessen Währung sie lauten, zahlbar, werden so genannte Respekttage in Anrechnung gebracht, d.h. zu der Laufzeit einer jeden Forderung wird eine entsprechende Anzahl von Tagen hinzugezählt. Die Zahl der Respekttage schwankt zwischen 3 und 60, liegt in der Praxis aber meist bei 5 bis 7.

Vorteile

Die Forfaitierung bietet für den Exporteur folgende Vorteile:

- Sie ermöglicht Geschäfte, die aus den verschiedensten Gründen nicht von der staatlichen Exportversicherung EULER HERMES gedeckt werden können und für die damit die übliche Finanzierung über die Ausfuhrkredit-Gesellschaft m.b.H. (AKA) ausgeschlossen ist.
- Sie ermöglicht es, ein Geschäft, bei dem längere Zahlungsfristen eingeräumt werden mussten, noch nachträglich in ein Bargeschäft umzuwandeln.
- Sie arbeitet mit einem festen Zinssatz, daher eindeutige Kalkulationsgrundlage für den Exporteur.
- Sie führt zu sofortiger Liquiditätsverbesserung.
- Sie schaltet das Kursrisiko bei Fremdwährungsforderungen vom Tag der Forfaitierung an aus.

Quelle: Informationsschrift Deutsche Bank. Die wichtigsten Fragen zur Forfaitierung. Ratgeber für das Auslandsgeschäft.

Lösen Sie unter Benutzung von Wechsel und Text folgende **Aufgaben**:

① Um welchen Vertrag in rechtlicher Hinsicht handelt es sich bei dem Forfaitierungsvertrag?

② Warum hat sich die Herde & Schaub GmbH ihre Forderung in Form eines Solawechsels und nicht in Form eines gezogenen Wechsels verbriefen lassen?

Erklären Sie in diesem Zusammenhang auch das entsprechende Indossament auf der Rückseite des abgebildeten Wechsels!

③ Erklären Sie den Vermerk, den die Banco Comercial e Hipotecario auf dem Wechsel angebracht hat!

④ Nennen Sie drei Vorteile, die die Forfaitierung der Herde & Schaub GmbH bietet!

⑤ Berechnen Sie für die Herde & Schaub GmbH den Forfaitierungserlös. (Da der Wechsel in Düsseldorf zahlbar gestellt ist, fallen keine Respekttage an. Französische Zinsberechnungsmethode [act/360]! Schaltjahre bleiben unberücksichtigt!)

Abrechnungsvaluta 24. August 2009

Wechselbetrag	Fälligkeit	Laufzeit (Tage)	Zinszahlen
200 000,00 EUR			

– . . . .% p.a. Diskont aus . . . . Zinszahlen

– . . . .% p.a. p.r.t. Bereitstellungsprovision vom . . . . bis . . . .

EUR Forfaitierungserlös

⑥ Kennzeichnen Sie die Abwicklung dieses Forfaitierungsgeschäftes! Tragen Sie die unten stehenden Merkmale in das Schaubild ein! (Unterstellen Sie, dass die WGZ Bank AG mit der Banco Comercial e Hipotecario, Quito, in Kontoverbindung steht.)

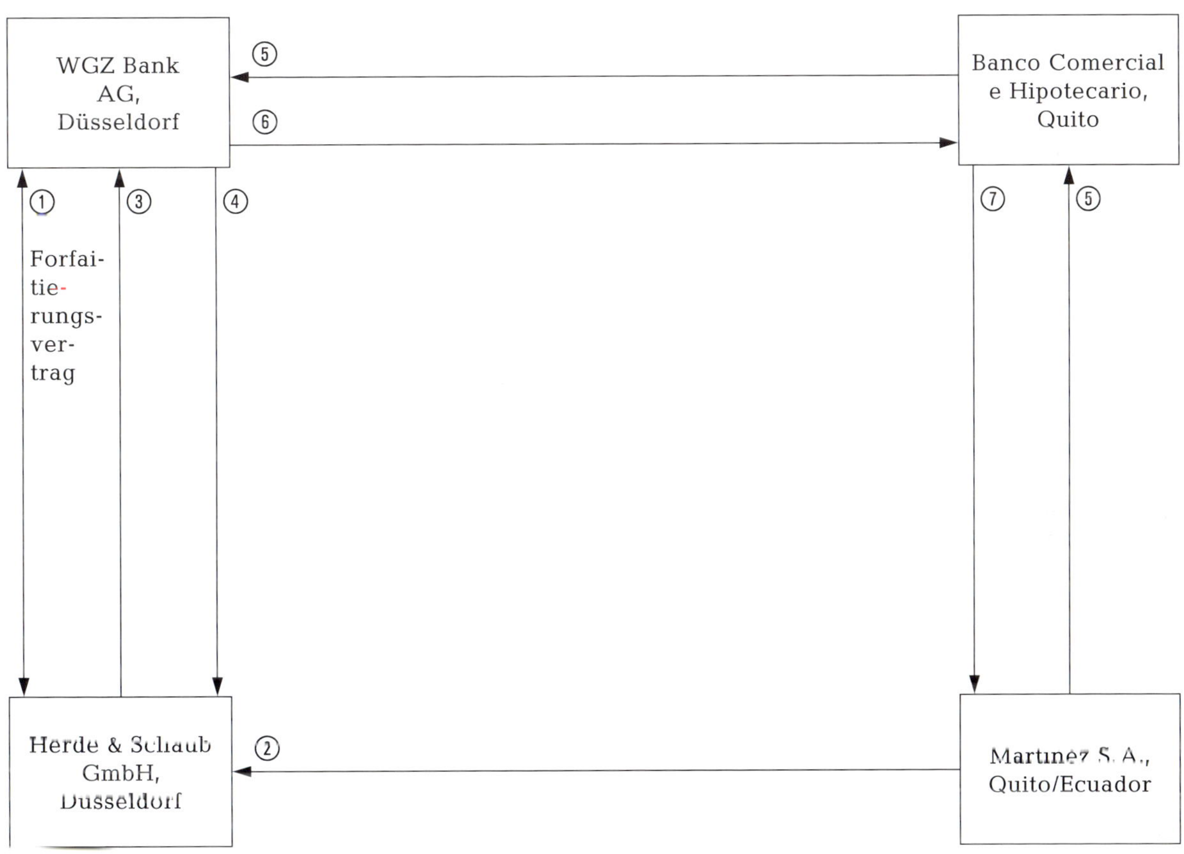

- Belastung auf Lorokonto bei Fälligkeit
- Forfaitierung 200 000,00 EUR
- Einlösungsauftrag (zweimal)
- Zusendung des Wechsels über 200 000,00 EUR
- Auszahlung Gegenwert lt. Abrechnung
- Belastung des Wechselschuldners bei Fälligkeit

⑦ Grenzen Sie die Forfaitierung vom Factoring ab!

Forfaitierung zur Gutschrift in EUR

Verkauf von Exportforderungen, wobei der Käufer (Forfaiteur) kein Rückgriffsrecht auf den Verkäufer der Forderungen (Forfaitist) hat. Der Forfaiteur übernimmt alle politischen und wirtschaftlichen Risiken, die den Forderungen anhaften. Handelt es sich dabei um Fremdwährungsforderungen (USD, CHF), dann erhält der Exporteur auch eine Absicherung gegen das Wechselkursrisiko, denn er bekommt vom Forfaiteur den Gegenwert in EUR.

Factoring zur Gutschrift in EUR

Kauf von Forderungen aus Warenlieferungen und Dienstleistungen durch eine Factoringgesellschaft (Factor), wobei die Forderungen in der Regel aus einem Inlandsgeschäft stammen. Im Unterschied zur Forfaitierung wird der gesamte Forderungsbestand des Kunden übernommen.

8.6 Finanzierung eines Exportgeschäfts durch AKA-Kredit

Ein deutscher Maschinenexporteur schließt am 1. Oktober 20. . mit einem brasilianischen Unternehmen einen Vertrag ab über die Lieferung von 25 Spezialmaschinen im Werte von 1 000 000,00 EUR. Der brasilianische Importeur möchte von seinem deutschen Exporteur einen langfristigen Kredit erhalten. Es werden folgende Zahlungsbedingungen vereinbart:

- 10 % Anzahlung bei Vertragsabschluss
- 10 % gegen Verschiffungsdokumente
- 80 % in 10 gleichen Halbjahresraten, deren erste 6 Monate nach Lieferung fällig wird.

Als Liefertermin (= Verschiffungstermin) wird der 30. September des Folgejahres (12 Monate nach Vertragsabschluss) vereinbart.

Zur Refinanzierung des Zahlungsziels wendet sich der Exporteur über seine Hausbank an die Ausfuhrkreditanstalt und bittet um eine Finanzierung aus dem Plafond A.

Aufgaben:

① Wie hoch ist der maximale Kreditbetrag aus dem Plafond A der AKA? Die Kreditrichtlinien der AKA sind hinzuzuziehen.

Auftragswert	............EUR
– Zahlungen bei Vertragsabschluss und gegen Verschiffungsdokumente	............EUR
Zwischensumme	............EUR
– 15 % Selbstfinanzierungsquote	............EUR
= (max.) Kreditbetrag aus Plafond A	............EUR

② Erstellen Sie einen Finanzierungsplan!

Aufwendungen des Herstellers während der Produktionsdauer fallen wie folgt an: 1. Monat 300 TEUR; 2. Monat 200 TEUR; 6. Monat 300 TEUR; 9. Monat 100 TEUR; 12. Monat 100 TEUR.

Die Tilgung beginnt mit dem 18. Monat. Sie erfolgt aus den mit dem ausländischen Besteller vereinbarten Halbjahresraten.

Benutzen Sie das folgende Finanzierungsschema!

in TEUR

Monate ab erster Inanspruchnahme	1	2	6	9	12	18	24	30	36	42	48	54	60	66	72
Aufwendungen															
– Zahlungseingänge[1]															
= Finanzbedarf[2]															
– 15 % Selbstfinanzierungsquote															
= Kredit															
Tilgung mit 85 % der Exporterlöse[3]															
kumulativer Kreditbetrag[4]															

1 Gemäß den vereinbarten Zahlungsbedingungen
2 Entsteht in den Monaten 1, 2, 6, 9
3 Kredittilgung aus den Exporterlösen nach Lieferung ab Monat 18 → Zahlungsbedingungen!
4 Beachte: Steigende („kumulative“) Kreditaufnahme während der Produktionsdauer von 12 Monaten.

③ Skizzieren Sie die Abwicklung dieses AKA-Kredits, indem Sie untenstehende Aussagen dem Schaubild zuordnen! (Die Kreditrichtlinien der AKA sind hinzuzuziehen.)

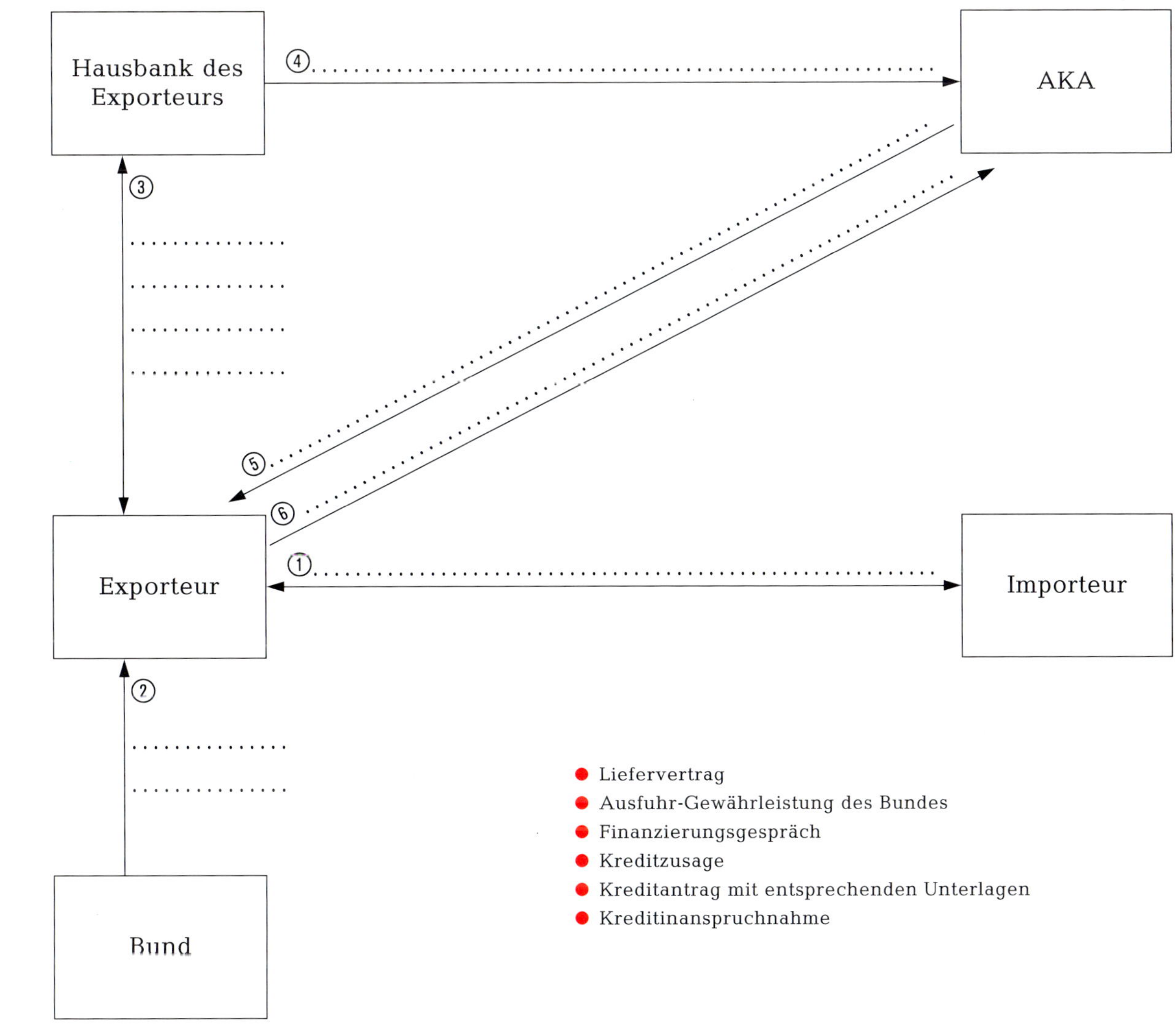

- Liefervertrag
- Ausfuhr-Gewährleistung des Bundes
- Finanzierungsgespräch
- Kreditzusage
- Kreditantrag mit entsprechenden Unterlagen
- Kreditinanspruchnahme

Kreditrichtlinien der AKA – Auszug –

Die AKA gewährt zur Finanzierung von Exportgeschäften (Lieferungen und/oder Leistungen) — Was macht die AKA?

Lieferantenkredite an deutsche Exporteure und

Finanzkredite an ausländische Besteller oder deren Banken.

Außerdem **kauft** sie bundesgedeckte **Exportforderungen** deutscher Exporteure **an**.

Finanziert werden abgeschlossene Exportgeschäfte. Bereits vor Abschluss der Exportverträge kann sich der Exporteur die voraussichtlich benötigten Kreditmittel – auch zu einem Festzinssatz – reservieren lassen.

Die zur Finanzierung erforderlichen Mittel werden durch die Gesellschafterbanken zur Verfügung gestellt. — Wer stellt die Mittel bereit?

Die AKA verfügt über den Plafonds A, der für Lieferantenkredite verwendet wird, sowie über die Plafonds C, D und E, die für Finanzkredite bzw. Forderungsankäufe bestimmt sind. — Über welche Plafonds verfügt die AKA?

DAS FINANZIERUNGSANGEBOT IM EINZELNEN

Lieferantenkredite

Für Lieferantenkredite steht der **Plafonds A** zur Refinanzierung der Aufwendungen des Exporteurs während der Produktionszeit und auch zur Refinanzierung des Zahlungszieles zur Verfügung.

Plafond A

Kredithöhe und Laufzeit

Die jeweilige Kredithöhe und die Laufzeit ergeben sich aus dem zeitlichen Anfall der Aufwendungen während der Produktionszeit und/oder den liefervertraglich vereinbarten Zahlungsbedingungen, wobei der Exporteur eine Selbstfinanzierungsquote in Höhe von 10 % / 15 % übernehmen soll.[1] Bei Befürwortung durch die Hausbank kann die Selbstfinanzierungsquote entfallen.

1 Sie wird vom um die Vorauszahlungen gekürzten Gesamtaufwand berechnet.

Bei Krediten mit einer Laufzeit von über 24 Monaten sollen die finanzierten Geschäfte durch eine Ausfuhr-Gewährleistung der Bundesrepublik Deutschland (Bund) abgesichert sein. Davon kann jedoch abgesehen werden, insbesondere wenn der Eingang der Exporterlöse bzw. die Rückführung des Kredites gesichert erscheint.[1]

Kreditversicherung

Finanzkredite

Für die Gewährung von gebundenen Finanzkrediten an ausländische Besteller oder ihre Banken stehen die **Plafonds C, D und E** zur Verfügung.

Der Höchstbetrag des Kredites entspricht in der Regel dem um die An- und Zwischenzahlungen verminderten Auftragswert. Die Laufzeit ist vorgegeben durch den von der Finanzkredit-Gewährleistung des Bundes gezogenen zeitlichen Rahmen.

Kredithöhe und Laufzeit

Der Kredit soll durch eine Finanzkredit-Gewährleistung des Bundes abgesichert werden. Davon kann jedoch abgesehen werden, insbesondere wenn die Rückzahlung des Kredites gesichert erscheint.[2]

Kreditversicherung

Ankauf von Exportforderungen

Der Ankauf bundesgedeckter Exportforderungen kann nach den Voraussetzungen des Bundes für dessen Zustimmung zur Abtretung der gedeckten Ausfuhrforderung offen oder gegebenenfalls auch still erfolgen.

Der Exporteur haftet insbesondere für den rechtlichen Bestand der angekauften Exportforderung. Ferner sind in den Ankaufsvereinbarungen einzelfallbezogene Besonderheiten, z. B. bezüglich der Selbstbeteiligung aus der Ausfuhr-Gewährleistung des Bundes, zu regeln.

Haftung des Exporteurs

VERFAHREN

Auf Veranlassung des Exporteurs stellt die von ihm beauftragte Hausbank bei der AKA einen Kreditantrag. Anträge für Plafond-A-Finanzierungen können nur Gesellschafterbanken einreichen.

Kreditantrag

Der Antrag enthält insbesondere Angaben
- zum Exportgeschäft,
- zur Ausfuhr-Gewährleistung des Bundes,
- zum Kreditnehmer.

Zur Sicherung der Kredite lässt sich die AKA übertragen:

a) die Forderungen aus dem dem Kredit zugrunde liegenden Exportvertrag mit den dafür haftenden Sicherheiten,

b) die Ansprüche aus Kreditversicherungen.

Über die Kreditanträge entscheidet grundsätzlich der Kreditausschuss der AKA. ... Die Kreditentscheidung wird dem Exporteur über seine Hausbank mitgeteilt.

Entscheidung der AKA

Die AKA bestätigt dem Kreditnehmer die Kredite aus Plafond A im eigenen Namen durch ein Kreditzusageschreiben, das vom Kreditnehmer gegengezeichnet wird. Für Finanzkredite aus Plafond C und D wird der Kreditvertrag von der AKA mit dem ausländischen Besteller bzw. seiner Bank abgeschlossen. Beim Ankauf bundesgedeckter Exportforderungen ist die Ankaufsvereinbarung mit Gegenzeichnung durch den Exporteur abgeschlossen.

Abschluss der Kreditverträge

Nach Erfüllung der Auszahlungsvoraussetzungen können die Plafond-A-Kredite aufgrund von Abrufschreiben des Kreditnehmers in Anspruch genommen werden. Die Abrufschreiben sind bei der AKA einzureichen.

Inanspruchnahme

Die Inanspruchnahme von Finanzkrediten erfolgt durch Auszahlung an den Exporteur.

Die Voraussetzungen der Zahlung des Kaufpreises beim Ankauf von Exportforderungen werden im Einzelfall in der Ankaufsvereinbarung geregelt.

Lieferantenkredite sind grundsätzlich aus den Erlösen des betreffenden Exportgeschäftes, spätestens jedoch zu den kreditvertraglich vereinbarten Terminen zu tilgen; dabei wird der Kreditnehmer bei den Plafond-A-Krediten an den Exporterlösen entsprechend seiner Selbstfinanzierungsquote beteiligt.

Tilgung

Die AKA und die vom Exporteur beauftragte Hausbank sind bemüht, den Arbeitsaufwand für den Exporteur so gering wie möglich zu halten. Es werden von ihm praktisch nur Unterlagen über das Exportgeschäft, eine eventuelle Gewährleistung des Bundes, Daten über Anfall des Finanzierungsbedarfs und die Durchführung der Lieferungen und Leistungen benötigt. Alle weiteren Arbeiten werden von der Hausbank und der AKA erbracht.

1 Die AKA refinanziert sich zu 75% durch die Hausbank und zu 25% durch die Gesellschafterbanken, falls nicht aus eigenen Mitteln.

2 Die AKA refinanziert sich zu 75% durch die Hausbank und zu 25% durch die Gesellschafterbanken der AKA.